Studies in Contemporary Economics

Georg Erber · Harald Hagemann
Stephan Seiter

Zukunftsperspektiven Deutschlands im internationalen Wettbewerb

Industriepolitische Implikationen der Neuen Wachstumstheorie

Mit 11 Abbildungen
und 8 Tabellen

Physica Verlag
Ein Unternehmen des Springer-Verlags

Dr. Georg Erber
Deutsches Institut für Wirtschaftsforschung (DIW)
Königin-Luise-Straße 5
D-14195 Berlin (Dahlem)

Professor Dr. Harald Hagemann
Dr. Stephan Seiter

Institut für Volkswirtschaftslehre
Lehrstuhl für Wirtschaftstheorie
Universität Hohenheim
D-70593 Stuttgart

Die Drucklegung des Bandes ist mit finanzieller Unterstützung der Hans Böckler-Stiftung erfolgt.

ISBN-13: 978-3-7908-1108-7 e-ISBN-13: 978-3-642-95934-9
DOI: 10.1007/978-3-642-95934-9

Die Deutsche Bibliothek - CIP-Einheitsaufnahme
Erber, Georg:
Zukunftsperspektiven Deutschlands im internationalen Wettbewerb /
Georg Erber; Harald Hagemann; Stephan Seiter. -
Heidelberg: Physica-Verl., 1998
(Studies in contemporary economics)
ISBN-13: 978-3-7908-1108-7

Umschlaggestaltung: Erich Kirchner, Heidelberg
SPIN 10676308 88/2202-5 4 3 2 1 0 - Gedruckt auf säurefreiem Papier

Vorwort

Das vorliegende Buch stellt die überarbeitete Fassung des Berichts im gleichnamigen Forschungsprojekt dar, das von der Hans Böckler Stiftung gefördert wurde. Unser Dank gilt der Stiftung für die finanzielle Unterstützung, insbesondere Rolf Simons für die verständnisvolle Betreuung.

Einen wichtigen Beitrag haben die Mitglieder des Projektbeirats bei den intensiven und anregenden Diskussionen des Zwischen- und Endberichts geleistet. Besonders bedanken möchten wir uns bei den Kollegen Dieter Hockel, Kurt Hornschild, Jürgen Kromphardt und Ewald Walterskirchen. Die Unterstützung unserer studentischen Hilfskräfte Bertram Melzig-Thiel und Markus Schreyer hat uns in vielfältiger Weise entlastet.

Berlin und Stuttgart, im Dezember 1997

Georg Erber
Harald Hagemann
Stephan Seiter

Inhaltsverzeichnis

Kurzfassung 1

1 Industriepolitische Konzeptionen in ausgewählten Ländern bzw. der Europäischen Union 9

1.1 Allgemeines 9

1.2 Die Industriepolitik in den USA 14

1.3 Die Industriepolitik in Japan 18

1.4 Die Industriepolitik in Südkorea 22

1.5 Die Industriepolitik in Frankreich 25

1.6 Die Industriepolitik der Europäischen Union 28

1.7 Die Industriepolitik in der Bundesrepublik Deutschland 34

1.8 Die Konzeptionen von Michael Porter und Robert Reich 38

1.8.1 Der Ansatz von Michael Porter 38

1.8.2 Der Ansatz von Robert Reich 43

1.9 Fazit 46

2 Zur Entwicklung von Produktivität und Wachstum: Die Catching-Up Hypothese 47

2.1 Vorbemerkungen 47

2.2 Zum Konvergenzbegriff: β-Konvergenz und σ-Konvergenz 47

2.3 Inhalt der Catching-Up Hypothese 52

2.4 Konvergenz und Außenhandel 55

2.5 Makroökonomische Rahmenbedingungen - Exogene Schocks - Wachstum - Konvergenz 58

2.6 Konvergenz durch Wachstumsschwäche der Industrieländer 59

2.7 Die Stellung der Bundesrepublik Deutschland im Rahmen der globalen Konvergenz 62

2.8 Zusammenfassung 63

3 Neuere Ansätze in der Wachstumstheorie und ihre wirtschaftspolitischen Implikationen 65
3.1 Von der "Alten" zur "Neuen" Wachstumstheorie 65
3.2 Die Bedeutung steigender Skalenerträge 67
3.3 Die Rolle des Humankapitals 70
3.4 Forschung und Entwicklung 73
3.5 Wachstum und Außenwirtschaft 78
3.6 Staatliche Investitionen und Wachstum 81
3.7 Empirische Resultate 84
3.8 Wirtschaftspolitische Schlußfolgerungen 87

4 Zur Stabilität des Wachstumsprozesses und der Beschäftigungsentwicklung in den Wirtschaftszweigen der Bundesrepublik Deutschland 97
4.1 Vorbemerkungen 97
4.2 Wachstumstrends der Bruttowertschöpfung in den Wirtschaftszweigen 105
4.3 Wachstumstrends der Arbeitsproduktivität in den Wirtschaftszweigen 114
4.4 Trends der Beschäftigungsentwicklung in den Wirtschaftszweigen 122
4.5 Der Verdoorn-Zusammenhang in den Wirtschaftszweigen 131
Anhang zu Kapitel 4 136

5 Wachstum, Produktivität, Strukturwandel und Beschäftigung 161
5.1 Theoretische Überlegungen 161
5.2 Freisetzungs- und Kompensationseffekte des technischen Fortschritts 165
5.3 Zur Entwicklung der Produktions-Produktivitäts-Schere in der Bundesrepublik Deutschland 176
5.4 Beschäftigungsschwelle und Okunsches Gesetz 180

6 Wirtschaftspolitische Handlungsempfehlungen ... 183
6.1 Vorbemerkungen ... 183
6.2 Gestaltungsmöglichkeiten ... 188
6.3 Schlußwort ... 200

Abbildungen und Tabellen ... 201
Literaturverzeichnis ... 203

Kurzfassung

Sowohl in der wirtschaftswissenschaftlichen als auch der wirtschaftspolitischen Diskussion stehen immer wieder Fragen der internationalen Wettbewerbsfähigkeit einzelner Volkswirtschaften bzw. deren Unternehmen im Mittelpunkt des Interesses. Ein zentraler Punkt dieser Auseinandersetzungen ist die Rolle des Staates bei der Schaffung wettbewerbsfähiger Strukturen. Ein Teil der Ökonomen sieht dabei aufgrund von Anreiz- und Informationsproblemen für eine selektive Einflußnahme des Staates keine großen Erfolgschancen, während eine andere Gruppe zur Rechtfertigung staatlicher Interventionen das Prinzip des Marktversagens anführt. Besonders deutlich wird dieser Gegensatz auf Ebene der Europäischen Union (EU), wie die Diskussion um den Vertrag von Maastricht bzw. den darin enthaltenen Art. 130 gezeigt hat. Länder wie z.B. Frankreich oder Italien weisen traditionell ihren Regierungen mehr Möglichkeiten zur Einflußnahme zu, als es in der Bundesrepublik Deutschland oder Großbritannien der Fall ist. Die Aufarbeitung der unterschiedlichen industriepolitischen Konzeptionen der Länder USA, Südkorea, Frankreich, Japan, der Bundesrepublik Deutschland und der Europäischen Union (EU) zeigt, daß trotz länderspezifischer Unterschiede der jeweiligen Aktivitäten, die hauptsächlich in der Beurteilung der Effizienz staatlicher Eingriffe in den Wirtschaftsprozeß sowie den allgemeinen wirtschaftlichen Rahmenbedingungen der Länder zu finden sind, in allen Volkswirtschaften eine gewisse staatliche Einflußnahme auf den Entwicklungsprozeß vorlag. In fast allen Ländern bildete lange Zeit die Unterstützung nicht mehr wettbewerbsfähiger Industrien einen der Schwerpunkte der Industriepolitik. Soziale und nationale Interessen wurden vielfach als Rechtfertigung für die Verlangsamung des Strukturwandels angeführt. Darüber hinaus schützten insbesondere Südkorea und Japan ihre jungen Industrien mit protektionistischen Maßnahmen, um eine schnelle Entwicklung dieser Branchen zu gewährleisten.

In den letzten Jahren läßt sich ein Wandel von sektorspezifischen, strukturkonservierenden Fördermaßnahmen zu mehr allgemein ausgerichteten industriepolitischen Mitteln feststellen, wobei man von einer gewissen Konvergenz bei den Zielen und Instrumenten in den jeweiligen Ländern sprechen kann. Vielfach wird das japanische Ministerium für internationalen Handel und Industrie (MITI) als ein Beispiel für die Gestaltung und Umsetzung einer erfolgreichen Industriepolitik angesehen, wobei weniger seine interventionistischen Maßnahmen, als seine Aufgabe, Informationen und Prognosen für die Unternehmen bereitzustellen, im Vordergrund stehen. Vielfach wird dem Staat aufgrund der gestiegenen Mobilität des Kapitals und der damit verbundenen Globalisierung der Märkte und Unternehmen die Rolle eines Koordinators und Katalysators zugewiesen, der in Zusammenarbeit mit dem privaten Sektor potentielle Wachstumschancen erkennt. Die Kommunikation zwischen Staat und Wirtschaft soll intensiviert werden. Ein weiteres Hauptinteresse gilt vor allem der Erforschung und Entwicklung von Technologien, die in vielen Branchen

Anwendung finden können. Die Beschleunigung der Diffusion neuer Erkenntnisse bildet ein weiteres Ziel der durchgeführten und geplanten Maßnahmen in den betrachteten Ländern. Insgesamt läßt sich festhalten, daß innerhalb der betrachteten Volkswirtschaften künftige Industriepolitik nach vorne gerichtet und strategisch konzipiert sein soll, auch wenn weiterhin der Gegensatz zwischen Befürwortern und Gegnern industriepolitischer Eingriffe weder auf theoretischer noch auf wirtschaftspolitischer Ebene bereits vollständig aufgehoben ist.

Unterstützung findet eine solche Industriepolitik durch die Veröffentlichungen von Porter und Reich, die insbesondere in den USA die industriepolititsche Debatte beeinflußt haben. Beide Autoren weisen dem Staat eine gewisse Möglichkeit zur Gestaltung erfolgversprechender Rahmenbedingungen zu. Ein zentrales Thema ihrer Arbeiten ist die Rolle des Staates bei der Förderung von Forschungs- und Entwicklungsinvestitionen sowie der Bereitstellung eines effizienten Bildungswesens. Das immaterielle Kapital, welches u.a. das technisch-wissenschaftliche Wissen bzw. die Fähigkeit dieses zu erweitern sowie den Ausbildungsstand und die Lernfähigkeit der Arbeitnehmer umfaßt, wird für die Wachstumschancen von Volkswirtschaften immer wichtiger. Aus diesem Grunde erhält die Ausgestaltung des staatlichen, aber auch des unternehmerischen Bildungssystems genauso wie die Förderung von Forschungsanstrengungen eine herausragende Bedeutung. Folgt man diesen Überlegungen, beginnt Industriepolitik nicht erst bei Instrumenten, die auf Unternehmensebene ansetzen, sondern schon früher bei der Qualifizierung des Produktionsfaktors Arbeit.

Seit Mitte der achtziger Jahre wurde im Kontext mit den Entwicklungen zur endogenen Wachstumstheorie die Frage diskutiert, weshalb nicht insbesondere seit dem Ende des Zweiten Weltkrieges ein weltweiter Annäherungsprozeß hinsichtlich der Pro-Kopf-Einkommen stattgefunden hat. Stattdessen hat es zwar bei den Industrieländern eine generelle Annäherung der Produktivitätsniveaus an das führende Land, die USA, gegeben, jedoch konnten viele Entwicklungsländer einen derartigen *catching-up* Prozeß bisher nicht realisieren. Dort wuchs sogar noch die Produktivitätslücke zu den führenden Industrieländern. Nur eine relativ kleine Zahl von meist ost- bzw. südostasiatischen Ländern wie die vier kleinen Tigerstaaten (Taiwan, Südkorea, Singapur und Hongkong) gelang es, zu den Industrieländern aufzuschließen und sich als *Newly Industrializing Countries* (NIC) in der Weltwirtschaft zu etablieren. Seit Mitte der achtziger Jahre ist eine zweite Gruppe von Staaten aus dieser Region ebenfalls besonders erfolgreich dabei, die Produktivitätslücke zu den Industrieländern zu schließen. Die Volksrepublik China, Thailand, Malaysia, Indonesien und seit jüngstem auch Vietnam waren in der Lage, einen raschen Aufholprozeß in Gang zu setzen. Volkswirtschaften mit einem relativ niedrigen Produktivitätsniveau bietet sich aus zwei Gründen die Möglichkeit den Produktivitätsfortschritt gegenüber den Industrieländern zu beschleunigen. Aufgrund des zumeist sehr niedrigen Altkapitalbestands ist der Anteil der modernen, den Stand des technischen Wissens inkorporierenden Kapitalgüter am gesamten Kapitalstock als Folge der Investitionstätigkeit deutlich höher als in den Industrieländern. Darüber hinaus kommen durch den kapitalunabhängigen Technologietransfer aus den Industrieländern auch hier die effizientesten Verfahren und Organisationsformen zum Einsatz, ohne daß die Empfängerländer die damit verbundenen Entwicklungskosten tragen. Der immaterielle Wissenstransfer wird damit als positive Externalität in diesen Volkswirtschaften wirksam. Ein solcher Prozeß setzt allerdings eine *social capability* voraus, die in den Industrieländern verfügbaren produktiven Produktionstechnologien auch effizient einsetzen zu können. Der Mangel an ausreichenden Fähigkeiten, wie beispielsweise an Humankapital, Infrastruktureinrichtungen oder qualifizierten Institutionen, wird dabei als eine der Hauptursachen für das Scheitern zahlreicher Entwicklungsländer angesehen, am *catching-up* Prozeß teilzunehmen.

Ein weiterer Aspekt hat in diesem Zusammenhang die Diskussion wesentlich mitgeprägt. Es ist fraglich, ob der sich vollziehende Aufholprozeß den Verlust der Führungsposition des Technologiegebers an eines der aufholenden Länder zur Folge haben kann. Ist der *catching-up* Prozeß ein Vorgang, der sich mit der Annäherung an das Spitzenniveau soweit verlangsamt, daß ein Überholen der führenden Länder nicht möglich ist, oder könnte dieser Prozeß so dynamisch verlaufen, daß die bisherigen Anführer ihre Spitzenposition verlieren und damit gegenüber den *newcomer*-Ländern zurückfallen? Zu diskutieren ist, ob der *catching-up* Prozeß ein interregionaler Diffusionsprozeß der in den Industrieländern existierenden Produktionsmöglichkeiten ist oder ob er darüber hinaus Kräfte freisetzt, die aufgrund eigenständiger Inventionen in diesen Ländern und rascherer Diffusion vorhandener Technologien ein Überholen der bisher führenden Industrieländer implizieren. Daran schließt sich unmittelbar die Frage nach den Einflußfaktoren der Geschwindigkeit des Aufholprozesses und nach den wirtschaftspolitischen Maßnahmen an, die ihn begünstigen bzw. behindern. Insbesondere ist zu klären, ob eine industriepolitische Konzeption, wie sie von Japan oder den ost- bzw. südostasiatischen NICs gewählt wurde, eine notwendige Voraussetzung für einen erfolgreichen Wachstumsprozeß darstellt, oder ob es ausreicht, stabile, marktwirtschaftlich orientierte günstige makroökonomische Rahmenbedingungen zu schaffen.

Beachtet man die zurückliegende Entwicklung der Bundesrepublik Deutschland, so zeigt sich, daß Deutschland seit dem Zweiten Weltkrieg zu denjenigen Ländern zählt, die einen erfolgreichen *catching-up* Prozeß gegenüber den immer noch führenden USA vollzogen und hinsichtlich ihres gesamtwirtschaftlichen Produktivitätsniveaus die Produktivitätslücke weitgehend einebnen konnten. Dies gilt jedoch nur unter Ausschluß der durch den Beitritt Ostdeutschlands neu entstandenen Produktivitätslücke für Gesamtdeutschland. Da in Ostdeutschland bereits ein Produktivitätsrückstand zu Westdeutschland von etwa eins zu vier zum Zeitpunkt des Beitritts existierte, hat sich seit Beginn der neunziger Jahre das Bild deutlich verschlechtert, wenn Gesamtdeutschland zur Grundlage internationaler Ländervergleiche gewählt wird.

Stellt man die Produktivitätsniveaus in den USA und Westdeutschland in einzelnen Wirtschaftszweigen gegenüber, zeigt sich, daß die Bundesrepublik Deutschland in etwa zwei Dritteln der Wirtschaftszweige dabei ist, den Produktivitätsrückstand abzubauen. Es sind jedoch Schwächen in einigen wachstumsstarken Wirtschaftszweigen am Beginn der achtziger Jahre erkennbar, wo diese Industrien in den USA den Abstand erneut vergrößern konnten. Die Entwicklung der catching-up Prozesse in den einzelnen Wirtschaftszweigen ist jedoch in Westdeutschland deutlich breiter angelegt als in Japan, wo bisher nur rund ein Drittel der in einer Untersuchung von Jorgenson und Kuroda betrachteten 29 Wirtschaftszweige in Japan und den USA eine weitgehende Angleichung zu den Produktivitätsniveaus der USA erreichen konnte. Die Bundesrepublik Deutschland muß insbesondere in den technologieintensiven Bereichen der Büromaschinen, ADV-Herstellung, des Straßenfahrzeugbaus und der Chemie ihr catching-up Potential zu den international führenden Ländern besser ausschöpfen. Darüber hinaus muß gleichzeitig der innerdeutsche catching-up Prozeß zwischen Ost- und Westdeutschland soweit vorangetrieben werden, daß die regionalen Unterschiede zwischen beiden Landesteilen dem allgemein üblichen regionalen Produktivitätsgefälle in anderen führenden Industrieländern entsprechen. Ostdeutschland hat jedoch offensichtlich in den zurückliegenden Jahren einen raschen catching-up Prozeß begonnen, so daß günstige Voraussetzungen gegeben sind, innerhalb der kommenden Dekade dieses Ziel der weitgehenden Einebnung der Produktivitätslücke zu Westdeutschland zu verwirklichen (vgl. Siebert 1995). Hierbei muß jedoch berücksichtigt werden, daß sich Widersprüche zu den Aussagen neuerer Ansätze in der Wachstumstheorie zeigen. Empirische Untersuchungen haben ergeben, daß ein solcher Aufholprozeß mehrere Jahrzehnte dauern wird (vgl. Barro 1996).

Im dritten Abschnitt werden wichtige Modelle der Neuen bzw. Endogenen Wachstumstheorie vorgestellt. Angetreten mit dem Ziel, die Schwächen der traditionellen neoklassischen Wachstumsmodelle zu überwinden, versuchen die Vertreter dieses neuen Zweigs der Wachstumstheorie, die langfristige Wachstumsrate einer Volkswirtschaft endogen zu erklären. Im neoklassischen Grundmodell war die langfristige gleichgewichtige Pro-Kopf-Wachstumsrate des Outputs nur von der exogenen Größe technischer Fortschritt abhängig. Eine Veränderung des Investitionsverhaltens hatte keine Konsequenzen für die langfristige Wachstumsrate der Volkswirtschaft. Die Modelle der Neuen Wachstumstheorie zeigen mittels verschiedener Wege Möglichkeiten auf, diesen Mangel zu überwinden. Zentrale Punkte sind positive externe Effekte der Investition in die unterschiedlichen Formen des Kapitals (Sachkapital, Humankapital und Wissen), die Effizienz der Humankapitalbildung, die Folgen von Forschungs- und Entwicklungsaktivitäten sowie die Bedeutung internationaler Know-how-Ströme. Trotz der Konzentration auf unterschiedliche Wachstumsfaktoren machen die Modelle deutlich, daß eine zentrale Voraussetzung für einen dauerhaften Wachstumsprozeß das Vorliegen eines ausreichend großen Investitionsanreizes ist. Geht dieser verloren, werden die Wachstumsraten zurückgehen.

Ein wichtiges Element fast aller Modelle ist das Vorliegen von Externalitäten, die zu einer Abweichung der Laisser-faire Wachstumsrate von der sozial optimalen Wachstumsrate führen. Diese Lücke zwischen beiden Raten scheint einen staatlichen Eingriff zur Internalisierung der positiven externen Effekte nahezulegen. Darüber hinaus werden die sich ergebenden Wachstumsraten durch eine Vielzahl von Faktoren positiv beeinflußt, so daß sich eine Wirtschaftspolitik zur Förderung dieser Determinanten anbietet. Die Modelle der Neuen Wachstumstheorie zeigen aber auch die Schwierigkeiten auf, die mit einer entsprechenden Wirtschaftspolitik verbunden sein können. Nicht immer können wachstumsfördernde Maßnahmen wohlfahrtssteigernd sein. Die neueren Ansätze der Wachstumstheorie lassen sich deshalb vor allem für die Fundierung breit gefächerter wirtschafts- bzw. industriepolitischer Aktivitäten verwenden. Staatliche Forschungsförderung zur Schaffung neuer, vielfach verwendbarer Erkenntnisse, die Unterstützung der Humankapitalbildung, die Schaffung komplementärer Infrastruktureinrichtungen sowie die Schaffung von Investitionsanreizen können in einem ersten Schritt als der Katalog wirtschaftspolitischer Maßnahmen der Neuen Wachstumstheorie angesehen werden. Erschwert wird die Ableitung spezifischer wirtschaftspolitischer Maßnahmen durch die Tatsache, daß bislang keine direkte Überprüfung einzelner endogener Wachstumsmodelle durchgeführt wurde. Vielmehr konzentriert sich die empirische Forschung auf Studien zur Überprüfung von Konvergenz- bzw. Divergenzentwicklungen zwischen unterschiedlichen Volkswirtschaften. Wird die Konvergenzhypothese bestätigt, so wird dies als ein Beleg für die Gültigkeit der Aussagen des neoklassischen Grundmodells angesehen. Negative Ergebnisse werden dagegen als Bestätigung der neuen Wachstumsmodelle interpretiert.

Sollte im Rahmen einer strategischen Industriepolitik eine gezielte Förderung einzelner Wirtschaftszweige angestrebt werden, so wäre zuerst zu klären, ob es denn mittel- bis langfristig hinreichend stabile Wachstumstrends gibt, die es ermöglichen, das Wirtschaftswachstum der Gesamtwirtschaft dadurch zu stimulieren, daß ein Ressourcentransfer von wachstumsschwachen hin zu wachstumsstarken Wirtschaftszweigen in Gang gesetzt wird. Ausgangspunkt der Überlegungen ist das Modell eines einfachen Industrielebenszyklus. Während des Lebenszykluses einer Industrie werden sechs Phasen (*emerging industry, infant industry, high growth industry, mature industry, declining industry, vanishing industry*) unterschieden. Für die empirische Analyse anhand von wirtschaftsstatistischen Daten stellt sich dabei das Problem, daß für einige Entwicklungsstufen dieses Lebenszykluses in der Regel keine ausreichenden Informationen zur Verfügung stehen, insbesondere in den frühen Phasen der *emerging* und *infant industry*. Die empirische Analyse muß sich deshalb auf ein gröberes Raster beschränken. Neben diesen Problemen einer empirischen

Erfassung der Entwicklungsprozesse von Industrien steht auch das Problem, daß das einfache Modell eines Industrielebenszyklus die Möglichkeit eines *revival* einer Industrie nicht beinhaltet. Es ist jedoch theoretisch kaum möglich, den Zeitpunkt oder die Möglichkeit eines *revival* einer Industrie vorauszusagen. Sofern aus den empirischen Analysen ein häufiges *revival* zu beobachten wäre, würde der Erklärungswert des Modells eines einfachen Industrielebenszyklus eingeschränkt.

Als exemplarischer Fall für die empirische Bestätigung des Modells eines einfachen Industrielebenszyklus kann die Drei-Sektoren-Hypothese angesehen werden, da der Übergang des Produktivitätswachstums einer Volkswirtschaft von der Landwirtschaft zur Industrie und von der Industrie zu den Dienstleistungen sich bisher als weitgehend irreversibel erwiesen hat. Neben diesen methodischen Problemen stellt sich auch die Frage des empirischen Vorgehens. Dabei wird in der Untersuchung eine pragmatische Lösung anhand der verfügbaren Daten getroffen. Es ist jedoch zu berücksichtigen, daß auch in wachstumsschwachen Industrien auf einem gegebenen Aggregationsniveau wachstumsstarke Teilbereiche existieren können und *vice versa* in wachstumsstarken Industrien auch wachstumsschwache Teilbereiche. Die Durchschnittsbildung verdeckt diese Möglichkeit. Die Analyse auf dem Niveau von 51 Wirtschaftszweigen liefert daher nur einen groben Orientierungsrahmen. Eine Analyse des trendmäßigen Wachstums der Bruttowertschöpfung, der Arbeitsproduktivität je Erwerbstätigen und der Zahl der Erwerbstätigen führt zu folgenden Ergebnissen.

Im Durchschnitt ist für die überwiegende Zahl der Wirtschaftszweige ein deutlicher Rückgang, d.h. rund eine Halbierung, bei den trendmäßigen Wachstumsraten der Bruttowertschöpfung und der Arbeitsproduktivität seit Beginn der sechziger Jahre bis zum Ende der achtziger Jahre zu verzeichnen. Diese Entwicklung verlief im Verarbeitenden Gewerbe vergleichsweise dramatischer, da dort das Produktivitäts- und Produktionswachstum zu Beginn der sechziger Jahre deutlich höher als in den Dienstleistungsbereichen war. So sank auch die Zahl der Wirtschaftszweige im Verarbeitenden Gewerbe, deren Wachstumsraten über den gesamtwirtschaftlichen trendmäßigen Werten lagen.

Die Verlangsamung des Wirtschaftswachstums bei der Wertschöpfung und der Arbeitsproduktivität verlief dabei nicht synchron. Ein relativ stärkerer Rückgang des Wertschöpfungswachstums im Verhältnis zum Rückgang bei der Arbeitsproduktivität führte zu erhöhten Freisetzungseffekten bzw. einem Sinken des Beschäftigungswachstums in einer wachsenden Zahl von Wirtschaftszweigen des Verarbeitenden Gewerbes. Dies entspricht grundsätzlich dem Muster der Entwicklung hin zu einer relativen Deindustrialisierung bei einem Anstieg der Dienstleistungsproduktion.

Problematisch wird diese Entwicklung, wenn gleichzeitig die trendmäßigen Wachstumsraten in den Wirtschaftszweigen der Dienstleistungen auch überwiegend rückläufig sind und der Rückgang im Produktivitätswachstum vergleichsweise schwächer ausfällt. Hierdurch sinkt auch im Bereich der Dienstleistungen das Wachstum des Beschäftigungspotentials und damit die

Absorptionsfähigkeit der Dienstleistungszweige, im Verarbeitenden Gewerbes freigesetzte Erwerbstätige zu beschäftigen. Die fehlenden oder unzureichend genutzten Wachstumspotentiale sowohl in der Industrie wie auch bei den Dienstleistungen haben daher wohl den entscheidenden Beitrag zum kumulativen Aufbau der Beschäftigungskrise in der Bundesrepublik Deutschland geleistet.

Abschließend werden Wertschöpfungselastizitäten für die Arbeitsproduktivität und die Zahl der Erwerbstätigen für die einzelnen Wirtschaftszweige vorgestellt, die mit dem Verdoorn-Ansatz ermittelt wurden. Es zeigt sich, daß nicht unbedingt die wachstumsstarken Wirtschaftszweige auch eine hohe Beschäftigungselastizität aufweisen. So führt das rasche Wachstum von Wirtschaftszweigen wie Büromaschinen, ADV oder des Luft- und Raumfahrzeugbaus nicht zu kräftigen Beschäftigungseffekten, da in diesen Wirtschaftszweigen der Produktivitätsfortschritt gleichfalls entsprechend hoch ist. Umgekehrt bedeutet eine hohe Beschäftigungselastizität hinsichtlich des Wertschöpfungswachstums nicht, daß diese kräftige Beschäftigungswirkungen zur Folge haben, wenn dieser Wirtschaftszweig nur unterdurchschnittlich im Vergleich zur Gesamtwirtschaft expandiert.

Es bleibt festzuhalten, daß die Analyse der Entwicklung in den Wirtschaftszweigen zwar dokumentiert, daß es über längere Zeiträume wachstumsstarke Bereiche gibt, die andere wachstumsschwächere dauerhaft übertreffen, so daß ein forcierter Strukturwandel weg von wachstumsschwachen hin zu wachstumsstarken wünschenswert erscheint. Jedoch belegen die Berechnungen ein generelles Nachlassen in der Wachstumsdynamik in fast allen, vom relativen Gewicht zum Gesamtaggregat her dominierenden Zweigen. Das theoretische Denkmodell einer sukzessiven Substitution zwischen wachstumsschwachen und wachstumsstarken Industrien im Laufe ihrer Industrielebenszyklen kann somit nicht aufrechterhalten werden, wenn näherungsweise ein Vollbeschäftigungsniveau erreicht werden soll. Hierzu bedürfte es einer verbreiterten Basis von Wachstumsindustrien, die die Verluste in anderen Wirtschaftszweigen kompensieren könnten. Die Schaffung solcher Wachstumspole wäre damit die zentrale Aufgabe einer wachstumsorientierten Industriepolitik. Ein forcierter Strukturwandel könnte darüber hinaus das gesamtwirtschaftliche Wachstum zusätzlich steigern und mehr Beschäftigung ermöglichen. Die passive Anpassung der Lohn- und Arbeitszeitverhältnisse an die gesunkenen Wachstumsperspektiven der deutschen Wirtschaft ist hingegen nur eine *second-best* Lösung gegenüber einer Wachstumspolitik.

Aus den durchgeführten Untersuchungen ergeben sich einige Hinweise auf verschiedene, wirtschaftspolitisch bedeutsame Aktionsbereiche. Elemene einer zukunftsgerichteten Wachstums- und Industriepolitik müssen sich im wesentlichen auf die Förderung der Humankapitalbildung, die Schaffung und den Erhalt von Infrastruktureinrichtungen und die Förderung von Forschungs- und Entwicklungsaktivitäten konzentrieren. Letztere sollten dabei vor allem die marktliche Ausrichtung der Forschungsanstrengungen im Auge behalten.

Darüber hinaus sind die entsprechenden Maßnahmen durch wettbewerbspolitische Instrumente zu unterstützen. Aber auch der staatlichen Nachfrage kommt eine große Aufgabe zu, da sie Märkte für die neuentwickelten Produkte schaffen kann. Eine Möglichkeit, wachstums- und arbeitsmarktpolitische Erfordernisse zu kombinieren, stellt die Kombination von Arbeitszeitverkürzungen mit Aus- und Weiterbildungsmaßnahmen dar. Hierbei bilden letztere den Ausgleich für die durch die Reduzierung der Arbeitszeit entstandenen Lohneinbußen. Diese Maßnahme würde zum einen den Arbeitsmarkt entlasten, da zur Aufrechterhaltung des Produktionsniveaus zusätzliche Arbeitskräfte eingestellt werden müssen. Zum anderen bietet ein den Erfordernissen entsprechend ausgebildetes Arbeitskräftepotential die Chance, neue Produkte zu entwickeln und auch anzuwenden, was eine Grundvoraussetzung für die Erhaltung der Wettbewerbsfähigkeit des Wirtschaftsstandorts darstellt.

1 Industriepolitische Konzeptionen in ausgewählten Ländern bzw. der Europäischen Union

1.1 Allgemeines

Im folgenden Abschnitt werden die wesentlichen Züge der industriepolitischen Konzeptionen ausgewählter Volkswirtschaften bzw. der Europäischen Union (EU) vorgestellt. Ein Blick auf die Entwicklung wichtiger Industrienationen zeigt, daß sich über die letzten Jahre hinweg ein Wandel in der grundsätzlichen Einstellung gegenüber industriepolitischen Maßnahmen sowie den Zielen der Industriepolitik ergeben hat. Lange Zeit bildete die Stützung von in Absatzschwierigkeiten geratenen Branchen den Schwerpunkt der Industriepolitik. Aus sozialpolitischen und nationalen Interessen heraus wurden ausgewählte Sektoren wie Stahl, Schiffbau und Kohle umfangreich subventioniert oder durch protektionistische Außenhandelspolitik vom internationalen Wettbewerb abgeschirmt. Häufig handelte es sich dabei um Erhaltungssubventionen und nicht um die aktive Förderung des Strukturwandels.

In den Ländern, die im Vergleich zu den führenden Industrienationen des Westens hohe Produktivitätsrückstände und daraus resultierend einen niedrigeren Lebensstandard aufwiesen, wurde in der Nachkriegszeit mit Hilfe von Importsubstitution und Präferierung von bestimmten Sektoren durch die Wirtschaftspolitik sowie die Förderung der Exporte versucht hohe Wachstumsraten zu erzeugen. Japan und später Südkorea sind schnelle Aufholprozesse gelungen. Vor allem Japan ist mittlerweile in die Reihe der Länder eingetreten, die neue Technologien und Produkte erforschen und entdecken müssen. Die bisher bekannten industriepolitischen Konzepte sind nicht mehr adäquat. Für die Volkswirtschaften der USA und Europas haben sich aus dieser Entwicklung ebenfalls Konsequenzen ergeben. Die Zahl der Nationen, die in der Lage sind technologische Neuerungen anzubieten, hat sich erhöht, so daß die Gefahr steigt, den gewohnten Wettbewerbsvorteil zu verlieren.

Die zunehmende Bedeutung von sog. Schlüsseltechnologien (z.B. Gentechnologie, Informations- und Kommunikationstechnologie, Biotechnologie) und die zunehmende Mobilität des Kapitals sowie die Globalisierung von Unternehmen haben neben den oben angeführten Entwicklungen zu einer Umorientierung der Wirtschaftspolitik geführt. Industriepolitik wird aktuell als Wirtschaftspolitik verstanden, welche die Wettbewerbsfähigkeit eines Landes oder besser gesagt seiner Unternehmen erhöhen soll. Vielfach wird die Notwendigkeit einer strategischen, nach vorne gerichteten Industriepolitik diskutiert. Die bisherige Ausrichtung der industriepolitischen Maßnahmen sei viel zu stark durch Interessengruppen beeinflußt und somit mehr ein Sammelsurium von Adhoc-Entscheidungen denn ein Ergebnis fundierter Überlegungen. Dieses Phänomen ist eine Ursache für das Scheitern vieler industriepolitischer Maßnahmen, die auf neue Märkte und/oder. Produkte setzten. Um erfolgreiche

Industriepolitik praktizieren zu können, muß ein gesellschaftlicher Konsens gefunden werden (vgl. Abschnitt 1.8), damit alle Betroffenen zur Umsetzung der Entscheidungen beitragen.

Die folgenden Abschnitte werden die unterschiedlichen Ausrichtungen in der Industriepolitik der USA, Japans, Südkoreas, Frankreichs, der Europäischen Union und der Bundesrepublik Deutschland aufzeigen. Trotz prinzipieller ideologischer Unterschiede hinsichtlich der wirtschaftspolitischen Rolle, welche dem Staat zugestanden wird, zeigt sich ein gewisses Maß an Konvergenz bei den Zielsetzungen und den Strategien. Die Unterstützung niedergehender Industrien verliert in fast allen Ländern an Bedeutung, während die Förderung der oben angesprochenen Zukunftsindustrien wächst. Dies kann mit Hilfe spezieller, vom Staat getragener Projekte auf sehr direktem Wege oder durch die allgemeine Forschungsförderung indirekt erfolgen. Insgesamt wird dem immateriellen Kapital der Volkswirtschaften Vorrang eingeräumt, was sich in der gestiegenen Beachtung des Bildungswesens, der Infrastruktursysteme sowie der Forschungs- und Entwicklungsinvestitionen zeigt. Darüber hinaus wird der kommerziellen Umsetzung von Forschungsergebnissen mehr Aufmerksamkeit geschenkt. Ein weiteres Element ist die Intensivierung der Kommunikation und Zusammenarbeit zwischen Unternehmen und Staat.

Bei der Beurteilung des Erfolgs oder Mißerfolgs industriepolitischer Aktivitäten in unterschiedlichen Ländern muß berücksichtigt werden, daß eher von einer Komplementarität denn von einer Substitutionalität von wirtschaftspolitischen Maßnahmen zur Sicherung stabiler makroökonomischer Rahmenbedingungen und industriepolitischen Maßnahmen zur Aufrechterhaltung eines nachhaltigen Wirtschaftswachstums auszugehen ist. Dies gilt unabhängig davon, ob letztere strukturkonservierender oder innovationsfördernder Natur bzw. sektorspezifisch oder allgemein an der Verbesserung der industriellen Rahmenbedingungen interessiert sind. Diese Aussage kann entsprechend auf Maßnahmen zur Förderung von Innovationen, der Technologiediffusion, der Unterstützung kleinerer und mittlerer Unternehmen sowie des intraindustriellen Wettbewerbs ausgedehnt werden. Aufgrund dieser Überlegung ist es unmöglich von der erfolgreichen Realisierung makroökonomischer Ziele wie z.B. Preisstabilität, angemessenem Wachstum und steigende Beschäftigung auf deren wirtschaftspolitische Ursachen zu schließen. Simple, monokausale Zusammenhänge zwischen industriepolitischen Maßnahmen und der gesamtwirtschaftlich erfolgreichen Entwicklung sind aufgrund der Komplexität des wirtschaftlichen Prozeßablaufs nicht möglich. Eine adäquat konzipierte Industriepolitik ist keine hinreichende Bedingung für wirtschaftliches Wachstum, vielmehr müssen zusätzlich andere wichtige Determinanten hinzutreten.

Bevor eine Betrachtung der Wirksamkeit industriepolitischer Aktivitäten stattfinden kann, ist es in einem ersten Schritt erforderlich, den Begriff der Industriepolitik bzw. des darunter subsumierten Aktionsspektrums des Staates genau zu überprüfen. In einer eng gefaßten Definition können Industriepolitik und sektorale Strukturpolitik als zwei Bezeichnungen für ein- und dieselbe

Vorgehensweise verstanden werden. Staatliche Maßnahmen haben dabei die Erhaltung bzw. die Verbesserung der Wettbewerbsfähigkeit einzelner Branchen zum Ziel. Häufig wurden und werden Industrien (aber auch die Agrarwirtschaft) mit Subventionen unterstützt, die einerseits der Aufrechterhaltung der Produktionsfähigkeit von Unternehmen dienen. Dabei stehen vielfach übergeordnete nationale Interessen im Vordergrund, wie z.B. die Sicherung der energiepolitischen Unabhängigkeit von anderen Volkswirtschaften (Kohle). Andererseits sollen die gewährten Hilfeleistungen die Abfederung der sozialen Konsequenzen des Strukturwandels erleichtern. Neben dieser oftmals strukturkonservierenden Industriepolitik werden selektive Aktivitäten zur Förderung neuer Industrien eingesetzt. Dies geschieht in Entwicklungsländern (z.B. Schwerindustrie) genauso wie in Industrienationen (z.B. Kernenergie).

Ein etwas weiter gefaßtes Verständnis von Industriepolitik ordnet alle Maßnahmen, welche die Rahmenbedingungen der Industrie verbessern, unter diesem Begriff ein. Sämtliche Teile der Wirtschaftspolitik, wie z.B. Steuer-, Kapitalmarkt-, Bildungs-, Wettbewerbs- und Außenhandelspolitik, weisen somit industriepolitischen Charakter auf. Das Ziel ist dabei immer die Verbesserung und Festigung der internationalen Wettbewerbsfähigkeit des eigenen Landes bzw. die Schaffung günstiger Voraussetzungen für die Realisierung hoher Wachstums- und Beschäftigungspotentiale. Eine solche Industriepolitik kann als horizontal und breit gefächert bezeichnet werden, wenn die wirtschaftspolitischen Entscheidungen allen Branchen gleichermaßen zugute kommen.

Es muß an dieser Stelle angemerkt werden, daß es mit Sicherheit nicht möglich ist, eine allgemein verbindliche Definition aufzustellen. Der schon oben erkennbare, durchaus heterogene Gebrauch des Begriffs Industriepolitik in der öffentliche Diskussion mit all seinen werturteilsmäßigen positiven und negativen Konnotationen (i.S.v. Gunnar Myrdal und Max Weber) sowie die methodologischen Differenzen beim Entwurf eines analytischen Rahmens in der Wissenschaft (i.S.v. Paul Feyerabend) lassen eine solch konsensschaffende Definition aussichtslos erscheinen.

Durch eine differenzierte Klärung des Begriffs und der Bestimmung des Spektrums industriepolitischer Maßnahmen und Instrumente sollte jedoch eine Umorientierung der häufig im Grundsatzstreit befangenen (wirtschafts)politischen Diskussion erreicht werden können. Es bleibt auch zu hoffen, daß sich eine leistungsfähige Begrifflichkeit im Wettbewerb mit anderen aufgrund ihrer höheren Qualität durchsetzen kann. Würden die Kontrahenten des angesprochenen Grundsatzstreits vorurteilsfrei die Lage der marktwirtschaftlich verfaßten Länder USA, Großbritannien oder der Bundesrepublik Deutschland betrachten, müßten sie einstimmig zu dem Ergebnis kommen, daß es zu jeder Zeit eine aktive, industriepolitische Beteiligung des Staates gegeben hat und weiterhin auch geben wird. Allerdings sehen Ökonomen, die auf das freie Spiel der Marktkräfte setzen, dies als ein zu bekämpfendes Übel an, da nur das freie Spiel der Kräfte effizientes Wirtschaften ermögliche. Aufgrund der politischen Aktivitäten von Lobbyisten innerhalb einer repräsentativen Demokratie könnten solche Maßnahmen nur kontraproduktiv sein. Ökonomen, die staatlichem Interventionismus positiv gegenüberstehen, reklamieren dagegen immer wieder das Prinzip des Marktversagens, um zahlreiche wirtschaftspolitische Eingriffe zu rechtfertigen. Die Tendenz beider Seiten, die eigene *Ideal*vorstellung einer Marktwirtschaft ohne einen angemessenen Beweis als Grundlage für ihre Argumentation zu verwenden, macht die Verteidigung eines objektiven Standpunktes gegenüber beiden Lagern schwierig. Dies muß jedoch von wissenschaftlicher Seite immer wieder versucht werden, um politischen Kontroversen die wissenschaftliche Legitimation abzufordern und damit auch stilbildend in der öffentlichen Debatte um Industriepolitik wirken zu können.

Als Grundlage für eine genauere Betrachtung von Industriepolitik kann das Modell des Lebenszyklus einer Industrie gelten, das mit den Modellen eines Produktlebenszykluses von Vernon (1966) oder mit der originären Formulierung der Lebenszyklushypothese im Bereich der Konsumtheorie durch Modigliani (1975) eng verwandt ist. Der Lebenszyklus einer Industrie beginnt mit deren Wahrnehmung als potentieller eigenständiger Industrie (*emerging industry*) neben anderen. Sie ist damit ein Teilprozeß des schon von Adam Smith beschriebenen Prozesses einer fortschreitenden Arbeitsteilung, der die Grundlage für die Steigerung der Produktivität und des Wohlstandes eines Landes bildet. Dieser Prozeß der Entstehung einer Industrie kann sowohl durch eine Prozeß- und/oder eine Produktinnovation im Sinne von Schumpeter (1934) ausgelöst werden. Dies schließt organisatorische Innovationen mit ein, wie sie in jüngster Zeit durch die Prozesse der Einführung der Prinzipien von schlanken Produktionsweisen (*lean production*) oder der Auslagerung von Teilprozessen innerhalb der Gesamtproduktion in eigenständige Unternehmen (*outsourcing*) bzw. Right-Sizing an Bedeutung gewonnen haben. Gerade in einer Zeit eines raschen technischen Wandels, wie er derzeit stattfindet, führt bereits die Wahrnehmung potentieller neuer Marktfelder zu Reorganisationsprozessen bei der Industrie oder den damit verbundenen Dienstleistungen. Ein aktuelles Beispiel hierfür ist der entstehende Markt für multimediale Dienstleistungen und Produkte. Hier findet im Moment ein dramatischer Wandlungsprozeß statt, in dem Unternehmen, die zuvor ganz verschiedene Geschäftsfelder hatten und Industrien zugehörten, z.B. durch Fusionen (*merger and acquisitions*) oder strategische Allianzen eine Industrie zu schaffen versuchen, deren Gestalt augenblicklich nur sehr verschwommen deutlich wird. Bereits in diesem Stadium greift die Wirtschaftspolitik durch Regulierungen, Deregulierungen, durch FuE-Förderprogramme, durch den Einfluß staatlicher Nachfrage, Setzung rechtlicher Rahmenbedingungen etc. in den Entstehungsprozeß ein. Vergleichbare Prozesse laufen auf dem Gebiet der Biotechnologie ab.

Je nachdem wo (in welchen Ländern und Regionen) und wann (als Leader oder Follower) es der Wirtschaft eines Landes unter tätiger Mithilfe des Staates gelingt, diesen Bereich der emerging industry zu besetzen, entscheidet sich bereits das Szenario, mit dem sich die Industriepolitik eines Landes oder internationaler Träger der Wirtschaftspolitik wie z.B. der Europäischen Union auseinandersetzen muß. Nach der Geburt einer Industrie entsteht eine *infant industry*, die aus Sicht der führenden Volkswirtschaften möglichst in ihrer raschen Expansion gefördert oder aus der Sicht der *late comer* erst im eigenen Land kreiert und gegebenenfalls im Sinne von List (1959) vor der scheinbar übermächtigen Konkurrenz geschützt werden muß.

Nach der Phase der Geburt und Jugend, die durch besonders hohe dynamische Skalenerträge beim *learning by doing* und *learning by using* (siehe Rosenberg 1982) gekennzeichnet sind, tritt die Phase der Reifung ein, in der die Industrie eine volkswirtschaftlich relevante Größenordnung erreicht und mit überdurchschnittlichen Wachstumsraten im Vergleich zum Gesamtdurchschnitt der Industrie aufwarten kann. Hier finden dann erhebliche Restrukturierungsprozesse hinsichtlich der am Markt tätigen Unternehmen statt, die häufig in der Geburts- und Jugend-Phase durch kleine und mittlere Unternehmen bestehen, die durch kreative und häufig stark durch die neue Technologie geprägte Unternehmerpersönlichkeiten gekennzeichnet sind. Die Industriepolitik kann in dieser Phase des Lebenszyklus daher oft den Schwerpunkt bei der Förderung der Diffusion der neuen Technologien und Innovationen setzen, während FuE-Förderprogramme sowie die Instrumente der Protektion von infant-Industrien und der Regulierung bzw. Deregulierung in ihrer Bedeutung abnehmen.

Nach Abschluß der Phase des raschen Wachstums tritt die Industrie in einen Abschnitt der maximalen Ausdehnung ein, bei dem jedoch die Wachstumsraten rückläufig sind, da das vorhandene Marktpotential zunehmend ausgeschöpft ist und Unternehmenswachstum verstärkt durch den Zugewinn von Marktanteilen anderer Unternehmen realisiert werden muß. Dies ist auch meist die Phase, in welcher der technologische Wettbewerb in den Hintergrund und der preisliche Wettbewerb in den Vordergrund tritt. Darüber hinaus übernehmen statische Skalenerträge gegenüber den dynamischen Skalenerträgen eine dominierende Rolle. Die Industriepolitik wird in dieser Phase stärker an der wettbewerbspolitischen Regulierung orientiert sein, um unfairen Wettbewerb zur Verdrängung vorhandener und etablierter Wettbewerber zu verhindern.

Gerät eine Industrie durch eine Vielzahl von Unternehmen und der durch sie getätigten Kapitalbildung sowie *sunk costs* in die Phase der Stagnation und sukzessiven Schrumpfung, weil sich aufgrund der Inferiorität ihrer Produkte und Prozesse eine weitere Expansion nicht mehr fortführen läßt, ist es Aufgabe der Industriepolitik, diesen Prozeß in gesamtwirtschaftlich akzeptabler Form stattfinden zu lassen. Dieser Schrumpfungsprozeß ist insbesondere durch Überkapazitäten der Unternehmen geprägt. Hier stellt sich dann vor allem das Problem der Erhaltungssubventionen, die einen ansonsten schockartig verlaufenden Anpassungsprozeß dämpfen sollen. In diesem Zusammenhang ist auch das weite Feld der traditionellen industriepolitischen Maßnahmen zur Kontrolle des Produktionspotentials durch Prämien bei Kapazitätsstillegungen, der staatlich kontrollierten Fusionen und Kartelle sowie eines weitgefächerten Spektrums an finanziellen und protektionistischen Anpassungshilfen zu sehen. Am Ende dieses Prozesses tritt dann der Tod der Industrie ein, indem deren verbleibende Reste entweder völlig stillgelegt werden oder als unbedeutende Teile von Unternehmen weiter existieren, deren wesentliche Geschäftsfelder in anderen Industrien angesiedelt sind.

Neben dem allgemeinen Lebenszyklus einer Industrie, der unabhängig vom jeweiligen Standort gesehen werden kann, ruft der Lebenszyklus einer Industrie aufgrund unterschiedlicher Lebensstandards in einzelnen Ländern und der damit verbundenen Kostenstrukturen, insbesondere der Lohnkosten, eine länderübergreifende Flexibilität der Standortwahl hervor. Die Industriepolitik gewinnt in diesem Kontext auch die Dimension einer Standortpolitik, die gegebenenfalls versucht einen Industriestandort im Inland zu sichern, der bei reinem Marktgeschehen dort nicht zu halten wäre. Gleichfalls können potentielle Kandidaten, die für eine Standortverlagerung in Frage kämen, versuchen, frühzeitig eine Standortverlagerung reifer Industrien herbeizuführen. Intention ist hierbei die durch die sunk costs bei der Standortwahl gegebenen, langfristig dauerhaft existierenden positiven Externalitäten durch eine entsprechende Industrieansiedlungspolitik gegenüber anderen konkurrierenden Ländern zu internalisieren. Dies kann, wie zahlreiche empirische Beispiele der neueren Forschung zur Wirtschaftsgeschichte gezeigt haben (siehe z.B. Krugman 1991), zu einem historischen *lock-in* (Festhängen) bei der Standortwahl führen, der das Ziel einer Industrieansiedlungspolitik sein kann.

Die Überlegungen zum Industrielebenszyklus werden bei der Darstellung der sektoralen Entwicklung von Produktivität und Wertschöpfung noch einmal aufgegriffen. In den folgenden Teilabschnitten wird die Darstellung der prinzipiellen industriepolitischen Konzeptionen der jeweiligen Länder im Vordergrund stehen.

1.2 Die Industriepolitik in den USA

Innerhalb der Vereinigten Staaten wurde und wird Industriepolitik weiterhin skeptisch betrachtet. Selektiv steuernde Eingriffe staatlicherseits sind nicht mit dem liberalen Leitbild des freien Marktes vereinbar. Welche Güter und Industrien erfolgreich sein werden, könne allein der Markt entscheiden. Bürokraten und Politiker seien nicht in der Lage, alle notwendigen Informationen zu erhalten, die eine erfolgreiche Industriepolitik begründen können. Unterstützung findet diese erstmals in der sozialistischen Wirtschaftsrechnungsdebatte von Mises (1920) und Hayek (1940, 1945, 1974) vehement vertretene Position durch die Dominanz der neoklassischen Theorie in der amerikanischen Wirtschaftswissenschaft. Ende der achtziger Jahre wurden vier unterschiedliche Positionen hinsichtlich der industriepolitischen Konzeption der Regierung der USA diskutiert.

In den Vereinigten Staaten ist mit Sicherheit die Vorstellung, daß die Industriepolitik dem laissez-faire-Prinzip folgen sollte, am weitesten verbreitet. Keine Industriepolitik ist für die Vertreter dieser Position immer noch die beste Industriepolitik. Das einzige, was der Staat für die positive Entwicklung der

Volkswirtschaft tun könne, sei mit Hilfe einer stabilitätsorientierten, auf Wachstum gerichteten Geld- und Fiskalpolitik die Rahmenbedingungen für die Unternehmen zu verbessern. Die Koordination des wirtschaftlichen Prozeßablaufs bleibe dem Markt überlassen. Staatliche Stellen sollen nur dort eingreifen, wo es zum Marktversagen kommt. Eine zweite Gruppe sieht die Notwendigkeit einer staatlichen Führungsrolle. Die Forschung und Entwicklung im Bereich der Hochtechnologien müßten unbedingt beschleunigt werden. Eine andere Möglichkeit wäre die Implementierung eines Programms wie z.B. das Ziel der Mondlandung in den sechziger Jahren. Nur so würden ausreichend Ressourcen in die Generierung von technischem Fortschritt fließen. Auch dem Rüstungssektor wird in diesem Zusammenhang eine wichtige Rolle zugeschrieben. Die dritte Position innerhalb der industriepolitischen Debatte geht davon aus, daß nicht spezifische Lobbyinteressen die Industriepolitik in den USA prägen sollten, sondern daß ein konsensfähiges Wachstumsziel gefunden wird, welches alle Beteiligten verfolgen. Die Vorschläge dieser Gruppe reichen von einer Art Clearing-Stelle ohne Interventionsmöglichkeiten bis zu einer Koordinationsbehörde, die umfassende Steuerungskompetenzen hat. Diese Position, der z.B. der ehemalige Arbeitsminister Robert Reich zuzuordnen ist, orientiert sich im wesentlichen am Erfolg der Japaner mit dem MITI. Es wird eine weitgehende Reform der US-amerikanischen Administration angestrebt, um den Informationsaustausch und die Zusammenarbeit zwischen Staat und Unternehmen effizienter zu machen. Als letzte Position sind die Protektionisten zu nennen. Aufgrund unfairer handelspolitischer Praktiken der Regierungen anderer Länder seien protektionistische Maßnahmen vonnöten, damit amerikanische Firmen die gleichen Wettbewerbschancen haben wie ausländische Unternehmen, die umfangreiche Unterstützung ihrer Regierungen erhalten. Im folgenden wird sich zeigen, daß die Industriepolitik der USA von allen Positionen beeinflußt wird.

Aufgrund der föderalistischen Struktur der Vereinigten Staaten sind sowohl auf nationaler als auch auf bundesstaatlicher Ebene Zuständigkeiten verteilt. Die von der Bundesregierung erlassenen und durchgeführten Maßnahmen werden entscheidend durch die grundsätzliche Einstellung des Präsidenten zur Industriepolitik beeinflußt. Der Wechsel von Bush zu Clinton bedeutete auch einen Wechsel bei der Haltung gegenüber der staatlichen Rolle innerhalb des wirtschaftlichen Geschehens. Sehr großen Einfluß üben Interessengruppen aus, die durch ihr Engagement im Kongreß Unterstützungsleistungen für ihre Klientel erwirken. Vergleichbar mit der Situation in anderen Industrienationen gehört insbesondere die Landwirtschaft zu dieser Gruppe.

Trotz aller Kritik gegenüber sektorspezifischen Maßnahmen wurden in den USA Instrumente eingesetzt, die nicht unbedingt mit der oben angesprochenen wirtschaftsliberalen Grundeinstellung vereinbar sind. Insbesondere im Außenhandel hat die Bundesregierung immer wieder Anstrengungen unternommen, Importe aus anderen Ländern - vor allem aus Japan - zu beschränken, damit heimische, nicht mehr wettbewerbsfähige Unternehmen auf dem Binnenmarkt geschützt werden. Als Hauptgrund für das staatliche Engagement werden immer wieder die unfairen Praktiken anderer Nationen angeführt, die ihre Firmen protegieren. Die US-amerikanische Handelspolitik sei nur eine Reaktion auf solche Maßnahmen, um gleiche Chancen für alle Beteiligten zu erreichen. Im Gegensatz zur Handelspolitik gegenüber Europa oder Japan wurde auf dem amerikanischen Kontinent unter der Führung der Vereinigten Staaten die NAFTA (USA, Kanada und Mexiko) ins Leben gerufen, die für die US-amerikanischen Unternehmen einen noch größeren Binnenmarkt schaffen sollte.

Den Schwerpunkt bisheriger industriepolitischer Aktivitäten bildete der Rüstungssektor. Unterstützt durch das politische Streben nach nationaler Sicherheit und die weltpolitische Stellung der USA wurde diese Branche jahrzehntelang bevorzugt. Neben der Erreichung der gesetzten militärischen Ziele war man bestrebt, Transfers von Forschungsergebnissen in den zivilen Sektor (spin-offs) anzuregen. Zusätzlich zu den Anstrengungen im militärischen Bereich versprach man sich auch von den Weltraumprogrammen der NASA nicht nur den Beweis des technologischen und politischen Führungsanspruchs der Vereinigten Staaten sondern auch externe Effekte auf andere Bereiche der Wirtschaft. Wichtigster Akteur dieser Industriepolitik ist das Pentagon. Aufgrund seiner monopolistischen Stellung als alleiniger Nachfrager für Rüstungs- und Raumfahrtgüter und seiner Entscheidungskompetenz in der Frage, welche Forschungs- und Entwicklungsergebnisse ziviler Verwendung zugeführt werden dürfen, bestimmt es maßgeblich den Erfolg der durchgeführten Förderung. Anhand der US-amerikanischen Rüstungspolitik wird ein mögliches Dilemma einer Industriepolitik deutlich, die auf die Erzielung von Spillover-Effekten abzielt. Die Ausbeutung von Externalitäten der militärischen Forschung ist nur möglich, falls sie auch genützt werden dürfen. Im Falle der Forschungsergebnisse im Rüstungsbereich bestand und besteht ein Trade-off zwischen der Wettbewerbsfähigkeit der zivilen Industrie und dem militärpolitischen Interesse der Geheimhaltung wichtiger FuE-Resultate.

Die jahrelange Konzentration auf die Rüstungsindustrie bei staatlichen Forschungsaufträgen und Nachfragepolitik bildet die Ursache für aktuelle industriepolitische Maßnahmen. Die Unternehmen dieser Branche müssen sich als Folge der *Friedensdividende* und des Haushaltsdefizits in ihrer Struktur und Produktion verändern. Viele Firmen in diesem Sektor mußten sich z.B. bisher keine Gedanken über Kostenminimierung machen, was sie von Unternehmen der zivilen Wirtschaft unterscheidet. Zur Unterstützung des Konversionsprozesses entwickelte die Regierung ein Milliardenprogramm. Mehrere Programme sind projektiert, die Umschulungsmaßnahmen für freigesetzte Arbeitskräfte (*Military and Civilian Worker Training and Adjustment*) und Investitionen in die betroffenen Regionen umfassen (vgl. OECD Industrial Policy).

Die US-amerikanische Industriepolitik wird in Zukunft mehr die zivile Forschung ins Zentrum ihrer Förderung stellen. So sollen z.B. im Rahmen der Projekte der *Defense Advanced Research Project Agency* (DRAPA) in den militärischen Labors Technologien erforscht werden, die mehr zivile Anwendungen ermöglichen als bisher. Konsequenterweise müssen neben finanziellen

Mitteln auch Wissenschaftler und Ingenieure für eine mehr an der kommerziellen Verwendung orientierten Entwicklungstätigkeit eingesetzt werden.

Über diese spezifischen Maßnahmen im Rüstungsbereich hinaus ist die Regierung bestrebt langfristige Investitionen in Schlüsseltechnologien zu fördern bzw. selbst durchzuführen. Es wird wie in Japan, der Europäischen Union oder auch in der Bundesrepublik Deutschland davon ausgegangen, daß diese Technologien aufgrund ihrer positiven Externalitäten für andere Industrien und der Möglichkeit, sie in vielen anderen Branchen einsetzen zu können (Stichwort: *Multiple-Use*-Technologien), entscheidend für die Wettbewerbsfähigkeit der amerikanischen Unternehmen sind. Ein großes Augenmerk gilt deswegen u.a. der Entwicklung einer leistungsfähigen Computer- und Kommunikationsstruktur, die mit dem Stichwort *information superhighways* belegt werden kann. Gerade die Übertragung von und der schnelle Zugriff auf Informationen wird als eine wesentliche Determinante des zukünftigen Erfolgs der US-amerikanischen Volkswirtschaft angesehen. Aus diesem Grunde wurde ein *Advanced Technology Programm* entworfen, das die Entwicklung neuer Produkte und Produktionsverfahren unterstützen soll. Im Rahmen dieses Programms wurde z.B. 1991 ein *High-Performance Computing Act* erlassen und eine *Task Force on Information Infrastructure* eingerichtet, die im National Economic Council eingegliedert ist. Aufgabe dieser "Sondereinheit" ist es, in Zusammenarbeit mit dem Kongreß und dem privaten Sektor Einigung über die schnelle Umsetzung einer nationalen Informationsinfrastruktur zu erreichen. Weitere Schwerpunkte der Forschungsförderung bilden u.a. Produkte wie Halbleiter, Mikrowellen-ICs und magnetische Speichermedien, Keramik, langlebige Baumaterialien sowie fortschrittliche Meß- und Steuertechnik.

Die Clinton-Administration ist bestrebt, die Kooperation zwischen Industrie und Staat zu fördern und den Wissensaustausch zu verstärken. Durch gemeinsame Forschungsprogramme, wie es z.B. SEMATECH im Halbleiterbereich darstellt, sollen schneller verwertbare Ergebnisse erzielt werden, die mithelfen die internationale Wettbewerbsfähigkeit der US-amerikanischen Volkswirtschaft zu festigen bzw. auszubauen. Zu diesem Zweck wurden auch die strengen Wettbewerbsregeln für die Zusammenarbeit von Unternehmen etwas gelockert. Im SEMATECH-Projekt kooperieren z.B. Firmen aus der Elektronikbranche bei der Entwicklung neuer Computerchips im Rahmen eines FuE-Konsortiums. Die beteiligten Unternehmen können später von den gewonnenen Kenntnissen profitieren. Die Vermarktung soll aber dem Wettbewerb unterliegen.

Die gesamte Forschungsförderung soll mehr an der kommerziellen Nutzung orientiert sein. Die Grundlagenforschung, in der die USA immer noch an der Spitze stehen, soll dabei nicht vernachlässigt werden. Jedoch wird eine bessere, marktorientierte Umsetzung der technologischen Entwicklungen unterstützt. Dies schließt auch die Hilfe für eine schnellere Diffusion neuer Technologien ein. Ein typisches Beispiel für dieses Problem ist die Erfindung der Video-Recorder-Technik, die ursprünglich für die Anwendung im Bereich Film und

Fernsehen entwickelt wurde. Die Kommerzialisierung dieser Technologie gelang aber japanischen Unternehmen, die schnell den Amateurmarkt als den lohnenden Markt entdeckten, auf dem steigende Skalenerträge aufgrund von Massenproduktionen realisierbar waren.

Die Entwicklung von Hochtechnologien, die Produktion von High-Tech-Gütern sowie deren Einsatz erfordert vielfach hoch qualifizierte Arbeitskräfte. Aus diesem Grunde beabsichtigt die Regierung das Bildungssystem zu verbessern und Aus- und Weiterbildungsmaßnahmen sowie Umschulungsprogramme durchzuführen. Das allgemeine Bildungssystem der USA weist große Schwächen auf. Eine zunehmende Rate von Analphabeten und die gestiegene Zahl junger Leute ohne abgeschlossene Schulausbildung belegen dies.

Die Industriepolitik der USA, die bis vor kurzem im Spannungsfeld der *Zwillingsdefizite* (Haushalts- und Leistungsbilanzdefizit) stand, ist somit durch die Förderung spezifischer Sektoren wie z.B. der Automobilindustrie (Ziel: umweltgerechte Fahrzeuge), der Elektronikindustrie (Flachbildschirme) und der Multiple-Use-Technologien (z.B. Datenübertragung) gekennzeichnet. Zusätzlich erfolgt eine horizontale Forschungsförderung und die Reformierung des Bildungssystems. Unterstützt werden diese Anstrengungen durch eine geplante Verbesserung der Kooperation zwischen Unternehmen und Staat sowie die Orientierung der Forschungsbemühungen an der kommerziellen Anwendung der FuE-Resultate. Ob die Umsetzung bzw. die Durchführung der geplanten und teilweise schon begonnenen Initiativen erfolgreich sein wird, wird auch davon abhängen, wie sich die Mehrheitsverhältnisse in Senat und Kongreß auswirken werden. Das vor allem von den Republikanern verfolgte Ziel des Abbaus des Haushaltsdefizits wird immer wieder Ausgabenkürzungen zur Folge haben. Staatliche Förderungen sind somit schwer durchzusetzen und der Präsident läuft Gefahr zur *lame duck* zu werden, da seine Pläne von seinen politischen Gegnern blockiert werden können.

1.3 Die Industriepolitik in Japan

Das japanische Modell der Industriepolitik, welches maßgeblich vom Ministerium für Internationalen Handel und Industrie (MITI) geprägt wird, unterliegt in den letzten Jahren einem Wandel. Nach dem gelungenen Aufholprozeß der japanischen Volkswirtschaft gegenüber den USA und Europa nach dem Zweiten Weltkrieg hat sich das Aufgabengebiet der staatlichen Stellen, die industriepolitische Entscheidungen treffen und durchsetzen, verlagert. In der Phase des Aufbaus und des Wachstums in den fünfziger, sechziger und siebziger Jahren, in denen auch Fragen der Arbeitsbedingungen und der Umwelt in den gesamtwirtschaftlichen Zielkatalog aufgenommen wurden, war die japanische Industriepolitik durch eine Strategie des *industrial targeting* gekennzeichnet. Gezielt wurden Schlüsselindustrien gefördert sowie die Etablierung japanischer Produkte auf den Weltmärkten geplant und unterstützt. In dieser Zeit standen neben fiskalischen Instrumenten auch verstärkt marktregulierende Maßnahmen im Mittelpunkt. Zölle und nichttarifäre Handelshemmnisse, die strenge Regel für ausländische Unternehmen bei einem Engagement auf dem japanischen Markt ein joint venture mit einem einheimischen Unternehmen eingehen zu müssen und die Schaffung von Pflichtkartellen gehörten ebenso zum wirtschaftspolitischen Instrumentarium wie die Gewährung von direkten und indirekten Forschungs- und Entwicklungssubventionen (Steuererleichterungen, günstige Zinsen). Ergänzt wurden diese Maßnahmen durch eine staatliche Ressourcenlenkung hin zu den ausgewählten Schlüsselindustrien. Es muß festgehalten werden, daß diese Phase der japanischen Industriepolitik nicht nur Erfolgsgeschichten, sondern auch Mißerfolge aufwies. Inhalt einer solchen Wirtschaftspolitik ist ebenfalls die Hilfe für notleidende Industriezweige, die anfangs einen geordneten Rückzug der betroffenen Unternehmen aus den Märkten beinhaltete, mittlerweile aber die Unterstützung von Produkt- und Prozeßinnovationen umfaßt, um die jeweiligen Sektoren langfristig wettbewerbsfähig zu machen. Vor allem die Landwirtschaft erhält umfangreiche Regierungsunterstützung sowohl in finanzieller als auch in politischer Form. So wurde die Annahme des neuen Welthandelsabkommens durch das japanische Parlament mit einem Entlastungsprogramm für diesen Sektor verknüpft.

Da Japan mittlerweile in vielen Bereichen zu den führenden Industrienationen gehört, wird es immer schwieriger neue Industrien zu finden und zu implementieren. Lange Zeit konnte sich die japanische Volkswirtschaft an den erfolgreichen Strukturen der USA oder der Volkswirtschaften Europas orientieren, was das Auffinden erfolgversprechender Märkte erleichterte. Inzwischen muß Japan aber selbst die jungen Zukunftsindustrien definieren und entdecken. Gerade hier nimmt aber die Unsicherheit und das Risiko von Mißerfolgen zu, weshalb Japans Regierung sich noch mehr als bisher schon geschehen auf die Bereiche der Wissenschafts-, Forschungs- und Innovationspolitik konzentriert. Die ausgewählten Industriebereiche könnten ebenfalls als Schlüsselbranchen oder besser als Basistechnologien bezeichnet werden. Von ihnen wird erwartet, daß sie große Wachstumsmöglichkeiten sowohl auf dem Binnenmarkt als auch auf dem Weltmarkt aufweisen. Des weiteren wird ein großer Schub für die Produktivitäts- und Technologieentwicklung in vor- und nachgelagerten Sektoren erwartet. Aus diesen Überlegungen wird deutlich, daß die neuen Industrien zum einen in das bisherige Branchensystem Japans passen sollen, zum anderen aber auch die Kristallisationskeime für andere neue Branchen sein müssen. Diese Basistechnologien (oder auch *Multiple-Use-Technologien*) weisen aufgrund ihrer Allgemeinheit und Flexibilität viele Einsatzmöglichkeiten auf. Japans Fördermaßnahmen legen Schwerpunkte insbesondere auf Supraleiter, neue Werkstoffe und Materialien, Biotechnologien, Elektronik, Software aber auch auf Umwelttechnologien und Medizintechnologie sowie die Kommunikationstechnologien. Ein weiteres Kennzeichen der japanischen Industriepolitik ist der Ausbau der Infrastruktur und der Ausbildungs- und Weiterbildungsmaßnahmen.

Vor dem Hintergrund dieser Entwicklung hat sich auch die Stellung des MITI gewandelt. Die Zeit umfangreicher Interventionen, um Ressourcen gezielt zu lenken, ist vorbei. Das MITI ist zum einen nicht mehr unumstritten, was den Erfolg seiner Politik anbetrifft, zum anderen hat es Kompetenzen an andere Ministerien und staatliche Stellen verloren. Sein Aufgabengebiet hat sich in Richtung einer Koordinationsstelle entwickelt, die Informationen sammelt und aufbereitet, um sie z.B. den Unternehmen zur Verfügung zu stellen. Zusätzlich werden "Visionen" veröffentlicht, die im Rahmen breit angelegter Zielvorstellungen mögliche Entwicklungschancen und potentielle Märkte für die japanische Volkswirtschaft aufzeigen.

Neben dem MITI und seinen Subbehörden, wie z.B. der Agency for Industrial Science and Technology, der New Energy and Industrial Technology Development Organization (NEDO) und der Economic Planning Agency (EPA), haben auch andere Organe des Staates industriepolitische Maßnahmen ergriffen. Hier ist einerseits das Finanzministerium zu nennen, welches eine große Rolle im Finanzsystem Japans spielt, andererseits die Notenbank, die mittels niedriger Zinssätze und der Bereitstellung von Risikokapital Investitionen förderte und fördert. Ergänzt werden diese Aktivitäten durch Programme der Japan Development Bank und der Export-Import Bank of Japan. Die hohe Investitionstätigkeit der japanischen Volkswirtschaft wurde durch die überdurchschnittliche Sparneigung der Bevölkerung begünstigt.

Ein weiterer Erfolgsfaktor ist charakteristisch für das industriepolitische System Japans. Es ist die Bedeutung des gesellschaftlichen Konsenses in der Volkswirtschaft. Die Zusammenarbeit zwischen Staat und Unternehmen war und ist sehr ausgeprägt, und die Unternehmen sind häufig eng miteinander verflochten (*Keiretsu*). Diese starken Verknüpfungen der Wirtschaftsakteure miteinander bergen selbstverständlich die Gefahr der Mißwirtschaft aufgrund zu enger Beziehungen. Positiv stehen dabei aber die kurzen Informationswege und die Unterstützung einer Entscheidung durch einen Großteil der Beteiligten zu Buche, wodurch die Sicherheit von Planungen erhöht wird. Die enge Zusammenarbeit der Unternehmen ist jedoch nicht automatisch gleichzusetzen mit einem Mangel an Wettbewerb. So zeigt z.B. Porter (1990) in seiner Studie, daß Japan in vielen Branchen die höchste Zahl an Wettbewerbern aufweist. Vielmehr wurden und werden in Japan auf einer vorwettbewerblichen Ebene gemeinsame Forschungsanstrengungen durch den Staat gefördert; die marktliche Nutzung der Ergebnisse unterliegt aber dem Wettbewerb. Des weiteren sind Bemühungen im Gange die staatlichen Regulierungen abzubauen sowie die Förderung einer transparenten und noch mehr am Wettbewerb orientierten Marktstruktur aufrechtzuerhalten.

In diese Richtung geht auch die verstärkte Öffnung Japans gegenüber ausländischen Firmen. Importe werden nicht nur zugelassen, sondern förmlich unterstützt. Zollerleichterungen, zinsbegünstigte Darlehen für Importe und ein für ausländische Unternehmen vorteilhaftes Lizenzsystem gehören in den neunziger Jahren zu den außenwirtschaftspolitischen Instrumenten der japanischen Regierung. Stellte die Japan External Trade Organisation (*JETRO*) bislang für japanische Unternehmen Informationen über Auslandsmärkte zusammen, so ist derzeit geplant, auch ausländischen Geschäftspartnern diese Dienstleistung für den japanischen Markt zugänglich zu machen. So steht z.B. bei der Anbahnung von Partnerschaften zwischen einheimischen und fremden Unternehmen das Business Support Center zur Verfügung. Diese Offenheit nach außen spiegelt sich auch in der Förderung gemeinsamer Forschungsprojekte japanischer und ausländischer Unternehmen wider.

Die zunehmende Internationalisierung der Märkte und der technologischen Entwicklung hat auch in Japan umfangreiche Konsequenzen für kleine und mittlere Unternehmen. Aus diesem Grunde richtet sich ein Teil der Anstrengungen der Industriepolitik auf die Hilfe für Firmen, die in diesen Bereich fallen. Gewährt werden vorrangig Gründungs-, Management- und Finanzierungshilfen. Um die Diffusion von technischen und wissenschaftlichen Neuerungen zu ermöglichen bzw. zu beschleunigen, greifen die japanischen Regierungsstellen auf die Gründung von sog. Technopolies zurück. An ausgewählten Orten soll ein Verbund zwischen Forschungseinrichtungen, Industrieunternehmen unterschiedlicher Größe und dazugehörigen Dienstleistern entstehen.

Die obigen Ausführungen zeigen das breite Spektrum japanischer Industriepolitik auf. Fast alle denkbaren industriepolitischen Instrumente kommen zur Anwendung. Die Zielsetzung ist aber allen gemein: Sämtliche Maßnahmen sollen die Wettbewerbsfähigkeit der japanischen Volkswirtschaft stärken. Hierbei wird insbesondere die Ausnutzung externer Effekte von Forschungs- und Entwicklungsergebnissen einerseits und von Basistechnologien andererseits verfolgt. Auch die angestrebte Zusammenarbeit mit ausländischen Unternehmen und Forschungseinrichtungen geht in diese Richtung. Die nachlassende Bedeutung des physischen Kapitals als Produktionsfaktor und die zunehmende Relevanz der Größen Humankapital und moderner Infrastruktureinrichtungen wird deutlich. Die Bemühungen der japanischen Regierung zielen durch die Nutzung von Wissensexternalitäten (inländische und ausländische) auf die Schaffung von Wettbewerbsvorteilen für die heimischen Firmen ab.

Der Erfolg dieser horizontalen Industriepolitik wird in großem Ausmaß auch von den finanziellen Möglichkeiten der japanischen Regierung abhängen. Die sich Ende 1997 manifestierende Finanzkrise des japanischen Bankensystems wird den finanzpolitischen Spielraum der Regierung und damit konsequenterweise auch die industriepolitischen Möglichkeiten einengen, da bei einem Rückgang der Börsenkurse die Banken zur Abwendung des Bankrotts auf Stützaktionen des Staates angewiesen sind. Inwieweit entsprechende Hilfsmaßnahmen ergriffen werden, wird auch von dem Willen der Regierung abhängen, die Krise lokal zu begrenzen.

1.4 Die Industriepolitik in Südkorea

Neben Japan wird Südkorea als einer der "vier kleinen Tiger" als das Musterbeispiel für die Durchführung eines erfolgreichen Aufholprozesses einer unterentwickelten Volkswirtschaft gegenüber den führenden Industrienationen genannt. Trotz der Trennung Koreas in den kommunistischen Norden und den westlich orientierten, von den USA beeinflußten Süden ist es der südkoreanischen Wirtschaft gelungen, den Nimbus eines Entwicklungslandes abzulegen und in einigen Branchen weltweit konkurrenzfähig zu werden. Häufig werden die niedrigen Arbeitskosten Südkoreas als der Hauptfaktor für die gelungene Entwicklung angesehen, jedoch wandte die Regierung, insbesondere das Ministerium für Handel und Industrie und das *Economic Planning Board*, einige industriepolitische Instrumente an, welche diesen Prozeß begünstigten. Südkorea hat sich in den letzten vier Jahrzehnten von einer vom Agrarsektor dominierten Volkswirtschaft zu einer modernen Ökonomie entwickelt, die mittlerweile durchaus in der Lage ist, moderne High-Tech-Güter zu produzieren. Die industriepolitische Ausrichtung Südkoreas, die sehr stark von dem 1979 ermordeten Diktator Park Chung Hee bestimmt wurde, hat eine Struktur der Volkswirtschaft hinterlassen, die für die weitere Entwicklung des Landes einige Probleme mit sich bringt.

Am Ende des Koreakrieges hatte der Süden fast seine komplette Kapitalausstattung verloren und verfügte über keinerlei nennenswerte natürliche Ressourcen. Das Land war deswegen anfänglich auf die finanzielle Unterstützung der Vereinigten Staaten angewiesen. In einer ersten Phase der Industrialisierung (ca. 1953-1961) setzte die Regierung Südkoreas auf die Politik der Importsubstitution in den Bereichen Textilien, Kleidung, Schuhe und Lederwaren. Die jungen Industrien sollten entsprechend Listscher Argumentation mit Hilfe von Schutzzöllen und Mengenbeschränkungen vor ausländischer Konkurrenz geschützt werden. Die zweite Phase (ca. 1962-1973) ist durch eine umfassende Förderung des Exportes von arbeitsintensiven Produkten gekennzeichnet. Mittels Fünfjahresplänen wollte die Militärregierung die wirtschaftliche Entwicklung in von ihr vorbestimmte Bahnen lenken. Der erste Plan sah die Importsubstitution für Kapitalgüter und Zwischenprodukte vor. Aufgrund von Inflation und Wechselkursproblemen des Won wurde diese Strategie zugunsten der angesprochenen Exportförderung aufgegeben. Die exportierenden Sektoren wurden in fast allen Belangen von der Wirtschaftspolitik bevorzugt. Neben günstigen Krediten, Importvergünstigungen für Rohstoffe, die in den entsprechenden Branchen notwendig waren, wurde z.B. Elektrizität billiger angeboten. Begleitet wurden diese Maßnahmen durch eine Abwertungspolitik der koreanischen Regierung. Parallel dazu wurde in weiteren strategischen Bereichen (Stahl, Petrochemie, Schiffbau und Automobile sowie Maschinenbau) vermehrt Importsubstitution betrieben, die u.a. von Steueranreizen (z.B. temporäre Befreiung von der Körperschaftssteuer), Zollbegünstigungen und Subventionen unterstützt wurde. Begünstigt wurde diese Phase der wirtschaftlichen Entwicklung Südkoreas durch den bis dato gelungenen Aufholprozeß der japanischen Volkswirtschaft, in der in dieser Zeit eine Umstrukturierung weg von arbeitsintensiven Güter (z.B. Textilien) hin zu mehr technologieintensiven Produkten stattfand.

Ab 1973 setzte die Regierung Südkoreas große Anstrengungen in den Aufbau der Schwerindustrie und der chemischen Industrie. So wurde für diesen Zweck z.B. eine spezielle Kommission einberufen (Heavy and Chemical Industry Promotion Council), die sich aus hochrangigen Beamten zusammensetzte. Die Hinwendung zu diesen beiden Sektoren war mit einem Rückgang der Exportförderung verbunden. Die Schwer- und die chemische Industrie wurden nun steuerlich begünstigt und erhielten Zugang zu günstigen Krediten, die u.a. durch den National Investment Fund gespeist wurden. Um niedrige Zinsen für diese Industrien zu gewährleisten, subventionierte die Regierung die Kreditvergabe. Die staatlichen Stellen traten aber auch selbst als Investoren auf und errichteten ab 1974 nicht nur umfangreiche Infrastruktureinrichtungen, sondern auch fünf große Industriekomplexe. Als Folge dieser sektorspezifischen Industriepolitik ergaben sich Ende der siebziger Jahre strukturelle und makroökonomische Probleme für die südkoreanische Volkswirtschaft. Inflation, strukturelle Ungleichgewichte und die Schwächung der internationalen Wettbewerbsfähigkeit resultierten aus der hohen Investitionsneigung im Bereich der Schwer- und der chemischen Industrie.

Diese Schwierigkeiten veranlaßten die Regierung Südkoreas ab Anfang der achtziger Jahre den sektorspezifischen Ansatz der Industriepolitik immer mehr aufzugeben und verstärkt auf breitgefächerte, horizontale Maßnahmen zu setzen. Niedergehende und junge Industrien erhalten zwar weiterhin staatliche Unterstützung, jedoch nur zeitlich begrenzt. So wurden Begünstigungen, die für bestimmte Sektoren gewährt wurden, relativ schnell abgebaut und die Fördermaßnahmen konzentrierten sich auf Forschungs- und Entwicklungsaktivitäten der Industrie. Auch hier standen steuerliche Anreize im Vordergrund. Forschungseinrichtungen wurden von Steuern auf den Grunderwerb befreit und Forschungsinvestitionen mit zehn Prozent Steuernachlaß begünstigt. Schon in den sechziger Jahren wurde mit der Gründung des *Korea Institute of Science and Technology* (1966) und der Einrichtung des *Ministeriums für Wissenschaft und Technologie* (1967) versucht die technologischen und wissenschaftlichen Fähigkeiten des Landes zu fördern. Auf der Nachfrageseite wurden für technologieintensive Produkte verminderte Verbrauchsteuersätze gewährt. Wie in vielen anderen Ländern auch erfuhren kleinere und mittlere Unternehmen, die in diesen Bereichen aktiv sind, Steuervergünstigungen. Parallel dazu wurden verstärkt Investitionen im Ausbildungsbereich getätigt.

Ergänzend zu diesen Maßnahmen öffnete sich die südkoreanische Volkswirtschaft nach außen. Mit Hilfe von ausländischen Direktinvestitionen wurde die Einfuhr von neuen Technologien angestrebt. Zusätzlich wurden die protektionistischen Regelungen für die heimische Industrie reduziert, um sie mit dem internationalen Wettbewerb zu konfrontieren. Die betroffenen Bereiche wurden aber nicht von einem auf den anderen Tag dieser Öffnung ausgesetzt, sondern sie erhielten ausreichend Zeit, Anstrengungen zur Verbesserung der Wettbewerbsfähigkeit zu unternehmen. Der Zeitraum der sukzessiven Handelsliberalisierung erstreckte sich z.B. über den Zeitraum von 1981-1988. Neben der Orientierung am internationalen Wettbewerb wurde auch auf dem Binnenmarkt eine Verschärfung der Konkurrenzsituation angestrebt, indem gegen monopolistische Strukturen, unlauteren Wettbewerb und Marktzutrittsschranken vorgegangen wurde. Um den Technologieimport zu beschleunigen, erfolgte eine Änderung des strengen Genehmigungssystems. So gilt der Import prinzipiell als erlaubt, nur falls die Regierung einer Ankündigung der Unternehmen widerspricht, erfolgt ein Importverbot. Unterstützt wurden diese industriepolitischen Maßnahmen durch eine Politik des knappen Geldes und restriktive Fiskalpolitik. Mittlerweile hat die südkoreanische Volkswirtschaft gegenüber den bei den jeweiligen Zukunftstechnologien führenden Industrienationen einen Entwicklungsrückstand von ca. 5 Jahren. Dieser Abstand lag Mitte der siebziger Jahre noch bei ca. 10-15 Jahren (vgl. Chowdhury/Islam 1993).

Trotz der Versuche den Binnen- und den Außenhandel zu liberalisieren, ist die Volkswirtschaft Südkoreas auch heute noch durch nicht-marktkonforme Interventionen des Staates gekennzeichnet. Zwar wurde 1994 das einflußreiche Economic Planning Board aufgelöst, doch gibt die Regierung weiter Ziele für die Unternehmen vor. Hier sind z.B. die Bereiche Luftfahrt, wo staatliche Vorgaben mit der Bedrohung durch den kommunistischen Norden gerechtfertigt wurden, oder die Telekommunikation zu nennen, wo die Unternehmen gezwungen wurden, einen bestimmten, von der Regierung vorgegebenen Standard bei Mobiltelefonen zu entwickeln. Ein weiteres Problem ist die hohe Konzentration der Wirtschaft. Traditionell kontrollieren die sog. *Chaebols*, die großen Unternehmensgruppen, die Produktion in Südkorea. Diese riesigen Firmenkomplexe konnten durch die sektorspezifische Industriepolitik entstehen, die auf die Ausnutzung von Größenvorteilen setzte. Die oben angesprochenen billigen Kredite und Steuervergünstigungen trugen zu dieser Entwicklung bei. Zur starken Unternehmenskonzentration kommt der hohe Grad der Verschuldung der Chaebols hinzu. Die teilweise riskanten Investitionsprojekte der siebziger und achtziger Jahre haben den Schuldenstand der Firmen stark anwachsen lassen, so daß Absatzschwierigkeiten sehr schnell zur Zahlungsunfähigkeit führen können. Bisher zogen solche Ereignisse meist staatliche Rettungsmaßnahmen nach sich, um nicht auch noch das Bankensystem zu gefährden.

Die Industriepolitik in Südkorea konzentrierte sich je nach Phase der wirtschaftlichen Entwicklung auf unterschiedliche Strategien. Sowohl Importsubstitution als auch direkte Exportförderung wurden angewandt. In den letzten Jahren versuchte die Regierung die Volkswirtschaft mehr in Richtung einer technologie- und forschungsintensiven Güterstruktur weiterzuentwickeln, wobei auch auf eine intensive Förderung des Humankapitals gesetzt wird. Insgesamt läßt sich festhalten, daß der wirtschaftliche Aufholprozeß Südkoreas entscheidend von der Industriepolitik beeinflußt wurde. Der langen Phase des *industrial-targeting* folgt nun eine Hinwendung zu einer mehr horizontalen Ausrichtung der wirtschaftspolitischen Maßnahmen. Inwieweit die südkoreanische Erfolgsgeschichte auch in Zukunft fortgeschrieben werden kann, wird von der Fähigkeit des Landes abhängen, sich zu einer Volkswirtschaft zu entwickeln, die wirtschaftliches Wachstum aufgrund von Innovationen erzielt.

Bei allen positiven Erfolgen, die Südkorea in den letzten dreieinhalb Jahrzehnten zu verzeichnen hatte, darf nicht vergessen werden, daß sie lange Zeit auf Kosten der Demokratie und Freiheit der einzelnen Bürger erkauft wurden. Die Wirtschaftspolitik Parks war eine Politik der Opfer, denn es wurde nicht nur in die Struktur der Güterproduktion eingegriffen, sondern auch in die individuelle Entscheidung über Arbeit und Freizeit sowie Sparen und Konsum, von den politischen Freiheiten ganz zu schweigen. Wenn Lehren aus der Entwicklung Südkoreas gezogen werden sollen, muß zuerst die Frage gestellt werden, ob eine solche Strategie des Aufholens nur unter Aufgabe vieler individueller Freiheiten möglich ist.

Darüber hinaus scheint Ende der neunziger Jahre auch der Glanz des südkoreanischen Aufschwungsprozesses vor dem Hintergrund der hohen Verschuldungsquote des Landes zu verblassen. Die hohen Wachstumsraten der letzten Jahre wurden mit durch die großzügige Kreditvergabepolitik der Banken erreicht, die dabei Erfüllungsgehilfe des Staates waren. In diesem Zusammenhang war in vielen Fällen nicht die Kreditwürdigkeit eines Unternehmens ausschlaggebend für die Gewährung eines Kredits, sondern der politische Wille ein bestimmtes Unternehmen oder eine bestimmte Branche zu fördern. Aufgrund der rückläufigen Wachstumsraten des Sozialprodukts hat sich in den letzten Jahren die Ertragssituation vieler Unternehmen verschlechtert. Die Rückzahlung der Kredite fällt zunehmend schwerer, und die Banken geraten wegen dieser Ausfälle ihrerseits in Liquiditätsprobleme. Letztendlich ist auch in Südkorea wie in Japan der Staat gefordert, dem Unternehmenssektor aus dieser mißlichen Situation zu helfen, wodurch der Spielraum für aktive industriepolitische Aktivitäten eingeengt werden wird.

1.5 Die Industriepolitik in Frankreich

In Frankreich hat Industriepolitik eine sehr lange Tradition. Als Startpunkt industriepolitischer Aktivitäten wird der Colbertismus aus dem 17. Jahrhundert angesehen. Im Vergleich zur Bundesrepublik Deutschland spielt der Staat in Frankreich eine viel größere Rolle im wirtschaftlichen Geschehen. Selbst konservative Regierungen wenden dirigistische Instrumente an, um die Wettbewerbsfähigkeit des Landes zu verbessern. So schwankt zwar der Umfang und die Intensität des industriepolitischen Engagements in Abhängigkeit von der jeweiligen Konstellation zwischen Sozialisten und Gaullisten/Konservativen, d.h. der Besetzung der Ämter des Präsidenten und der Regierung, eine prinzipielle Abkehr von einer interventionistischen Industriepolitik hat es bisher aber noch nicht gegeben.

Nach dem Zweiten Weltkrieg stand der starke Zentralstaat im Mittelpunkt, um die Industrialisierung Frankreichs nach vorne zu treiben. Nationale Prioritäten bestimmten, welche Industriesektoren besonders zu fördern seien. In den 50er Jahren waren dies, wie in anderen Ländern auch, die Kohle-, Elektrizitäts-, Stahl-, Zement-, und Landmaschinenindustrie sowie das Verkehrswesen. Zeitweise wurden über die indikative Planung (*Planification*) hinaus verbindliche Vorgaben gemacht. In dieser Wiederaufbauphase wurde vor allem auf die Realisierung von Größenvorteilen gesetzt, was die Konzentration auf Großunternehmen zur Folge hatte. Ergänzt durch den Schutz vor ausländischer Konkurrenz wurde versucht, mit Hilfe von Steuernachlässen und Investitionszulagen, die heimischen Unternehmen zu stützen.

Entsprechend der Entwicklung in anderen europäischen Ländern haben sich mit den Römischen Verträgen von 1957 die Rahmenbedingungen für die Industriepolitik Frankreichs verändert. Man versuchte, die Volkswirtschaft mehr zu öffnen, um den Wettbewerbsdruck auf dem Binnenmarkt zu erhöhen. Mangelnde Wettbewerbsfähigkeit sollte wiederum durch Größe ausgeglichen werden, da man sich durch steigende Skalenerträge Kosteneinsparungen erhoffte (vgl. auch den Abschnitt über die Neue Wachstumstheorie). Auch in dieser Phase der Industriepolitik wurde auf Instrumente wie Kreditvergabe, Subventionierung von Forschung und Entwicklung und sektorspezifische, staatliche Nachfrage gesetzt.

Ein weiteres Kennzeichen der französischen Industriepolitik wurde in den sechziger Jahren ins Leben gerufen: *les grands projets*, die großen Projekte. Mit Hilfe großangelegter Forschungsprojekte sollte Frankreich von amerikanischen Einflüssen unabhängig bleiben und für anstehende Probleme eigene *solutions françaises* (französische Lösungen) bereitstellen können. Man wollte nicht von anderen Ländern abhängig sein, sei es in der Militärtechnik von den USA oder im Energiesektor von anderen Nationen. Aus diesen Gründen verfolgte die Regierung eine Industriepolitik, die sich auf den High-Tech-Sektor und die militärische Forschung konzentrierte. Bekannte Schlagworte aus dieser Zeit sind der *Plan Calcul* (Schaffung eines eigenständigen französischen Informatiksektors) und das Überschallflugzeug *Concorde*. Auch diese industriepolitischen Ziele sollten durch die Förderung der großen nationalen Champions erreicht werden.

In den siebziger Jahren verstärkte sich die unternehmensspezifische Förderung noch mehr. So wurden z.B. spezielle Kommissionen ins Leben gerufen, die über die Vergabe von Krediten an Firmen, die auf dem Gebiet der Elektronik, Robotertechnik und Energieeinsparung tätig waren, entscheiden. Neue Wachstumspotentiale und Märkte sollten entdeckt werden. Man sah in diesen Sektoren einerseits die Märkte der Zukunft und andererseits solche Bereiche, die positive Externalitäten für andere Teile der Volkswirtschaft aufweisen. Somit sollte die Wettbewerbsfähigkeit aller Sektoren gesteigert werden. In diese Zeit fallen auch die ersten Maßnahmen, die kleineren und mittleren Unternehmen zugute kamen. Trotz der unternehmensspezifischen

Unterstützung wurden auch die Fehlentwicklungen des Konzentrationsprozesses erkannt. Ein Schwerpunkt wurde auf horizontal wirkende Instrumente gelenkt. Die Innovationsfähigkeit der Unternehmen sollte erhöht und Erfolge auf den Märkten mehr belohnt werden. Insgesamt sollte der Markt mehr als bisher über die Überlebenschancen von Unternehmen entscheiden.

Ab 1981 wurde durch die beginnende Verstaatlichungswelle der sozialistischen Regierung wiederum mehr auf staatliche Lenkung gesetzt. Das Beschäftigungsziel hatte höchste Priorität gewonnen. Das planerische Element wurde verstärkt und man versuchte integrativ zu agieren. Beispielsweise wurden alle Unternehmensbereiche aufeinander abgestimmt. Ziel war es intra- und interindustrielle Synergien zu verwirklichen, um die Wettbewerbsfähigkeit zu stärken und schnellen Strukturwandel zu ermöglichen. Als ein Mittel hierfür wurde eine integrierende Forschungs- und Entwicklungspolitik angesehen, welche die Vermeidung von Doppelforschungen zur Aufgabe hatte. Sämtliche Forschungsprojekte mußten gemeldet werden, damit das Forschungsministerium jederzeit über die entsprechenden Informationen verfügen und sie an andere Unternehmen weitergeben konnte. Parallel hierzu wurde auch ein Augenmerk auf die Diffusion der Forschungsergebnisse gelegt. Dieser Phase umfassender staatlicher Interventionen folgte zwischen 1986 und 1988 ein kurzes, marktorientiertes Intermezzo der Regierung Chirac, welche die Privatisierung der Volkswirtschaft zum Programm hatte. Spätestens aber mit der Amtszeit von Edith Cresson als Premierministerin erfolgte eine Rückkehr zu mehr Interventionismus. Japan galt und gilt in Frankreich als Beispiel für ein erfolgreiches industriepolitisches Konzept.

Obwohl die oben beschriebene Industriepolitik neben einigen Mißerfolgen auch positive Ergebnisse zeitigte und Frankreich zum Kreis der führenden Industrienationen gehört, wird seit Anfang der neunziger Jahre die Forderung nach einem moderneren industriepolitischen Konzept laut. So versucht die derzeitige Regierung eine Wirtschaftspolitik zu realisieren, die auch die Erreichung der Vollbeschäftigung zum Inhalt hat. Einerseits soll der Staatsanteil zurückgedrängt und die Eigeninitiative der Firmen gestärkt werden. Hierzu gehört auch die zunehmende Unterstützung für kleinere und mittlere Unternehmen, welche in den letzten Jahren mehr neue Arbeitsplätze geschaffen haben als die staatlich geförderten nationalen Champions. Insbesondere die Finanzierungsmöglichkeiten für diese Unternehmen sollen verbessert werden. Ein weiterer Schwerpunkt soll die (Re-)Privatisierung der Staatsunternehmen bilden, um die Zahl der Anteilseigner zu erhöhen und neues Wissen im Management aufzunehmen. Trotz der liberalen Wirtschafts- und Finanzpolitik verzichtet die Regierung nicht auf die Hilfe für niedergehende Industriesektoren. Hauptsächlich die Automobilindustrie genießt den Schutz des Staates, was sich in der Forderung nach Einhaltung der Abkommen zwischen der Europäischen Union und Japan bzgl. der Importe in die EU ausdrückt.

Auch soll der Staat die Diffusion neuer Technologien unterstützen und weiterhin eine aktive Rolle in Forschung und Entwicklung spielen. So erhalten

Unternehmen finanzielle Beihilfen für die Anschaffung und Integration neuer Technologien sowie für die Bezahlung von Fachleuten, die sie für diesen Zweck extra engagieren müssen. Ähnlich wie die EU setzt Frankreich auf den quantitativen und qualitativen Ausbau von Netzwerken, wobei insbesondere industrielle Verbindungen im Vordergrund stehen. Darüber hinaus wird auch die allgemeine Forschungsförderung und die Schaffung von Technologietransfers mit dem Ausland verstärkt.

Der französische Staat hat bisher eine sehr aktive industriepolitische Rolle gespielt und wird dies mit Sicherheit auch weiterhin tun. Zwar steht mittlerweile die Schaffung allgemeiner, günstiger Rahmenbedingungen im Mittelpunkt des wirtschaftspolitischen Interesses, doch werden auch in Zukunft selektiv bevorzugte Industriesektoren gefördert werden, was auch die Konzentration auf Zukunftstechnologien beinhaltet. Ein Beispiel hierfür ist die Umwelttechnologie, die zu einer weltweit führenden Industrie ausgebaut werden soll. Zwar verfolgt der neue Staatspräsident Chirac eine mehr angebotsorientierte Wirtschaftspolitik als sein Vorgänger Mitterand, deren Umsetzung durch den Wechsel von der Regierung Juppe zur sozialisitisch-grün-kommunistischen Regierung weitgehend zum Erliegen gekommen ist. Fraglich ist außerdem, inwieweit die politische Forderung nach einem starken Frankreich, wie schon so häufig zuvor, die wirtschaftspolitische Vorgehensweise beeinflussen wird. Nationale Sicherheitsinteressen und das Streben nach Autarkie bzw. der Vormachtstellung innerhalb der Europäischen Union werden Anlaß bieten, aktiv in das ökonomische Geschehen einzugreifen.

1.6 Die Industriepolitik der Europäischen Union

Innerhalb der Europäischen Union (EU) hat sich die industriepolitische Konzeption aufgrund veränderter weltwirtschaftlicher Rahmenbedingungen in den letzten Jahren gewandelt. Standen zu Anfang der europäischen Integration spezielle Bereiche wie der Kohle- und Stahlsektor oder die Kernenergie sowie die Errichtung einer Zollunion im Mittelpunkt industriepolitischer Maßnahmen, befaßt sich die wirtschaftspolitische Diskussion seit Anfang der siebziger Jahre immer wieder mit der Frage nach der Wettbewerbsfähigkeit der europäischen Volkswirtschaft. So wurde z.B. 1972 eine von der EG-Kommission angeregte Studie zur Wettbewerbsfähigkeit der Europäischen Gemeinschaft veröffentlicht und 1981 die nachlassende Konkurrenzfähigkeit Europas von der Kommission beklagt. Stichworte wie die amerikanische bzw. japanische Herausforderung sind nicht erst in den neunziger Jahren aktuell geworden. Vielmehr hat sich durch den erfolgreichen Aufholprozeß der pazifischen Volkswirtschaften die Notwendigkeit einer Förderung der Wettbewerbsfähigkeit für die verantwortlichen Stellen der EU noch verstärkt. Zusätzlich wird durch die Einführung des Binnenmarktes, die Rechtsprechung des Europäischen Gerichtshofes und die geplante Wirtschaftsunion der wirtschaftspolitische Handlungsspielraum der

Mitgliedsstaaten mehr und mehr eingeschränkt. Der EU fallen als supranationaler Organisation mehr Kompetenzen zu.

Die EU-Kommission hat in Folge dieser Entwicklungen in verschiedenen Stellungnahmen und dem Weißbuch *Wachstum, Wettbewerbsfähigkeit und Beschäftigung* ihre Einstellung zu den Zielen und der Ausgestaltung der Industriepolitik deutlich gemacht. Zusätzlich wurde im Vertrag von Maastricht mit dem umstrittenen Art. 130 dem Ziel der internationalen Wettbewerbsfähigkeit der europäischen Industrie Verfassungsrang eingeräumt. Insbesondere Art. 130 bildet den Kernpunkt einer Grundsatzdebatte über die Industriepolitik der EU bzw. die Rolle der europäischen Gremien im wirtschaftlichen Geschehen im allgemeinen. Kritiker verweisen z.B. auf den hohen Allgemeinheitsgrad der potentiellen Maßnahmen, was die Möglichkeit einer interventionistischen, in das Marktgeschehen eingreifenden Industriepolitik schaffe (z.B. Monopolkommission). Andere Stimmen bevorzugen eine wettbewerbsorientierte Auslegung von Art. 130, da er ein Bekenntnis zum offenen Wettbewerb beinhalte. (z.B. Otto Schlecht).

Ziel der zukünftigen europäischen Industriepolitik ist die Schaffung und Erhaltung der Wettbewerbsfähigkeit der europäischen Unternehmen. Nur durch Erreichung dieses Ziels sei die Erhöhung der Beschäftigung realisierbar. Die EU-Kommission hat im Weißbuch von 1993 die Schaffung von 15 Millionen neuen Arbeitsplätzen bis zum Ende dieses Jahrhunderts als Ziel ihrer Wirtschaftspolitik proklamiert. Hierfür muß die Investitionsquote in Europa wieder drastisch anwachsen, nachdem sie in den beiden letzten Jahrzehnten deutlich zurückgegangen ist. Die geplanten Maßnahmen der EU-Kommission sind deshalb auf die Schaffung besserer Rahmenbedingungen für Investitionen gerichtet, wobei die Vorteile der europäischen Volkswirtschaften beim Arbeitskräftepotential und der schon jetzt guten Infrastruktur weiter ausgebaut werden sollen.

Um die mangelnde Wettbewerbsfähigkeit zu überwinden, setzt die EU-Kommission auf die Erreichung von vier Hauptzielen:

a) Bessere Integration der europäischen Unternehmen in den weltweiten Wettbewerb voneinander abhängiger Märkte,

b) Nutzung ihrer Wettbewerbsvorteile im Zusammenhang mit der steigenden Entmaterialisierung der Volkswirtschaften,

c) Förderung der stetigen Fortentwicklung der Industrie,

d) Abbau der Asynchronität von Angebot und Nachfrage.

Große Schwächen liegen laut EU-Kommission bei der vorrangigen Positionierung der Unternehmen auf Märkten mit geringem Wachstum. Vielmehr sollten Märkte erschlossen werden, die in Zukunft hohe Renditen und Wachstumschancen versprechen wie z.B. die Bereiche Elektronik, Informatik, medizinische Ausrüstungen. Aus der bisherigen Fehlpositionierung folgt eine niedrige Arbeitsproduktivität der Verarbeitenden Industrie im Vergleich zu den USA und Japan. Verstärkt wird dieses Problem durch die relativ geringen FuE-Investitionen bzw. die zurückgehenden Wachstumsraten bei diesen Investitionen.

Wollen die Unternehmen konkurrenzfähiger werden, müssen sie sich mehr dem internationalen Wettbewerb stellen, was durch verstärkte industrielle Zusammenarbeit und den Abbau von Handels- bzw. Marktzutrittsschranken unterstützt werden kann. Hohen Stellenwert mißt die Kommission der zunehmenden Relevanz der Entwicklung und Nutzung von allgemeinen und spezifischen (Fach)Kenntnissen bei. Die Volkswirtschaften entmaterialisieren sich zunehmend. Parallel dazu verlieren die direkten Kosten der Produktionsfaktoren immer mehr an Bedeutung. Aus diesem Grunde wird z.B. der Senkung der Arbeitskosten im Weißbuch keine große Erfolgschance zugerechnet (vgl. EU 1994a, S. 81). Ausbildung, Forschung und Entwicklung, die industrielle Organisation und Infrastruktureinrichtungen werden den Erfolg auf den Weltmärkten bestimmen. Konsequenterweise räumt die EU den immateriellen Investitionen in ihren Vorschlägen für zukünftige industriepolitische Maßnahmen mehr Raum ein. Ergänzt werden soll die Förderung dieser Art von Investitionen durch die Unterstützung der Fortentwicklung der Industrie, d.h. des strukturellen Wandels, und die Schaffung von positiven Nachfragebedingungen für neue Produkte (vgl. Übersicht 1 EU 1994a, S. 87).

Aufgrund dieser Zielsetzungen kommt die EU-Kommission zum Schluß, daß die staatlichen Hilfsmaßnahmen für die industrielle Entwicklung horizontaler Art sein müssen und eine Stützung der immateriellen Investitionen vorangetrieben werden muß. Diese teilweise erst in der langen Frist erfolgreichen Instrumente sind durch wirtschaftspolitische Maßnahmen zu ergänzen, die kurzfristig die Wettbewerbsfähigkeit stärken. Um diese Forderungen zu konkretisieren, wird sich die EU-Kommission in Zukunft auf mehrere Aktionsfelder konzentrieren.

Einen Schwerpunkt werden die sog. *Transeuropäischen Netze* bilden. Hierunter fallen Verkehrs-, Energietransport- und Telekommunikationsnetzwerke. Der Ausbau dieser Infrastruktureinrichtungen soll einerseits produktivitätssteigernde Effekte für die Volkswirtschaften ermöglichen und andererseits Arbeitsplätze bei ihrem Aufbau und bei ihrer späteren Nutzung schaffen. Insbesondere der Telekommunikation kommt im Hinblick auf die schnelle Informationsübertragung große Bedeutung zu. So bieten sich bspw. Möglichkeiten zur besseren und schnelleren Vorbereitung und zum Treffen von Entscheidungen sowie die Schaffung neuer Märkte an (z.B. Medien). Die geplante Umsetzung dieser Pläne wird ein umfangreiches Investitionsprogramm bis zum Ende des Jahrhunderts darstellen. Im Bereich Verkehr sind ca. 220 Mrd. ECU, für den Energietransport ca. 13 Mrd. ECU und für die Telekommunikationsnetze ca. 67 Mrd. ECU von 1994 bis 2000 projektiert. Zur Finanzierung dieses Programms ist an die Zusammenarbeit aller staatlichen Ebenen und an die Einbeziehung privater Investoren gedacht. Dieses Vorhaben fügt sich ein in die prinzipielle Einstellung der EU-Kommission, in Zukunft die Kooperation

Übersicht 1: Kernpunkte einer Politik der weltweiten Wettbewerbsfähigkeit

Ziele	Mittel
1. Bessere Einfügung der europäischen Unternehmen in ein Umfeld der weltweiten Wettbewerbsfähigkeit und gegenseitigen Abhängigkeit	- Erschließung der industriellen Stärken der Gemeinschaft Entwicklung einer aktiven Politik der industriellen Zusammenarbeit - Einführung eines abgestimmten Vorgehens gegenüber der Ausbreitung strategischer Allianzen - Durchführung gezielter Maßnahmen, um den Wettbewerb auf den Märkten zu sichern.
2. Nutzung der Wettbewerbsvorteile bei der Entmaterialisierung der Volkswirtschaft	- Neuausrichtung der Steuerpolitik zur Förderung von Beschäftigung und der rationellen Nutzung knapper Ressourcen - Entwicklung einer Politik, die "immaterielle" Investitionen begünstigt (Ausbildung, Forschung, technische Hilfe) - Stärkung der Bemühungen zur Erleichterung und Rationalisierung von Vorschriften und Normen - Anpassung der Kriterien für den Einsatz der industriepolitischen Fördermittel, um deren Auswirkungen auf die Wertschöpfung und die Beschäftigung zu verbessern - Einleitung einer europäischen Politik zur Qualitätsförderung
3. Förderung einer stetigen Fortentwicklung der Industrie	- Spürbare Steigerung und Koordinierung der FuE-Anstrengungen im Bereich der umweltfreundlichen Techniken - Entwicklung wirtschaftlicher Anreize, um die Umsetzung der FuE-Ergebnisse in Produkte und Verfahren zu fördern
4. Verringerung des Zeitverzugs bei den Entwicklungsrhythmen von Angebot und Nachfrage	- *Auf der Nachfrageseite* Fortsetzung der Maßnahmen zur Förderung einer weltweiten abgestimmten Belebung des Verbrauchs Erleichterung des Entstehens neuer Märkte - *Auf der Angebotsseite:* Förderung der Maßnahmen zur Strukturanpassung durch vermehrte Privatisierungen Unterstützung der Dynamik von kleinen und mittelständischen Unternehmen - *Maßnahmen zur Verbesserung des Verhältnisses zwischen Angebot und Nachfrage:* Einführung partnerschaftlicher Beziehungen zwischen Großunternehmen und Zulieferern Verbesserung der Schnittstellen zwischen Herstellern und Verbrauchern Aufbau eines Abstimmungsgefüges zur Entwicklung von Schwerpunkten wettbewerbsfähiger Tätigkeitsfelder

Quelle: EU 1994a, S. 87

zwischen Staat und privaten Unternehmen zu intensivieren, was sich auch im industriepolitischen Credo des verantwortlichen EU-Kommissars Martin Bangemann ("Mut zum Dialog" 1993) zeigt. Die letztendliche Pflicht zur Initiative und die Bereitschaft zum strukturellen Wandel liegt aber bei den Unternehmen.

Ein zweiter Schwerpunkt ist die Förderung der FuE-Aktivitäten innerhalb der Europäischen Union. Die Kommission attestiert in diesem Bereich drei Hauptschwächen:

a) das im internationalen Vergleich zu geringe Investitionsvolumen bei FuE,
b) die mangelhafte Koordinierung von Forschungsaktivitäten,
c) die unzureichende Abstimmung zwischen Institutionen der Grundlagenforschung und Unternehmen im Hinblick auf die industrielle und kommerzielle Nutzung der Forschungsergebnisse.

Aus diesen Gründen ist die Kommission bestrebt, künftig eine koordinierende Funktion zu erfüllen und eine Umorientierung der Forschung in Richtung zu mehr marktorientierten Ergebnissen zu erreichen. Insbesondere kleineren und mittleren Unternehmen wird in diesem Prozeß eine wichtige Rolle zugewiesen. Darüber hinaus sollen auch Umweltaspekte und soziale Erfordernisse Berücksichtigung finden, so daß vor allem die Bereiche Umwelttechnologien, Energie, Gesundheitswesen und Biotechnologie gefördert werden. Zur Umsetzung dieser Forderungen soll auf EU-Ebene das vierte Rahmenprogramm für die Forschung (Dauer: 1994-1998, Umfang: 12,3 Mrd. ECU) dienen, welches u.a. die Einführung von Koordinationsmechanismen, die Konzentration auf "Multiple-Use-Technologien" und die Verbreitung von Forschungsergebnissen in der Gemeinschaft zum Inhalt hat. Entsprechende Projekte wurden auch schon in den achtziger Jahren geplant und durchgeführt wie z.B. BRITE (Programm zur Grundlagenforschung und Anwendung von neuen Technologien) oder EURAM (Materialforschung). Zu nennen ist hierbei auch das Strategic Programm for Innovation and Technology Transfer (SPRINT). Die Förderung soll sich zukünftig einerseits auf die vorwettbewerbliche Phase der Forschung konzentrieren, wobei die endgültige Entscheidung, ob ein Produkt oder ein Prozeßverfahren erfolgreich sein wird, dem Markt überlassen werden soll. Andererseits soll die Mittelaufteilung auf eine übersichtliche Anzahl von Projekten beschränkt sein, um somit mehr Effizienz zu erreichen.

Das dritte Betätigungsfeld ist die Förderung von sog. Zukunftsindustrien oder auch "sunrise industries" wie Informationstechnologie, Biotechnologie und der audiovisuelle Bereich. Die Unterstützung dieser Sektoren basiert zum einen auf der Überlegung, externe Effekte einzelner Industrien auf andere Branchen zu nutzen, zum anderen auf dem Ziel, das Potential für neue Märkte zu schaffen. So können Erfolge in der Entwicklung innerhalb der Informationstechnologie dazu führen, daß andere Sektoren diese neuen Techniken nützen können, um ihre Produktivität zu steigern. Durch die Schaffung eines europäischen Informationsraums können auch neue Märkte und Arbeitsplätze im Bereich der Dienstleistungen entstehen.

Gerade diese Konzentration auf spezifische Industrien stellt ein Streitthema zwischen den Befürwortern und Gegnern von industriepolitischen Maßnahmen dar. Die Stellungnahmen der EU-Kommission weisen jedoch auf ein Festhalten an einem System offener und wettbewerbsorientierter Märkte hin. Konservierenden, strukturerhaltenden Maßnahmen wird aus diesem Grunde vermehrt weniger Platz eingeräumt. Die wichtigsten Branchen, die von einer sektorspezifischen Industriepolitik profitierten, waren früher Stahl, Kohle, Kernenergie, Textilien, Chemiefasern und Automobile sowie Verkehr und Landwirtschaft. In den letzten Jahren wurden die Hilfen für einzelne dieser Bereiche aber zunehmend abgebaut. Für die neue Ausrichtung der EU-Kommission spricht auch die Durchführung einer strengeren Beihilfe- und Konzentrationskontrolle durch die Kommission sowie die Förderung eines freien Marktes nach innen (Binnenmarktprogramm) und nach außen und die Ablehnung von protektionistischen Instrumenten. Die nach vorne gerichtete Unterstützung der Zukunftsindustrien ist als ein Teil des Globalkonzeptes der EU-Kommission zu sehen, denn auch bei der Förderung der einzelnen Sektoren wird größtenteils auf Forschung und Entwicklung sowie Aus- und Weiterbildung gesetzt.

Zusammenfassend läßt sich festhalten, daß die künftige Industriepolitik der EU durch folgende Punkte gekennzeichnet werden kann:

1.) Vorrangiges Ziel ist die Wettbewerbsfähigkeit der europäischen Unternehmen.
2.) Industriepolitische Maßnahmen dürfen den Wettbewerb nicht verzerren.
3.) Strukturkonservierende und protektionistische Instrumente sollen zurückgedrängt werden.
4.) Forschung und Entwicklung sowie immaterielle Investitionen (z.B. Aus- und Weiterbildung) sind vorrangig zu behandeln.
5.) Umorientierung zu mehr marktorientierter Forschung
6.) Beschleunigung der Diffusion von FuE-Resultaten
7.) Kleinere und mittlere Unternehmen werden besonders gefördert.
8.) Der Dialog zwischen Staat, Wissenschaft und Unternehmen soll intensiviert werden.
9.) Ausbau der Transeuropäischen Netze
10.) EU-Bürokratie hat die Aufgabe als Koordinator und Katalysator zu wirken.

Seit der Veröffentlichung des Weißbuchs wurden von der EU mehrere Schritte unternommen, die gesteckten Ziel zu erreichen. So wurde z.B. ein Rat für Wettbewerbsfähigkeit ins Leben gerufen, der in Halbjahresberichten die Entwicklung der Wettbewerbsfähigkeit der europäischen Industrie untersuchen soll. Hierbei sollen vor allem Schwachstellen benannt und Verbesserungsvorschläge diskutiert werden. Darüber hinaus wurden mehrere sog. *Task Forces* eingerichtet, die zur Aufgabe haben, den Dialog zwischen den an industriepolitischen Entscheidungen beteiligten Gruppen zu intensivieren und eine breitere Informationsbasis zu schaffen. Neben der Schaffung transeuropäischer Netze auf den Gebieten der Energieversorgung und des Verkehrs, die durch eine weitere Liberalisierung des Binnenmarktes erreicht werden soll, nimmt die Entwicklung von der Industrie- zur Informationsgesellschaft eine wachsende Bedeutung in der Wettbewerbsfähigkeitspolitik der EU ein. Die zunehmende Durchdringung der Volkswirtschaft mit Informations- und Kommunikationstechnologien wird als eine zentrale Voraussetzung für die Steigerung der internationalen Wettbewerbsfähigkeit europäischer Unternehmen gesehen (vgl. z.B. EU 1994b). In diesem Zusammenhang wird von der EU-Kommission nicht nur die Relevanz einer adäquaten Ausstattung mit Hardware betont, sondern auch die Notwendigkeit des *Lebenslangen Lernens.* Nur wenn die Arbeitnehmer in der Lage sind, den raschen technologischen Wandel anzunehmen, können die potentiellen Produktivitätsfortschritte der neuen Technologien auch genutzt werden. Bildungspolitik wird somit immer mehr zur Wachstums- und Industriepolitik und umgekehrt (vgl. EU 1995, 1996b,c,d, HLEG 1996, 1997).

1.7 Die Industriepolitik in der Bundesrepublik Deutschland

Innerhalb der Bundesrepublik Deutschland findet vor dem Hintergrund der Vorstellungen der EU-Kommission (vgl. Abschnitt zur Industriepolitik der EU) und den wirtschaftlichen und sozialen Problemen, die durch die Vereinigung Deutschlands entstanden sind, eine kontrovers geführte Diskussion industriepolitischer Fragestellungen statt. Traditionell überwiegen in Deutschland die kritischen Stimmen gegen ein verstärktes Engagement des Staates auf dem Gebiet der Industriepolitik. Eine aktive, interventionistische Rolle der Wirtschaftspolitik ist nicht mit den Vorstellungen der ordoliberalen Position im Sinne von Eucken und Müller-Armack vereinbar. Die aufgrund des Transformationsprozesses in den neuen Bundesländern neu entstandene Situation und die zunehmende Globalisierung der Märkte haben die Debatte über industriepolitische Maßnahmen zusätzlich angeregt.

Trotz des Bekenntnisses zum freien Markt ist die industriepolitische Praxis in der Bundesrepublik Deutschland auch durch umfangreiche Erhaltungs- und Anpassungshilfen für Branchen gekennzeichnet, die im internationalen Wettbewerb aus eigener Kraft nicht bestehen könnten. Vor allem die Subventionen für die Bereiche Stahl, Kohle und Schiffbau sowie die Agrarwirtschaft sind hier zu nennen. Der Staat sollte ursprünglich nur dann eingreifen, falls große soziale Härten und schwerwiegende Konsequenzen für die Volkswirtschaft insgesamt zu erwarten sind. Prinzipiell galt immer das Konzept der Eigenverantwortung der Unternehmen, sich an die im Wandel befindlichen verändernden strukturellen Rahmenbedingungen anzupassen. Mit Hilfe von Struktur-

und Regionalpolitik sowie der Mittelstandsförderung wurde und wird in der Bundesrepublik Deutschland konservierende Industriepolitik betrieben.

Die zweite Kategorie industriepolitischer Maßnahmen ist eine auf dem Subsidiaritätsprinzip basierende Forschungs- und Technologiepolitik. Hauptträger sind hierbei vor allem das Bundesforschungsministerium und das Bundesverteidigungsministerium. Vergleichbar mit den Maßnahmen, die defensiv, sektorspezifisch eingesetzt wurden, hat sich auch in diesem Bereich im Laufe der Jahre ein Wandel der prinzipiellen Einstellung ergeben. Anfänglich wurde in den frühen fünfziger Jahren der Ausbau von Universitäten und die Einrichtung anderer Wissenschaftsinstitute gefördert, wobei der Bund weitgehend eine Laisser-faire Position einnahm. Bis Ende der sechziger Jahre konzentrierte sich die FuE-Politik hauptsächlich auf militärische Forschung und die Kernenergie sowie die Luft- und Raumfahrttechnik. In diese Zeit fallen die Gründung vieler großer Forschungseinrichtungen wie z.B. der Kernforschungszentren Karlsruhe und Jülich sowie die Einrichtung des Bundesministeriums für Atomforschung, dem späteren Bundesforschungsministerium. Seit Anfang der sechziger Jahre stand die Schließung der technologischen Lücke gegenüber den USA bzw. die Entwicklung neuer, eigener Technologien im Mittelpunkt. Ziel war und ist der Aufbau und die Erhaltung wettbewerbsfähiger Industriestrukturen. Forschungspolitik ist immer mehr zur Standortpolitik geworden.

Zur Erreichung des Ziels der Wettbewerbsfähigkeit setzt die bundesdeutsche FuE-Politik verstärkt auf die Förderung von Zukunftstechnologien wie z.B. Fertigungstechnik, Biotechnologie und Materialforschung. Man geht davon aus, daß diese Bereiche hohe Wachstumspotentiale aufweisen und darüber hinaus positive Spillover-Effekte auf andere Industrien ermöglichen. Zusätzlich werden diese Zukunftsindustrien als strategisch wichtig angesehen. Ähnlich der Argumentationsweise bei Förderung der Kernenergie wird vor einer zu starken Abhängigkeit der bundesdeutschen Industrie von anderen Volkswirtschaften gewarnt (vgl. z.B. Seitz 1994). So ist beispielsweise die Mikroelektronik eine für mittlerweile alle Industriebereiche wichtige Zuliefererbranche. Kennzeichnend ist, und das unterscheidet sie von der Kernenergie, daß sie nicht substituierbar ist. Für Befürworter einer aktiven, auf die Zukunft gerichteten Industriepolitik ist es deswegen unumgänglich eigenständig in der Lage zu sein, mikroelektronische Güter produzieren zu können. Zusätzlich setzt die aktuelle Industriepolitik auf die Integration des Umweltgedankens, da einerseits die Belastungen für die Umwelt durch neue Technologien und Güter reduziert werden soll und andererseits in diesem Sektor große Wachstumsmärkte gesehen werden, auf denen bundesdeutsche Unternehmen derzeit noch komparative Vorteile haben.

Ähnlich wie auf EU-Ebene gewinnt auch in der Bundesrepublik Deutschland in der industriepolitischen Debatte die Entwicklung zur Informationsgesellschaft eine zunehmende Bedeutung. Die Informations- und Kommunikationstechnologien werden als wichtige Wachstumsfelder gesehen, in denen sich sowohl Chancen zur Steigerung der Wettbewerbsfähigkeit als auch neue Arbeitsplätze ergeben (vgl. BMWi 1996). Das Bundesministerium für Bildung,

Wissenschaft, Forschung und Technologie entwickelt in diesem Zusammenhang ein Rahmenkonzept für die Informationsgesellschaft, um Leitlinien für eine Innovations- und Technologiepolitik zu finden und ein wissensintensives Wachstum zu erreichen. Hierbei sind z.B. die Informationstechnologien für das Bildungswesen, der Ausbau der Technologiebasis oder Innovationen im Dienstleistungsbereich zentrale Schwerpunkte. Diese Zielsetzung hat sich in einem Ende 1997 vom Ministerium vorgelegten Förderprogramm zur Informationstechnik konkretisiert. Die zukünftige Forschungspolitik soll dabei drei Prinzipien folgen. Unter dem Begriff Innovation wird eine Orientierung der Forschung am Markt verstanden, d.h. neues Wissen soll in innovative Produkte und Dienstleistungen transferiert werden. Das zweite Prinzip bezieht sich auf die Integration von privaten und öffentlichen Forschungs- und Entwicklungsaktivitäten. Drittens soll sich die Förderpolitik auf eine kleine Zahl von Innovationsschwerpunkten konzentrieren, die in ihrer Anwendung jedoch eine große Streuwirkung haben und somit Multiple-use-Technologien sind (vgl. BMBF 1997).

In Ergänzung zur Forschungspolitik setzte die Bundesregierung in den letzten Jahren auf den Einsatz von Instrumenten, die allgemein die Unternehmen von der Kostenseite her entlasten sollten (Unternehmensteuerreform) sowie auf stärkere Deregulierung, um den Wettbewerb zu fördern. Hinzu kommt der Einsatz der Politik für internationalen Freihandel, um bspw. Marktzutrittschancen in fremden Ländern für deutsche Unternehmen zu verbessern.

Die Aktivitäten des Bundes werden durch länderspezifische Programme ergänzt. Insbesondere Bayern und Baden-Württemberg versuchen eine neue Industriepolitik zu etablieren. Beispielsweise steht beim baden-württembergischen Programm das Ziel der Beschäftigungssicherung und der Erhalt der Wettbewerbsfähigkeit im Vordergrund. Eine der Hauptforderungen der vom Ministerpräsident Teufel ins Leben gerufenen Expertenkommission war die nach der Einrichtung eines Technologierates. Vertreter von Staat, Wirtschaft und Wissenschaft sollen die Entwicklung neuer Technologien abschätzen und Zukunftsmärkte entdecken helfen.

Die aktuelle Auseinandersetzung über die Industriepolitik in Deutschland ist auch durch die notwendige Umstrukturierung der Wirtschaft der *neuen Bundesländer* bestimmt. Eine große Rolle spielte bis Ende 1994 die Treuhandanstalt, welche durch die Entflechtung der Kombinate und die sich anschließende Privatisierung der entstandenen Unternehmenseinheiten gestaltend industriepolitisch tätig wurde. Auch in Zukunft werden die mittlerweile aus der Treuhand hervorgegangenen Verwaltungsbehörden ein gewisses Maß an industriepolitischer Verantwortung zu tragen haben, indem sie den bisher noch nicht veräußerbaren Rest der ostdeutschen Unternehmen betreuen.

Hiermit eng verbunden ist die Diskussion über die Erhaltung bzw. Schaffung sog. *industrieller Kerne.* Vielfach wird gefordert, Teile der ostdeutschen Industrie auf alle Fälle zu erhalten, damit sie als Keimzellen für neuen Unternehmensansiedlungen dienen können. So versucht das Land Sachsen

Entsprechendes zu leisten. Von industriellen Kernen wird erwartet, daß sie durch den guten Ausbildungsstand der Arbeitskräfte und eine schon ausgebaute Infrastruktur für andere Unternehmen attraktiv wirken, da sie von vorhandenen Spillover-Effekten profitieren können. Die Befürworter dieser industriepolitischen Strategie setzen somit auf die Ausnutzung von Agglomerationsvorteilen. Aus wirtschaftstheoretischer Sicht erfährt diese Politik u.a. auch Unterstützung durch neuere wachstumstheoretische Arbeiten wie z.B. von Robert Lucas (1988). Gegen den Erhalt bzw. die gezielte Errichtung industrieller Kerne lassen sich dieselben Argumente anführen wie gegen alle gestalterischen industriepolitischen Maßnahmen. Zum einen sei fraglich, inwieweit staatliche Bedienstete alle notwendigen Informationen für eine erfolgreiche Industrieansiedlung kennen können, zum anderen bestehe bei Staatsdienern kein adäquater Anreiz zur ökonomischen Entscheidung, da Mißerfolge von ihnen nicht zu tragen sind bzw. sie von etwaigen Erfolgen zumindest nicht direkt profitieren können. Darüber hinaus stellen Subventionen und Schutzmaßnahmen für Unternehmen sichere Profitquellen dar, die den notwendigen Wettbewerb verhindern. Soll die sektorspezifische Förderung beendet werden, wird es aus diesem Grund Widerstände der Betroffenen geben. Gerade aber im Falle Ostdeutschlands ist denkbar, daß die Nachfolgebehörden der Treuhand die Grundlagen für erfolgreiche wirtschaftspolitische Maßnahmen bereiten können. Aufgrund der durchgeführten Bestandsaufnahme der ostdeutschen Volkswirtschaft nach der politischen Wende und dem sich anschließenden Privatisierungsprozeß verfügen die Landesstellen z.B. über eine große Menge an Informationen über Unternehmen, Investitionspläne und Produktionsstätten. Dieser Informationsbestand kann bei der Vorbereitung industriepolitischer sowie individueller unternehmenspolitischer Entscheidungen Anwendung finden. Die Behörden würden dann die koordinierende, beratende Funktion einer Art "Mini-MITI" ausüben. Interventionistische Instrumente würden jedoch nicht in ihren Kompetenzbereich fallen.

Die Bundesregierung unterstützt durch eine Vielzahl von Maßnahmen die ostdeutsche Volkswirtschaft. Neben Investitionszulagen, Hilfe bei Unternehmensgründungen und Beratungsstellen für kleinere und mittlere Unternehmen sind hier auch Instrumente der Arbeitsmarktpolitik zu nennen, die Umschulungs- und Weiterbildungsmaßnahmen umfassen. Großer Stellenwert wird insbesondere dem Wissenstransfer von West nach Ost eingeräumt, d.h. der Wiederaufbau Ost soll ohne die "Neuerfindung des Rades" stattfinden. Aus diesem Grunde soll Unternehmen aus den neuen Bundesländern auch der Zugang zu westlichem technischen und administrativen Know-how ermöglicht werden. Ein weiterer Ansatzpunkt der deutschen Industriepolitik sind die Investitionen in Infrastruktureinrichtungen wie Straßen, öffentliche Gebäude und Telekommunikationseinrichtungen, um die Standortfaktoren Ostdeutschlands zu stärken.

Es läßt sich festhalten, daß die Industriepolitik in der Bundesrepublik Deutschland sich in einem Spannungsfeld befindet. Einerseits soll die Wettbewerbsfähigkeit der westdeutschen Volkswirtschaft weiter gestärkt werden, andererseits sollen die Aufbauanstrengungen in den neuen Bundesländern gefördert werden. Das erste Ziel soll mit einer horizontalen, breitgefächerten Industriepolitik erreicht werden, die hauptsächlich auf das immaterielle Kapital sowie die Infrastruktur Deutschlands setzt. Die Anpassung Ostdeutschlands dagegen erfordert die Verausgabung umfangreicher Mittel für Einrichtungen (Straßen, Gebäude), die in Westdeutschland schon vorhanden sind. Das hierfür notwendige Kapital kann nicht in die Forschung und Entwicklung fließen, was u.U. zu einer Schwächung der künftigen Position Deutschlands im internationalen Wettbewerb führen kann. Aufgrund dieser Zielsetzungen und der zusätzlichen Notwendigkeit des Strukturwandels läßt sich in der Bundesrepublik Deutschland kein eindeutiges industriepolitisches Konzept erkennen. Verstärkt wird dieser Eindruck durch die föderale Struktur, in der jedes Bundesland für sich spezifische Aktivitäten entwickeln kann, die nicht unbedingt mit der prinzipiellen Ausrichtung der Bundesregierung übereinstimmen. Auf Bundesebene hat sich mit der Berufung von Johannes Eekhoff zum Staatssekretär im Bundesministerium für Wirtschaft ein gewisser Wandel zu mehr Offenheit gegenüber industriepolitischen Maßnahmen ergeben (vgl. z.B. Eekhoff 1994). Industriepolitik wird hier in ihrer horizontalen Ausprägung, vor allem im Sinne von Standortpolitik verstanden, die Wirtschaftswachstum und zunehmenden Wohlstand als Ziel hat. Interventionistische, lenkende Eingriffe werden weiterhin abgelehnt, obwohl sie, wie gezeigt, doch stattfinden. Insgesamt gesehen gilt in der Bundesrepublik Deutschland das Postulat des Wettbewerbs bzw. dessen effizienzsteigernden Wirkungen.

1.8 Die Konzeptionen von Michael Porter und Robert Reich

1.8.1 Der Ansatz von Michael Porter

Grundlegende Zusammenhänge

Das vorrangige Ziel industriepolitischer Maßnahmen ist die Erhaltung bzw. Verbesserung der Wettbewerbsfähigkeit einer Volkswirtschaft. In den letzten Jahren hat insbesondere die von Michael Porter (Harvard University) geleitete Zehn-Länder-Studie über die Ursachen nationaler Erfolge für großes Aufsehen gesorgt. Ein internationales Team von Wissenschaftlern hat für zehn Volkswirtschaften jeweils eine umfassende Untersuchung durchgeführt, um die allgemein gültigen Erfolgsfaktoren zu ermitteln. Porter entwickelte als Ergebnis dieser Arbeiten das Konzept des "Diamanten", der für die nationale Wettbewerbsfähigkeit verantwortlich ist. Die wichtigste Eigenschaft, die in einer Volkswirtschaft vorhanden sein muß, ist die Fähigkeit zur Innovation und Entwicklung. Die Schaffung von neuem Wissen und die Anwendung dieses Wissens trägt entscheidend zum Erfolg von Unternehmen und somit zum Erfolg einer Ökonomie auf dem Weltmarkt bei. Dabei muß beachtet werden, daß immer nur einzelne Branchen eines Landes weltweit führend sein können. Keine Volkswirtschaft wird in allen Branchen gleichermaßen international wettbewerbsfähig sein.

In Porters Konzeption der nationalen Wettbewerbsfähigkeit, dem Diamanten, sind vier Elemente miteinander verbunden. Es sind dies

1. die Produktionsfaktoren eines Landes,
2. die Nachfragebedingungen in einem Land,
3. das Vorhandensein von Zuliefer- und anderen unterstützenden Branchen,
4. die Unternehmensstrategie, die Unternehmensstrukturen und die Konkurrenzsituation.

ad 1. Produktionsfaktoren

Porter sieht Wettbewerb als dynamischen Prozeß an. Die Umwelt der Unternehmen ändert sich ständig und somit auch die Wettbewerbssituation, in der sie sich befinden. Aus diesem Grund ist es für eine Volkswirtschaft wichtig, wie sie die Quantität und Qualität ihrer Produktionsfaktoren an diesen Wandel anpaßt. Nicht der anfängliche Bestand an Produktionsfaktoren ist langfristig maßgebend für die Wettbewerbsfähigkeit, sondern die Rate und Richtung der Veränderung dieser Bestände. Ein anfänglicher Vorteil bei der Ausstattung mit einem Produktionsfaktor (z.B. billige Arbeitskräfte oder Rohstoffe) kann sich langfristig in einen Nachteil verwandeln, wenn es Konkurrenten gelingt, diesen Vorsprung (z.B. mittels Rationalisierungsmaßnahmen) auszugleichen. Die Bundesrepublik Deutschland wird als Beispiel für ein Land angesehen, dem es wegen, nicht trotz, seiner Ressourcenknappheit gelungen ist weltweit erfolgreich zu sein. Die bundesdeutsche Volkswirtschaft mußte innovativ sein, um bestehen zu können.

Wichtigster Punkt ist vor allem die Qualität der Produktionsfaktoren. Porter unterscheidet in allgemeine und spezialisierte Faktoren, wobei die letzteren die relevanteren sind. Allgemeine Produktionsfaktoren sind universell einsetzbar und können auch schnell geschaffen werden. Spezialisierte Produktionsfaktoren (z.B. hochqualifizierte Modellbauer in der Autoindustrie, Spezialkenntnisse in der Optik) aber konzentrieren sich auf bestimmte eingeschränkte Bereiche und sind häufig das Ergebnis großer Investitionsanstrengungen und somit auch schwerer durch andere Volkswirtschaften zu ersetzen. Die zweite Unterscheidung, die Porter wählt, ist die in Grundfaktoren (z.B. Rohstoffe, ungelernte Arbeit) und fortschrittliche Faktoren (z.B. moderne Infrastruktur, universitäre Forschungseinrichtungen). Grundfaktoren verlieren immer mehr an Bedeutung für den Erfolg einer Volkswirtschaft. Fortschrittliche Faktoren dagegen sind aufgrund der notwendigen Ressourcen, die man zu ihrer Bildung benötigt, entscheidender. Sie sind selbst das Ergebnis von Humankapitaleinsatz und der vorhandenen Technologien. Ein Land, das in der Lage ist, fortschrittliche und spezialisierte Produktionsfaktoren herauszubilden und weiterzuentwickeln, wird aufgrund der spezifischen Knappheit dieser Faktoren größere Chancen haben, international wettbewerbsfähig zu sein.

ad 2. Nachfragebedingungen

Das zweite Element im Diamanten der Wettbewerbsfähigkeit sind die Nachfragebedingungen, die in einem Land vorherrschen. Kritische, anspruchsvolle Kunden zwingen das Unternehmen ständig zum Wandel und zu Produktverbesserungen. Die Käufer auf dem Binnenmarkt stellen einen Testmarkt für den weltweiten Wettbewerb dar. Die Befriedigung der heimischen Nachfrage schafft die Voraussetzung für den potentiellen Erfolg auf den Weltmärkten. Ist die Binnennachfrage groß, besteht des weiteren die Möglichkeit, Skalenerträge zu realisieren. Es treten dann zu den qualitativen Vorsprüngen auch noch Kostenvorteile hinzu.

ad 3. Zuliefer- und andere unterstützende Branchen

Eine Industrie kann für sich alleine nicht konkurrenzfähig sein. Sie benötigt die Vorleistungen von hervorragenden Zulieferbranchen. Kurze Informationswege zwischen den einzelnen Stufen der Produktion erhöhen nach Porter die Effizienz von FuE-Tätigkeiten und die Weiterentwicklung der Produkte. Die Unternehmen können sich gegenseitig antreiben und mitziehen.

ad 4. Unternehmensstrategie, Unternehmensstruktur und Konkurrenzsituation

Die vierte Komponente bilden die Unternehmensstrategie und die Konkurrenzsituation auf den jeweiligen Märkten. Es gibt nicht *den* Führungsstil bzw. *die* Unternehmensstruktur. Die Art und Weise wie ein Unternehmen geleitet wird bzw. aufgebaut ist, muß zu den Erfordernissen des Marktes passen, auf dem das Unternehmen tätig ist. Jedoch können nur Unternehmen Erfolg haben, die eine Struktur aufweisen, die Flexibilität und Anpassungsfähigkeit ermöglichen und sich auf die Weltmärkte konzentrieren.

Von herausragender Bedeutung ist die Konkurrenzsituation auf dem heimischen Markt. Nur wenn Konkurrenz auf dem Binnenmarkt herrscht, werden Unternehmen ausreichend gefordert flexibel zu bleiben. Der heimische Wettbewerb zwingt zur ständigen Weiterentwicklung und der Suche nach neuen Produkten und Märkten. Dauerhafte, durch potentielle Konkurrenten nicht bedrohte Monopole bzw. Oligopole neigen dazu, diese Aktivitäten zu vernachlässigen. Das dynamische Element des Wettbewerbs ist für den internationalen Erfolg heimischer Industrien eine wesentliche Vorbedingung.

Nach Porter müssen Volkswirtschaften bei allen vier Elementen Vorteile aufweisen, um international wettbewerbsfähig zu sein. Nur die Industrien, welche diese Voraussetzung erfüllen, haben langfristig eine Chance auf dem Weltmarkt. Des weiteren kann ein Faktor nicht unabhängig von anderen sein. Vielmehr handelt es sich um ein interdependentes System, in dem die Stärkung eines Elements die anderen mitziehen kann oder aber bei Vernachlässigung die anderen ebenfalls schwächen kann.

Die Rolle des Staates

In Porters Konzept wird sowohl die reine Nachtwächterrolle des Staates als auch die Vorstellung eines direkt eingreifenden und bestimmenden Staates abgelehnt. Vielmehr muß der Staat Katalysator und Herausforderer der Unternehmen sein, der die einzelnen Komponenten des Diamanten stärken soll. Dabei seien langfristige Maßnahmen gefordert, die somit im Widerspruch zu den normalerweise auf kurzfristigen Erfolg ausgerichteten wirtschaftspolitischen Entscheidungen stehen. Mit einer der größten Fehler der Wirtschaftspolitik sei die Konzentration auf Kostenvorteile, die schnell sichtbar werden.

Staatliche Stellen können auf alle vier Komponenten des Diamanten Einfluß nehmen. Eine der traditionellen Aufgaben des Staates liegt bei der Faktorbildung. Hier kann er sowohl die allgemeinen als auch die spezialisierten Faktoren fördern. Porter stellt aus diesem Grund gewisse Anforderungen an ein sinnvolles, staatlich gestütztes Ausbildungssystem auf. Eine effiziente Ausbildung muß anspruchsvoll sein und auch praxisnahe Bezüge haben. Hierzu gehört u.a. eine enge Zusammenarbeit zwischen den Unternehmen und den Ausbildungsorganen sowie ein mehrgliedriges Bildungssystem, welches auch Quereinstiege ermöglicht. Zusätzlich müßte auch die Stellung der Lehrenden aufgewertet werden. Dies ist eine Forderung, die in der Tradition von Friedrich List steht, der auch nicht verstand, warum das Aufziehen von Kälbern wirtschaftlich produktiver sein soll als die Ausbildung von jungen Menschen.

Porter leitet aus seinen Untersuchungen eine gewisse Umorientierung der Wissenschaft und Technologieentwicklung ab. Einerseits muß die Grundlagenforschung in Universitäten unterstützt werden, andererseits aber soll die Wissenschafts- und Technologiepolitik sich auch an der kommerziellen Nutzbarkeit von Forschungsergebnissen orientieren, was enge Kooperationen zwischen Unternehmen und Forschungseinrichtungen voraussetzt. Zusätzlich sind staatliche Fördermaßnahmen für Forschungsanstrengungen in den Unternehmen sinnvoll.

Dem Staat fallen im Konzept Porters noch weitere Aufgaben zur Förderung der Faktorbedingungen zu, die zum einen den Ausbau der Infrastruktur beinhalten, zum anderen die Bereitstellung von Informationen über Forschungsergebnisse betreffen. Insbesondere letzteres sei dem MITI in Japan besonders gut gelungen.

Staatlicherseits können auch die Nachfragebedingungen positiv beeinflußt werden. Staatliche Stellen sind mit die größten Nachfrager von Produkten aller Art. Um die Wettbewerbsfähigkeit der Unternehmen zu erhalten, soll der Staat als kritischer Kunde auftreten, d.h. er soll Produkte verlangen, die auch internationale Standards erfüllen und sich nicht mit niedrigen Qualitätsstandards zufrieden geben. Unternehmen müssen um Regierungsaufträge konkurrieren. Ein monopolistischer Anbieter für vom Staat nachgefragte Güter wird schnell versuchen, ohne großen Entwicklungsaufwand seine Produkte abzusetzen. Sinnvoll seien auch strenge Qualitätsnormen, welche die Rolle kritischer Kunden miterfüllen sollen. Um Unternehmen Märkte zu bieten, soll die staatliche Beschaffung früh auftreten und an internationalen Bedürfnissen orientiert sein sowie parallel dazu auch private Nachfrage anregen. Man könnte die Aufgabe der Regierung als die eines Trainers sehen, der die heimischen Unternehmen durch seine eigenen Anforderungen fit für den internationalen Wettbewerb macht.

Das dritte Element des Diamanten, die Notwendigkeit von wettbewerbsfähigen Zulieferindustrien kann vom Staat nur indirekt beeinflußt werden, da er Unternehmen nicht zwangsansiedeln kann. Eine Möglichkeit ist die Bereitstellung von günstigen Standortbedingungen wie z.B. Technologieparks. Der Vorteil von kurzen Informationswegen muß unterstützt werden. Innerhalb dieser Empfehlung kommt der Frage nach der Erhaltung industrieller Kerne eine gewisse Bedeutung zu. Konkurrenzfähige Unternehmen können der Kristallisationskeim für weitere Industrieansiedlungen sowie für die Schaffung neuer, produktionsorientierter Dienstleistungsunternehmen sein.

Letztendlich fällt es auch in den Aufgabenbereich des Staates, für ausreichend Wettbewerb zu sorgen, um somit auch die vierte und letzte Komponente des Diamanten zu stärken. Da das ganze Konzept von Porter auf der dynamischen Komponente des Wettbewerbs basiert, müssen staatlicherseits Maßnahmen ergriffen werden, die Unternehmen ständig unter Konkurrenzdruck setzen. Dies beinhaltet eine konsequente Wettbewerbskontrolle und geringe Schutzmaßnahmen für heimische Unternehmen vor ausländischen Konkurrenten. Handelsbeschränkungen z.B. werden nur kurzfristig Erfolg haben. Gelingt es den geschützten Branchen nicht wettbewerbsfähig zu werden, werden sie bei Wegfall der Schutzmaßnahme dem internationalen Drück nicht standhalten können. Schutzzölle für junge Industrien können somit nur sinnvoll sein, wenn sie tatsächlich den Aufbau dieser Branchen ermöglichen.

Die Konzeption Porters stellt keine Theorie im eigentlichen Sinne dar, die in einem ersten Schritt entwickelt wurde, um anschließend an der Empirie überprüft zu werden. Vielmehr wurden aus der Summe der erfolgreichen Branchen Gemeinsamkeiten destilliert und zum Diamanten zusammengefügt. Dies sollte bei der Ableitung eventueller wirtschaftspolitischer Instrumente und Maßnahmen beachtet werden. Die weiteren Untersuchungen zur Neuen Wachstumstheorie werden die in diesen Überlegungen vertretene staatliche Rolle aber weiter untermauern bzw. durch zusätzliche Facetten erweitern, so daß Porters Ideen auch von theoretisch fundierter Seite Unterstützung finden. Im Hinblick auf die aktuelle US-amerikanische Industriepolitik fällt auf, daß vor allem Porters Betonung des Faktors Humankapital, die koordinierende Rolle des Staates, die Bereitstellung adäquater Infrastruktureinrichtungen sowie die Notwendigkeit einer kommerziell orientierten Forschung Eingang in industriepolitische Zielvorstellungen der US-Regierung gefunden haben.

1.8.2 Der Ansatz von Robert Reich

Aufbauend auf der Diskussion um die zunehmende Globalisierung der Volkswirtschaften und den US-amerikanischen Zwillingsdefizit-Problemen versucht Robert Reich neue Ansätze für die Wirtschaftspolitik in den USA abzuleiten. Entgegen der vielfach vorhandenen Vorstellung, daß der Wohlstand einer Nation mit den Unternehmen dieses Landes verbunden ist, geht Reich davon aus, daß es auf die Wettbewerbsfähigkeit der Arbeitskräfte ankommt. Das Zeitalter der hohen Profite durch Massenproduktion sei vorbei. Die großen Gewinne sind heute und in Zukunft nur durch an den Bedürfnissen der Kunden orientierten Problemlösungen möglich. Wer Erfolg haben will, muß Probleme entdecken und diese lösen. Fallen diese beiden Eigenschaften personell auseinander, werden zusätzlich Vermittler zwischen diesen beiden Bereichen (Broker) benötigt. Nur wer ständig neue Bedürfnisse und Probleme aufdeckt und sie mit entsprechenden Lösungen verbinden kann, wird Gewinne machen.

Aufgrund der notwendigen Flexibilität, die sich aus diesen Anforderungen ergibt, sieht Reich die Zukunft der Unternehmen nicht mehr als traditionelle Großkonzerne, sondern als ein Netzwerk von kleinen, flexiblen Profit-Centern. Entsprechend werden Routinearbeiten immer mehr an Bedeutung verlieren und das Realkapital wird im Verhältnis zum Humankapital zunehmend unwichtiger. Diese Entwicklung werde aber zu einer Stärkung der Stellung des qualifizierten Arbeitnehmers führen. Seine Entscheidung, in einem Unternehmen zu verbleiben und somit sein erworbenes Fachwissen diesem zur Verfügung zu stellen oder das Unternehmen zu verlassen, wird dessen Bestand an Humankapital und folglich dessen Wettbewerbschancen beeinflussen. Reich betont in diesem Zusammenhang auch die Relevanz von Skaleneffekten der Dauer der Betriebszugehörigkeit.

Vergleichbar mit der unternehmensinternen Vernetzung entsteht auch ein globales Netzwerk von Unternehmenseinheiten. Die einstige Bindung an einen Standort verliert sich immer mehr, m. a.W. das Zeichen "*Made in...*" nimmt in seiner Bedeutung ab. Beispielsweise sind viele Produkte in Japan entwickelt worden, werden aber in anderen Ländern montiert. Diese globalen Geflechte sind äußerst variabel und werden sich dort ausdehnen, wo sie Kostenvorteile erzielen können. Konsequenterweise löst sich auch der Gleichklang von Unternehmenserfolg und nationalem Erfolg auf. Es gilt nicht länger, daß das, was gut für General Motors ist, auch automatisch gut für die USA ist. In Verbindung mit der gestiegenen internationalen Kapitalmobilität werden die Fähigkeiten der Bevölkerung eines Landes, einen Beitrag zum Weltsozialprodukt zu leisten, immer entscheidender. Somit ist die Nationalität eines Unternehmens irrelevant. Für die Volkswirtschaft der USA ist die Kombination von einheimischen Arbeitskräften mit japanischem Kapital sinnvoller als die Auslandsproduktion US-amerikanischer Unternehmen. Die Arbeitskräfte in den USA können vom japanischen Know-how profitieren und ihre Fähigkeiten besser anwenden. Die damit verbundenen *Lerneffekte* haben den Vorteil, daß sie mit den Arbeitskräften im Land bleiben, während das Kapital wieder abwandern kann. Auch Patente und Lizenzen können ins Ausland vergeben werden, d.h. einzelne Erfindungen werden zwar exportiert, die Befähigung neue Erfindungen zu tätigen ist jedoch an das Humankapital gebunden. Ein großer Teil des Humankapitals scheint somit international immobil zu sein. Diese Überlegungen gelten aber nicht für alle Berufe, wie die anschließende Kategorisierung der Tätigkeiten zeigt. Nach Reich werden in Zukunft vier Anforderungsprofile auf dem Arbeitsmarkt zu finden sein:

a) *Routineproduktionsarbeiten*, die standardisierte Arbeiten umfassen, die keine hohen Anforderungen an die Kreativität stellen, sondern Zuverlässigkeit und die Fähigkeit, Anweisungen zu befolgen.

b) *Kundenbezogene Dienste*, die zwar auch Standardhandgriffe beinhalten, aber direkt mit Menschen zu tun haben. Hierunter fallen z.B. alle nicht handelbaren Dienstleistungen.

c) *Symbolanalytische Dienste*, welche anspruchsvolle Tätigkeiten wie Problemidentifizierung und deren Lösung sowie die Vermittlerfunktion zwischen diesen beiden Bereichen umfassen. Aufgrund der modernen Kommunikationstechnologien sind diese Arbeiten weltweit handelbar. Verlangt werden insbesondere Teamfähigkeit, Qualität, Originalität und Geschwindigkeit der Problemlösung.

d) Restliche Tätigkeiten wie die Verarbeitung natürlicher Ressourcen, Verwaltung, Medizin und Rüstungsproduktion.

Falls sich die Produktionsverhältnisse wirklich wie beschrieben entwickeln, wird dies auch Konsequenzen für die zukünftige quantitative Struktur der Arbeitskräfte haben. Routinearbeiter sind ständig gefährdet. Ihre Leistungen können ohne weiteres an jedem Ort der Erde vollbracht werden. Die Produktionsstätten wandern dorthin, wo die geringste Kostenbelastung entsteht. Der Erfolg der kundenbezogenen Dienstleister wird in großem Maße vom Erfolg der Symbolanalytiker abhängen. Nur wenn diese auf den Weltmärkten ausreichend Einkommen erzielen, werden sie auch entsprechende Angebote nachfragen. Dieses Phänomen ist von den produktionsbezogenen Dienstleistungen bekannt. Nur wenn Güter produziert werden, benötigt man z.B. Handels- und Transportkapazitäten. Der dritten Kategorie, dem Symbolanalytiker verspricht Reich eine positive Zukunft. Sie werden über die Wettbewerbsfähigkeit der Volkswirtschaften entscheiden.

Aus diesen Überlegungen zur weiteren Entwicklung der internationalen Erfordernisse leitet Reich insbesondere eine umfassende Bildungspolitik ab. Ein erfolgreiches Ausbildungssystem muß schon früh die Basisfähigkeiten der Symbolanalytiker vermitteln. Hierzu gehören Abstraktionsvermögen, Systemdenken, Experimentierfreudigkeit und Teamfähigkeit. Darüber hinaus muß auch das Lernen im Beruf unterstützt werden. Um die positiven externen Effekte des

Lernens zu ermöglichen, muß Symbolanalytikern des weiteren die Gelegenheit gegeben werden sich auszutauschen, d.h. Innovationszentren bzw. Brain Trusts sind zu fördern. Die Anstrengungen des Staates müssen aber auch in der Förderung der Weiterbildung der Routinearbeiter und Dienstleister vergrößert werden. Einerseits stellen gut ausgebildete Fachkräfte eine Voraussetzung für die Investition auch von ausländischem Kapital dar, andererseits erhöht das Angebot an hochwertigen Dienstleistungen die Attraktivität einer Region oder eines Landes für die tendenziell mobilen Symbolanalytiker.

Für die Investitionspolitik des Staates folgt, daß nicht die Investition in physisches Kapital primär gefördert werden muß, sondern vielmehr der Ausbau des Humankapitals. Diese wirtschaftspolitischen Maßnahmen müssen durch Infrastrukturinvestitionen ergänzt werden. Falls diese Bedingungen erfüllt sind, wird ausländisches Kapital attrahiert und inländische Ersparnisse werden im Land bleiben. Dies wird neue Lernmöglichkeiten schaffen und erlaubt zusätzliche Bildungsinvestitionen, was die Attraktivität für die Investoren weiter erhöht. Die Voraussetzungen für einen kumulativen Prozeß sind gelegt. Parallel zum Einsatz obiger wirtschaftspolitischer Instrumente sind Arbeitsplätze in sog. *High-Value*-Bereichen unabhängig von der Nationalität der Unternehmen zu fördern und der notwendige Strukturwandel sozial abzufedern.

Das wirtschaftspolitische Credo aus Robert Reichs Überlegungen läßt sich als *erweiterte Investitionspolitik* begreifen. Die Rahmenbedingungen für Kapitalansiedlungen müssen verbessert werden, jedoch nicht mit Hilfe der klassischen Maßnahmen, welche die Förderung des physischen Kapitals beinhalten, sondern durch die Konzentration auf den Produktionsfaktor Arbeit und auf das in ihm inkorporierte Wissen und Humankapital. Weiter unten (Abschnitt über Neue Wachstumstheorie) wird gezeigt werden, daß auch diese Schlußfolgerungen durch die Modelle der Neuen Wachstumstheorie gestützt werden können. Reich ist auch ein Vertreter der reformistischen Industriepolitik, wie sie im Abschnitt über die US-amerikanische Industriepolitik kurz aufgezeigt wurde. Wichtigstes Element der von Reich geforderten strategischen Industriepolitik ist die Existenz einer klaren Zielvorstellung, welche von allen Teilen der Wirtschaft getragen wird. Unternehmen, Staat und Gewerkschaften müssen an einem Strang ziehen, um die Wettbewerbsfähigkeit der Vereinigten Staaten zu erhöhen. Aus diesem Grunde ist wichtig, daß eine Koordinationsstelle auf Regierungsebene eingerichtet wird, die alle Gruppen anspricht und mit ihnen einen gemeinsamen Konsens über die einzusetzenden industriepolitischen Maßnahmen findet. In den USA, wie in vielen anderen Industrieländern, beeinflussen viel zu viele Partikularinteressen die Wirtschaftspolitik. Jede Branche, jedes großes Unternehmen versucht für sich den größten Vorteil zu gewinnen, was zu einer Zerfaserung der Industriepolitik in Subventionen, Steuervergünstigungen und Protektionismus führt. Gelingt aber die Einigung auf ein gemeinsames Ziel und werden die Vereinbarungen eingehalten, dann wird nach Reich Industriepolitik auch erfolgreich sein. Das japanische Beispiel sei hierfür ein ausreichender Beweis.

Die Untersuchungen von Porter und Reich stimmen in puncto wirtschaftspolitische Konsequenzen in einigen Punkten überein. Beide Autoren weisen der Humankapitalbildung einen hohen Stellenwert zu. Eine der primären Aufgaben des Staates ist die Bereitstellung eines effizienten Bildungswesens. Aus- und Weiterbildung sowie training-on-the-job müssen aber nicht nur vom Staat, sondern auch von den Unternehmen gefördert werden. Das immaterielle Kapital einer Volkswirtschaft wird zu wichtig, als daß es staatlicherseits vernachlässigt werden darf. Eine weitere Gemeinsamkeit ist der Beitrag der Infrastruktur, die ein Land besitzt. Dieser Standortfaktor erhöht die Produktivität aller Produktionsfaktoren und macht somit eine Volkswirtschaft für ausländische Direktinvestitionen attraktiver.

Porter wie Reich betonen des weiteren die Relevanz des Staates auch auf einem anderen Gebiet. Er soll Katalysator und Herausforderer sein (Porter) und eine koordinierende Funktion im Hinblick auf neue Technologien und Forschungsanstrengungen ausüben (Reich). In beiden Konzepten wird aber dennoch die Notwendigkeit des Wettbewerbs hervorgehoben. Staatlich geförderte Unternehmenskooperationen sollen nur bei der Forschung möglich sein. Die sich anschließende Vermarktung muß dem Wettbewerb überlassen werden.

1.9 Fazit

Dieser Abschnitt über die industriepolitischen Konzeptionen der betrachteten Volkswirtschaften hat gezeigt, daß die Debatte um die richtige Rolle des Staates noch nicht abgeschlossen ist. Einigkeit scheint mittlerweile über die Möglichkeit des Staates zu bestehen, eine koordinierende Aufgabe im Wirtschaftsprozeß zu erfüllen. Das Beispiel des japanischen MITI scheint vielerorts und für Autoren wie Porter und Reich eine gewisse Vorbildfunktion zu erfüllen, weniger wegen seiner interventionistischen Handlungen, sondern vielmehr wegen seiner Aufgabe, Informationen und Prognosen für die Privatwirtschaft bereitzustellen. Darüber hinaus findet eine zunehmende Abkehr von strukturerhaltenden Maßnahmen zu einer Politik der Förderung potentieller Märkte mit Hilfe der Unterstützung von Forschung und Entwicklung statt.

Die Auseinandersetzung mit der Neuen Wachstumstheorie in Abschnitt 3 wird ergeben, daß die in vielen Volkswirtschaften geplante Forschungsförderung und die beabsichtigte Diffusion von Wissen sowie die Hinwendung zu allgemein wirkenden industriepolitischen Maßnahmen durch theoretische Überlegungen bestätigt werden können. Insbesondere die Ausnützung externer Effekte der Wissensbildung bietet eine Chance zu anhaltendem Wachstum.

2 Zur Entwicklung von Produktivität und Wachstum: Die Catching-Up Hypothese

2.1 Vorbemerkungen

Seit Mitte der 1980er Jahre hat sich parallel zur Herausbildung neuer wachstumstheoretischer Ansätze, die in Kapitel 3 detailliert dargestellt werden, eine Diskussion darüber entwickelt, weshalb der wirtschaftliche Erfolg der verschiedenen Volkswirtschaften in der Weltwirtschaft nicht zu der vom neoklassischen Wachstumsmodell implizierten langfristigen Konvergenz in den Wachstumsraten der Pro-Kopf-Einkommen geführt hat (vgl. z.B. Barro/Sala-i-Martin 1992b).

Empirische Analysen, die in den 1980er und 1990er Jahren durchgeführt wurden, kamen zum Ergebnis, daß zwar für die Gruppe der OECD-Länder eine Konvergenz im Pro-Kopf-Einkommen mit den Implikationen des Solow-Modells vereinbar ist (vgl. Sala-i-Martin 1996, De la Fuente 1995a,b), dies jedoch bei Einbeziehung der Gesamtheit der Entwicklungsländer nicht mehr der Fall ist (vgl. z.B. Canova/Marcet 1995). Mithin existierten statt einer Konvergenz aller Länder der Weltwirtschaft sogenannte *Konvergenzclubs* von denen jedoch die Mehrzahl schwach entwickelter Länder ausgeschlossen sind bzw. einen eigenen Club bilden.

2.2 Zum Konvergenzbegriff: β-Konvergenz und σ-Konvergenz

Sala-i-Martin (1996) hat in diesem Zusammenhang zwei wichtige Kriterien zur Unterscheidung von Konvergenzprozessen eingeführt:

1. Die absolute oder auch *unbedingte β-Konvergenz* liegt vor, wenn arme Volkswirtschaften immer höhere Wachstumsraten als reiche aufweisen. Falls alle Länder identisch sind, müßten sie unabhängig von ihrem Ausgangspunkt langfristig, d.h. nach Erreichen des Wachstumsgleichgewichts, dasselbe Pro-Kopf-Einkommensniveau erreichen.

2. Die *bedingte β-Konvergenz*, die impliziert, daß nur die Länder, die bestimmte Voraussetzungen erfüllen, z.B. gleiche Ausstattungen mit Humankapital und Infrastruktur, stabile makroökonomische Rahmenbedingungen sowie gleiche intertemporale Präferenzen, die für die Spar- respektive Investitionsquote maßgeblich sind, im langfristigen Gleichgewicht ein gleiches Pro-Kopf-Einkommensniveau erreichen. Dies führt zu Konvergenzclubs von Ländern mit gleichartigen Voraussetzungen, die andere aufgrund ihrer Verschiedenheit ausschließen.

Die Höhe der Wachstumsrate hängt in jedem Land vom Abstand zur Steady State-Situation ab.

3. Die σ*-Konvergenz* impliziert, daß alle Volkswirtschaften langfristig dasselbe Volkseinkommen aufweisen. Dies setzt des weiteren voraus, daß die Varianz der länderspezifischen Wachstumsraten über die Zeit abnimmt.

Beide Formen der β-Konvergenz sind notwendige, jedoch nicht hinreichende Bedingungen, um σ-Konvergenz erreichen zu können. Die höheren Wachstumsraten ärmerer Ländern führen tendenziell zu einer Reduzierung der Streuung bei den Pro-Kopf-Einkommen. Es kann aber gezeigt werden, daß Varianz der Pro-Kopf-Einkommen in der Startsituation darüber entscheidet, ob dies tatsächlich der Fall ist (vgl. Barro/Sala-i-Martin 1995, S. 383ff.). Wenn z.B. ein Land mit einer höheren Wachstumsrate des Pro-Kopf-Einkommens diese auch nach Erreichen des Niveaus des anderen Landes im Verhältnis zu diesem beibehält, so würde keine σ-Konvergenz vorliegen. Das Konzept β-Konvergenz garantiert im Normalfall einem Land mit niedrigem Pro-Kopf-Einkommen, daß das Niveau des Landes mit einem höheren Pro-Kopf-Einkommen erreicht wird. Eine σ-Konvergenz garantiert, daß das Niveau und die Wachstumsraten der Pro-Kopf-Einkommen im langfristigen Gleichgewicht bei beiden Ländern gleich sein werden.

Beide Arten von β-Konvergenz lassen sich nun empirisch in der absoluten bzw. bedingten Form für eine Gruppe von Ländern testen. Als Ergebnis solcher empirischer Untersuchungen wurde in der Regel festgestellt, daß für die Gesamtheit aller Länder der Weltwirtschaft, für die Daten seit dem Zweiten Weltkrieg vorlagen (vgl. Summers/Heston 1991), eine unbedingte β-Konvergenz nicht nachweisbar ist. Vielmehr ist in diesem Zeitraum ein fortschreitender Prozeß einer wachsenden Einkommensungleichheit zwischen einer großen Anzahl schwach entwickelter Länder und den führenden Industrieländern, die sich in der OECD zusammengeschlossen haben, festzustellen. Dieses Ergebnis der Konvergenzuntersuchungen hat offensichtlich auch weitreichende politische Konsequenzen, denn es kommt dem Eingeständnis gleich, daß die Entwicklungspolitik, die aus der Solowschen Wachstumstheorie abgeleitet wurde, in diesem Zeitraum hinsichtlich ihrer Zielsetzung eines langfristigen Abbaus der weltweiten Einkommensungleichheiten gescheitert ist. In der Sprache Kaldors (1961) ist die neoklassische Wachstumstheorie mit den stilisierten Fakten nicht vereinbar.

Ein weiteres Problem ist, daß gemäß der neoklassischen Wachstumstheorie der Konvergenzprozeß *monoton* zur führenden Volkswirtschaft erfolgen müßte, d.h. je entwickelter ein Land im Vergleich zur am weitesten fortgeschrittenen Wirtschaft, den USA, ist, desto eher würde es deren Niveau und natürliche Wachstumsrate erreichen.

Auch diese Implikation des Solow-Modells entspricht nicht den empirischen Befunden. Länder, die in der Vergangenheit einen relativ hohen Stand im Vergleich zu den USA erreicht hatten, wie beispielsweise Argentinien bis zu Beginn dieses Jahrhunderts, fielen im Laufe des 20. Jahrhunderts zurück. Großbritannien mußte seine einst international führende Rolle zuerst an die USA abtreten und fiel anschließend hinter Deutschland und zahlreiche andere OECD-Länder zurück. Andere Länder insbesondere Japan, die ostasiatischen Newly Industrializing Countries (NICs), z.B. Südkorea und Taiwan, konnten trotz eines hohen Rückstands zu anderen Entwicklungsländern diese überholen und den Abstand zu den Industrieländern deutlich verringern. Ein einmal erreichtes Konvergenzniveau ist also keinesfalls dauerhaft gesichert. Andere Länder konnten z.B. vor ihnen liegende überholen. Es herrscht daher, empirisch betrachtet, heterogene Konvergenz vor.

Ein einfacher Vergleich hinsichtlich der Entwicklung bei den Produktivitätslücken der OECD-Länder untereinander auf der Basis der jeweiligen Arbeitsproduktivität je Erwerbstätigen seit Beginn der 1960er gegenüber dem Beginn der 1990er Jahre zeigt, daß die USA zwar noch immer insgesamt gegenüber allen anderen Ländern die Führungsposition einnehmen, jedoch ist der relative Abstand gegenüber den meisten OECD-Ländern seither drastisch geschrumpft (vgl. Abb. 1). Ein Vergleich zwischen den USA und Japan auf der Ebene einzelner Wirtschaftszweige lieferte zudem das Ergebnis, daß die japanischen Industrien im Bereich der Elektronik und des Straßenfahrzeugbaus sogar erheblich günstiger abschnitten als diejenigen der USA (vgl. McKinsey 1993). In einzelnen Wirtschaftszweigen, die in den zurückliegenden Jahrzehnten ein überdurchschnittliches Wachstum zu verzeichnen hatten und denen auch weiterhin eine günstige Wachstumsperspektive vorhergesagt wird, waren die USA hinsichtlich des Produktivitätsniveaus bereits im Laufe der 1980er Jahre von japanischen Unternehmen überholt worden.

Diese empirischen Befunde stehen jedoch im Widerspruch zu der Sicht, die die einfache *catching-up*-Hypothese liefert. Die USA hätten in diesen Bereichen nicht ihre Führerschaft verlieren dürfen, da sie deutliche komparative Vorteile besessen hatten. Gleichzeitig wurde der Verlust dieser Sektoren nicht durch andere, mit ähnlichen Eigenschaften (hohes technologisches Niveau, hohe Kapitalintensität, hoher Einsatz an Humankapital) versehene Bereiche kompensiert. Mögliche Ursachen werden daher in unfairen Handelspraktiken und industriepolitischen Maßnahmen gesehen, die durch ein *targeting* einzelner Wirtschaftszweige und Produktionen mittels breiter Subventionen diese Nachteile ausgleichen und nach erfolgreichem Verdrängungswettbewerb aufgrund dann vergleichsweiser hoher Marktzutrittsbarrieren ein *historical lock-in* in einem technologieintensiven Bereich erzielt hatten.

Abb. 1a: Produktivitätslücke 1993

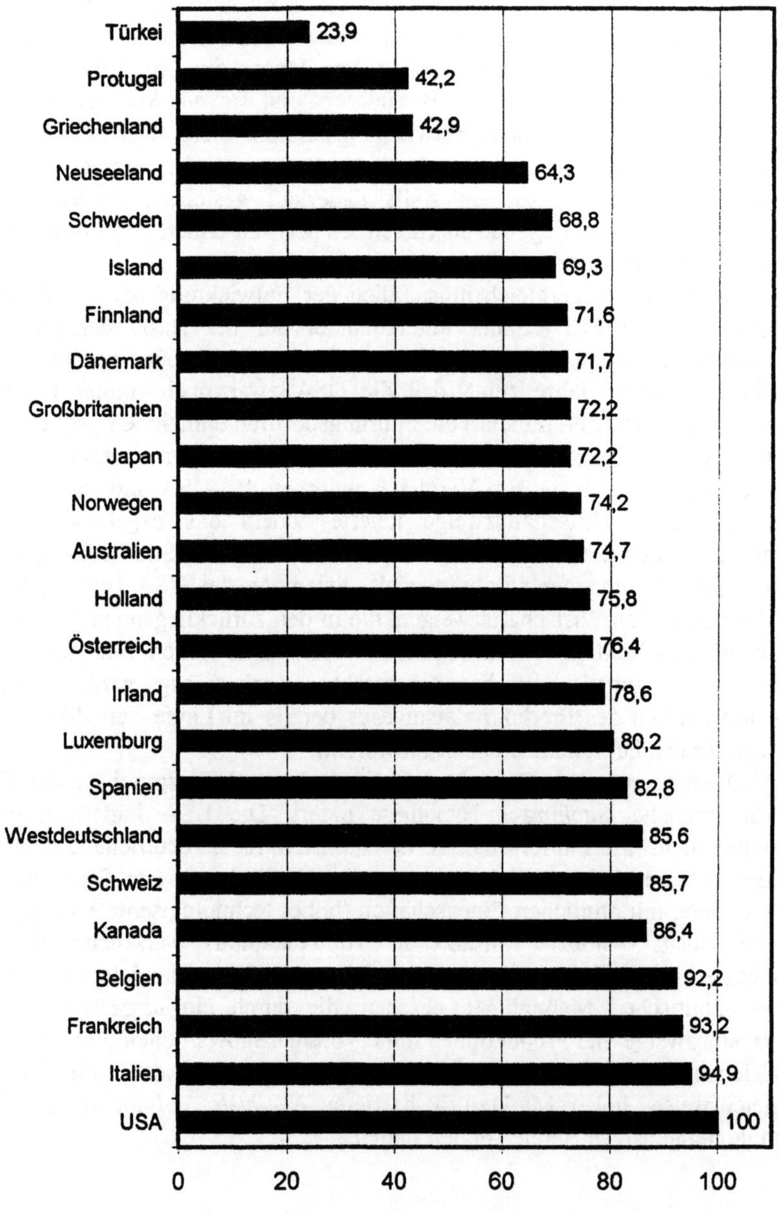

Abb. 1b: Produktivitätslücke 1960

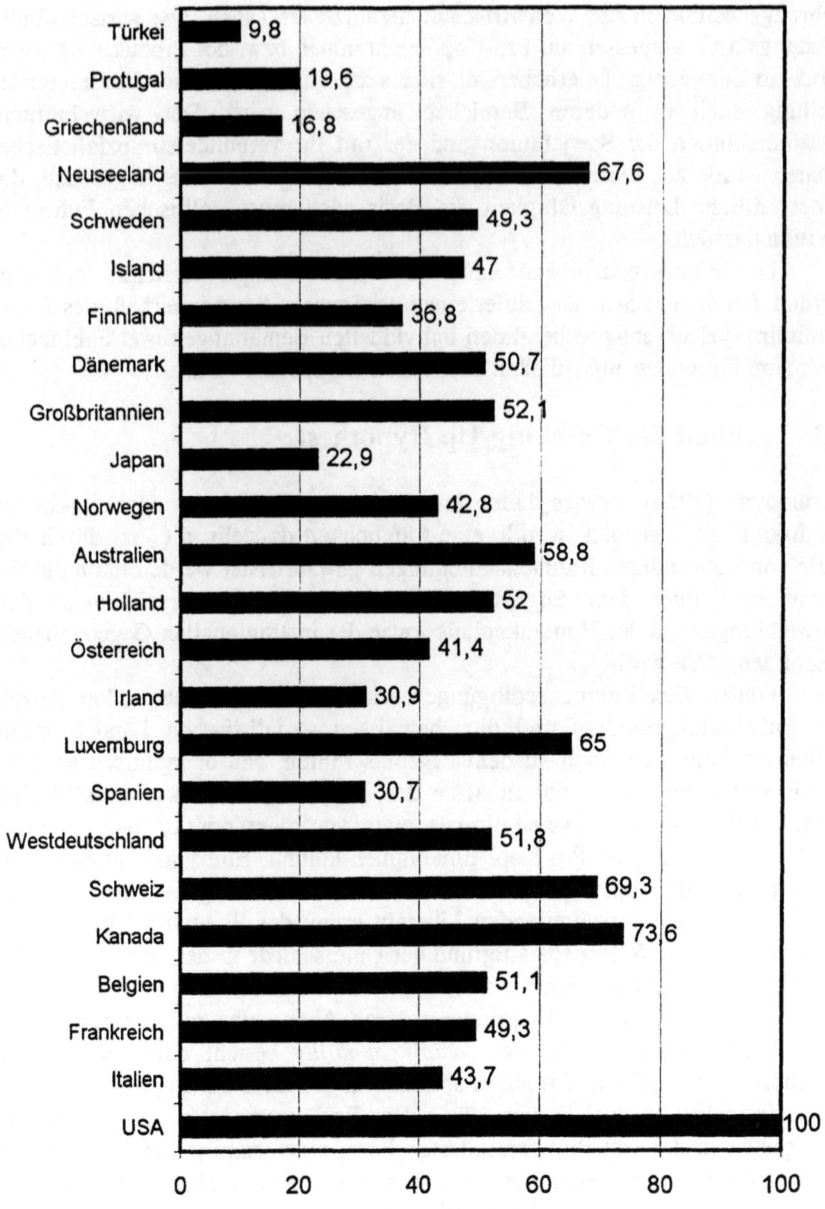

Von Kennedy (1989, 1993) wurde die historische Parallele zur Entwicklung Großbritanniens gezogen, das seine Position als führende Wirtschaftsmacht am Ende des 19. Jahrhunderts an die USA und Deutschland verloren hatte. In den USA wurden daher zunehmend Stimmen laut (z.B. Thurow 1992), die einen sich intensivierenden Wettstreit zwischen den USA, Japan und Europa um die Führungsposition in der Weltwirtschaft heraufziehen sahen. Die wirtschaftliche Leistungskraft, gemessen am Pro-Kopf-Einkommen bzw. der Produktivität, wird dabei zur Schlüsselgröße erhoben, da sie als das Fundament einer dominierenden Stellung auch in anderen Bereichen angesehen wird. Der wirtschaftliche Zusammenbruch der Sowjetunion und der mit ihr verbündeten sozialistischen Staaten wurde aus dieser Sichtweise als Bestätigung der These angesehen, daß wirtschaftliche Leistungsfähigkeit die Basis auch einer politischen Führungsposition darstellt.

Der Konvergenzprozeß kann mit einem Langstreckenlauf verglichen werden, bei dem zwar jeder Läufer einen bestimmten Rang innerhalb des Feldes einnimmt, jedoch entsprechend den individuellen Bemühungen und Fähigkeiten auch zum führenden aufschließen oder weiter zurückfallen kann.

2.3 Inhalt der Catching-Up Hypothese

Abramovitz (1986) verwies daher darauf, daß der Prozeß des *catching-up* nur konditional zu verstehen ist, d.h. eine Möglichkeit darstellt, die erst durch eine Fülle von notwendigen Rahmenbedingungen gewährleistet werden kann,die von Abramovitz unter dem Begriff *social capability*, d.h. beispielsweise dem Entwicklungsstand des Humankapitals sowie der institutionellen Gegebenheiten, zusammengefaßt wird.

Fehlen diese Rahmenbedingungen, wie dies wohl für eine größere Anzahl von Entwicklungsländern und die ehemaligen sozialistischen Länder festzustellen ist, kann dies auch zu dem Ergebnis führen, daß ökonomisch schwach entwickelte Länder nicht nur nicht zu den entwickelten Ländern aufschließen, sondern daß sich der Rückstand oftmals relativ vergrößert oder es sogar zu einem absoluten Rückgang im Pro-Kopf-Einkommen kommt. Ein quasi automatischer Aufholprozeß aller schwach entwickelten Länder, d.h. ein *generelles catching-up,* ist trotz einer fortschreitenden Liberalisierung der Weltwirtschaft seit dem Ende des Zweiten Weltkriegs aufgrund der Unterschiede in der *social capability* empirisch nicht nachweisbar.

Ein Nachteil dieser Begründung durch Abramovitz mit der Einführung eines Erklärungsfaktors wie der *social capability* besteht darin, daß er die Funktion einer *catch-all* Variablen übernimmt, die nicht als empirisch meßbare Größe festgelegt ist (vgl. Seiter 1996). Der Erklärungsansatz von Abramovitz entzog sich in der von ihm formulierten Form einer empirischen Überprüfung und war daher aus der Sicht des Positivismus, der eine empirische Überprüfung der Hypothesen fordert, nicht falsifizierbar. Er führt nur zu tautologischen

Aussagen, wenn jede Abweichung von der Norm als Ausdruck fehlerhafter *social capability* ausgelegt wird.

Der Optimismus, mit dem die wirtschaftliche Entwicklung vieler Länder der dritten Welt seit dem Ende des Zweiten Weltkriegs vor dem Hintergrund der *catching-up* Hypothese von zahlreichen Entwicklungsökonomen betrachtet wurde, mußte daher aufgrund der Erfahrungen der zurückliegenden Jahrzehnte in Frage gestellt werden. Insbesondere die Schuldenkrise nach den Ölpreisschocks Mitte der 1970er Jahre und zu Beginn der 1980er Jahre legte für zahlreiche Entwicklungsländer Defizite offen. Es zeigte sich, daß ein Aufholprozeß zu den entwickelten Industrieländern keineswegs einen naturgesetzlichen Prozeß darstellt. Dabei ist die Limitierung der Verschuldungsmöglichkeiten dieser Länder gegenüber dem Ausland nur ein Ausdruck für die grundlegenden Defizite hinsichtlich der *social capability,* das Potential für den Aufholprozeß erfolgreich in eine rasche wirtschaftliche Entwicklung umzusetzen.

Die Problematik einer Entwicklungspolitik, die an einen bedingungslosen Aufholprozeß der Entwicklungsländer in den 1960er und 1970er Jahren glaubte, war bereits aufgrund der Weltschuldenkrise am Anfang der 1980er Jahre offensichtlich geworden. Bot man diesen Ländern weiterhin eine unterhalb der marktgängigen Kreditkosten liegende günstige Form der Finanzierung durch die Weltbank sowie ähnlicher supranationaler oder auch nationaler Institutionen an, führte dies bei zahlreichen Entwicklungsprojekten aufgrund ihres Mangels an *social capability* zur Verschwendung der eingesetzten Mittel. Die Länder waren anschließend noch weniger in der Lage, diese Kredite zurückzuzahlen. Ein großer Teil der Mittel war in falsch geplante Infrastrukturprojekte geflossen, die keine entsprechenden Renditen erwirtschafteten, oder verschwand im Sumpf allgemeiner Korruption entweder in den privaten Konsum oder als Kapitaltransfer ins Ausland. Die Länder befanden sich dann in einer Schuldenfalle, die durch eine drastische Konsolidierungspolitik und damit verbundene hohe ökonomische, soziale und politische Anpassungskosten eine Korrektur erzwang. Entsprechend unpopulär wurde die Weltbank als entwicklungspolitische Institution, da sie im Auftrag der Kreditgeberländer die Aufgabe zu erfüllen hatte, die Entwicklungsländer wieder zu zahlungsfähigen Kreditnehmern zu machen. Zugleich waren die Geberländer gezwungen, einen großen Teil dieser Kredite als verloren abzuschreiben bzw. langfristig umzuschulden. Das Schuldenmanagement der Weltbank und der Geberländer konnte damit nichts an der fehlenden *social capability* dieser Länder ändern, so daß nach erfolgter Konsolidierung der Finanzen sich der Prozeß leicht wiederholte, wenn wieder verstärkt Finanzmittel vom Ausland in diese Länder flossen. Die jüngsten Fälle von Mexiko, Thailand, Indonesien und Südkorea belegen dies eindrucksvoll (vgl. Sen 1996, Krugman 1995b).

Ein erster Versuch an Stelle der *social capability* eine Variable einzuführen, die auch empirisch meßbar ist, bestand nun darin, die Investitionen, d.h. die Kapitalakkumulation, in die Analyse einzubeziehen. Dies war jedoch aus der Sicht des Solow-Modells problematisch. Zwar hängt das Niveau des Pro-Kopf-

Einkommens hierbei von der Höhe der Sparquote einer Volkswirtschaft ab, wobei unterschiedliche Zeitpräferenzen zu Unterschieden beim Pro-Kopf-Einkommensniveau führen können. Die Wachstumsrate des *steady-state*-Gleichgewichts hängt jedoch nicht mehr von der Spar- bzw. Investitionsquote ab. Allein die exogen bestimmte Rate des technischen Fortschritts und die Rate des Bevölkerungswachstums - sofern die Erwerbsquote konstant bleibt - sowie die Abschreibungsquote des Kapitalstocks bestimmen das langfristige Wirtschaftswachstum. Im Prinzip müßten daher alle Läufer in einem Langstreckenlauf irgendwann im gleichen Tempo laufen, auch wenn sie mit unterschiedlichem Tempo gestartet sind. Die weiterhin bestehenden Abstände der Läufer voneinander würden durch deren unterschiedlich hohe Spar- und Investitionsneigung festgelegt. Wenn die Höhe der Investitionen in physisches Anlagevermögen als Bedingung für die Konvergenz des Pro-Kopf-Einkommens der Länder eingeführt wird, muß die Annahme getroffen werden, daß die Länder noch sehr weit vom *steady state* Wachstum entfernt sind (z.B. Lucas 1988). Berechnungen über die durchschnittliche Konvergenzrate durch Barro/Sala-i-Martin (1995) kamen zu dem Ergebnis, daß diese nur bei etwa 2% pro Jahr liegt. D.h. es dauert etwa 35 Jahre bis die Hälfte der ursprünglichen Lücke zwischen den Pro-Kopf-Einkommen zweier Länder geschlossen werden kann. Diese Größenordnung von 2% scheint sich auch für Konvergenzprozesse zwischen Regionen einzelner entwickelter Industrieländer wie den USA, Japan, der EU und ihrer einzelnen Mitgliedsländer zu bestätigen (vgl. Sala-i-Martin 1996). Von besonderem Interesse ist, ob Ostdeutschland die große Produktivitätslücke gegenüber Westdeutschland schneller schließen kann und sich damit signifikant von den Aufholprozessen anderer Länder unterscheidet.

Aus dieser Perspektive sind die Implikationen für den gleichgewichtigen Wachstumspfad des Solow-Modells für die empirische Analyse bedeutungslos, da alle Länder weit genug von diesem Zustand entfernt sind. Entsprechend spielt auch die Höhe der Investitionen durchaus noch eine wichtige Rolle (vgl. Ford/Poret 1991).

Nachdem die Investitionen allgemein als wichtiger Faktor für den *catching-up*-Prozeß anerkannt wurden, führte die Diskussion zu einer Auseinandersetzung darüber, ob neben dem physischen Kapital auch das *Humankapital* berücksichtigt werden sollte. Letzteres wurde von einem Teil der Ökonomen (z.B. Romer 1986) als konstitutives Element angesehen, da es Ländern ermöglicht, *endogenes Wachstum* zu erzeugen.

Während im Solow-Modell der technische Fortschritt exogen durch eine konstante Rate bestimmt wird, vertreten Romer und andere die Auffassung, daß dieser durch die Akkumulation von Humankapital bzw. F&E-Kapital oder auch allgemein durch die Wissensbasis einer Gesellschaft bestimmt ist. Im Gegensatz zu Solows Vorgehensweise, bei der Erfindungen und Innovationen außerhalb des Erklärungsbereichs der ökonomischen Theorie liegen und aufgrund ihrer inkrementellen Diffusion in die Gesamtwirtschaft mit einer durchschnittlich nahezu konstanten Rate das Wachstum beeinflussen, sind Romer, Grossman und

Helpman sowie die anderen Vertreter der Neuen Wachstumstheorie der Ansicht, daß eine Umlenkung von Ressourcen zur Akkumulation von Wissen einen Anstieg der Rate des technischen Fortschritts herbeiführt. Von daher bot es sich an, den Einfluß des Faktors Humankapital auf die Konvergenz der Pro-Kopf-Einkommen der Länder der Weltwirtschaft zu untersuchen.

Barro konnte unter Zuhilfenahme der durchschnittlichen Ausbildungsdauer der Bevölkerung als Proxy-Variable für Humankapital zeigen, daß auch Humankapital ein wichtiger Faktor zur Erklärung von Konvergenz bzw. Divergenz zwischen einzelnen Ländern ist. Im Rahmen der von allen akzeptierten Annahme bedingter Konvergenz der Länder der Weltwirtschaft wurde um die dafür am besten geeigneten Größen gestritten. Zu diesem Zweck wurde der Kapitalbegriff erweitert. Zum rein physischen Kapitalstock trat das Humankapital als wichtigster ergänzender Input hinzu.

Darüber hinaus wurde eine Fülle weiterer Variablen benannt, mit Hilfe deren versucht wurde, die von Abramovitz als *social capability* gekennzeichneten Zusammenhänge empirisch meßbar zu machen und deren relative Bedeutung zueinander zu bestimmen. Kumulierte private und öffentliche F&E-Aufwendungen, Investitionen in öffentliche Infrastruktur sowie makroökonomische Rahmenbedingungen wurden als ergänzende Faktoren in die Analyse eingeführt.

Levine und Renelt (1992) konnten jedoch im Rahmen einer Sensitivitätsanalyse der verschiedenen in der Literatur vorgeschlagenen weiteren Variablen zeigen, daß die Ergebnisse sich in der Regel als nicht robust hinsichtlich unterschiedlicher Faktorkombinationen erwiesen, so daß die Bedeutung weiterer denkbarer Einflußgrößen bis auf die Investitionsquote als statistisch nicht gesichert aus der Analyse hervorging.

Eine weitere wichtige Annahme des Solow-Modells ist die Existenz effizienter Güter- und Faktormärkte, so daß die Produktionsfaktoren gemäß der Grenzproduktivitätstheorie entlohnt werden. Sofern daher Marktrigiditäten und staatliche Eingriffe eine effiziente Allokation verhindern, können diese Abweichungen keine direkte Widerlegung der im Modell getroffenen Aussagen implizieren. Wirtschaftspolitisch verheißt das Solow-Modell allen Entwicklungsländern, daß sie bei Beachtung der Prinzipien einer freien Marktwirtschaft innerhalb weniger Jahrzehnte die Lücke im Pro-Kopf-Einkommen zu den Industrieländern schließen könnten. Damit liefert es auch ein entwicklungspolitisches Konzept. Durch ein möglichst hohes Investitionsvolumen in physisches und Humankapital kann dieser Konvergenzprozeß, der allein aus der Wirtschaftsordnung resultiert, beschleunigt werden.

2.4 Konvergenz und Außenhandel

Gemäß der neoklassischen Außenhandelstheorie, nach der bei Faktormobilität, aufgrund der höheren Grenzproduktivität des Kapitals in Entwicklungsländern, ein Kapitalexport von den Industrieländern hin zu den Entwicklungsländern erfolgen muß, würde bei internationalem Freihandel der Konvergenzprozeß am raschesten ablaufen. Ein liberales Welthandelssystem würde daher die optimalen Bedingungen für eine rasche Konvergenz der Entwicklungsländer schaffen.

Nachdem jedoch eine große Zahl von Entwicklungsländern, die diesem Entwicklungsmodell zu folgen versuchten, aufgrund der durch die Ölpreisschocks entstandenen Schuldenkrise zu harten Konsolidierungsanstrengungen gezwungen waren und in den 1980er und 1990er Jahren in ihrem Pro-Kopf-Einkommen gegenüber den führenden Industrieländern eher zurückfielen, stellte sich die Frage nach den hierfür verantwortlichen Ursachen. Die Antwort der Neoklassiker bestand darin, auf das Staatsversagen der Entwicklungsländer zu verweisen. Empirische Analysen, wie die von Edwards (1993), belegten zudem, daß Offenheit einer Volkswirtschaft, wie sie immer wieder im Rahmen der GATT- und WTO-Verhandlungen auch für die Entwicklungsländer durchgesetzt wurde, keine statistisch signifikante Rolle beim wirtschaftlichen Wachstum spielte. Zudem konnte Lucas (1990) zeigen, daß die Kapitalmobilität aus den Industrie- in die Entwicklungsländer keinesfalls der nach der Heckscher-Ohlin-Theorie zu erwartenden entsprach. Mithin war die Bedeutung einer fortschreitenden Liberalisierung des Welthandels für die Wachstumsentwicklung der Entwicklungsländer bestenfalls marginal.

Neuere Untersuchungen zur Rolle des Außenhandels von Ben-David und Atique-Rahman (1996) verweisen daher darauf, daß es weniger der Güter- und Dienstleistungshandel ist, der einen direkten Einfluß auf den Konvergenzprozeß ausübt, als der damit verbundene immaterielle Technologietransfer. Durch Handel findet gemäß dieser Hypothese zugleich ein intensiver Informations- und Wissensaustausch statt, der einen bedeutsameren Beitrag zur Konvergenz der Pro-Kopf-Einkommen leistet als beispielsweise eine Annäherung hinsichtlich der Kapitalintensitäten der Länder. Ben-David und Atique-Rahman gehen auch dazu über, nicht mehr die Konvergenz der Pro-Kopf-Einkommen der Länder miteinander zu vergleichen, sondern die Konvergenz in der Wachstumsrate der Arbeitsproduktivitäten. Diese setzt sich zum einen aus der Wachstumsrate des autonomen technischen Fortschritts - gemessen durch die totale Faktorproduktivität eines Landes - und zum anderen aus der Wachstumsrate der Kapitalintensität zusammen. Ihre Ergebnisse verweisen auf die Tatsache, daß weniger entwickelte Länder nicht so sehr durch Handelsbilanzüberschüsse und Kapitalimport vom Handel mit den entwickelteren Ländern profitieren, sondern daß insbesondere Schwellenländer durch den Wissenstransfer mit den Handelspartnern der entwickelten Länder profitieren.

Durch den weitgehenden Wegfall von Handelshemmnissen und die Möglichkeiten des freien internationalen Kapitalverkehrs findet insbesondere unter dem Druck der Transnationalen Unternehmen (TNU), die ihren historischen Ursprung überwiegend in den traditionellen Industrieländern haben, sowie durch den Prozeß der Restrukturierung ihrer Produktionen im Rahmen eines *global sourcing,* eine neuartige Distribution anhand der komparativen Standortvorteile der einzelnen Länder und Regionen statt. Dies führt zu einem intensiveren internationalen Standortwettbewerb. Durch entsprechende Standortpolitiken, die Errichtung von Steueroasen, geringe Schutzrechte sowie eine schlechtere soziale Sicherung der Beschäftigten und die damit verbundenen niedrigeren Lohnkosten, kommt es zu einem verstärkten Kapital-, Technologie- und Wissentransfer in die weniger entwickelten Länder. Dort ist es ausreichend, wenn nur kleine Teile eines Landes mit Hilfe der technischen und finanziellen Ressourcen der TNU zu leistungsfähigen Produktionsstätten und zur Exportbasis ausgebaut werden. Dies führt im Ergebnis zu einer rasch divergierenden regionalen Struktur innerhalb der Entwicklungsländer, die wenig mit einer globalen Konvergenz zwischen Industrie- und Entwicklungsländern zu tun hat. Es entstehen vielmehr nur kleine Inseln hoher technologischer Leistungsfähigkeit. Deren Potential, eine rasche Diffusion in das Hinterland zu bewerkstelligen, ist aufgrund der erst verhältnismäßig kurzen Zeitspanne, in der diese Entwicklung in größerem Umfang eingesetzt hat, noch nicht zuverlässig einzuschätzen. Es bestehen jedoch Zweifel, daß durch diese Entwicklung ein stetiger Konvergenzprozeß in Gang kommt. Vielmehr mehren sich die Anzeichen, daß es zu starken regionalen Ungleichheiten in der Einkommensentwicklung und damit verbundenen Unterschieden in der Qualifikation der verfügbaren Arbeitskräfte kommt. Die Divergenz, die für die Gesamtheit der Länder der Weltwirtschaft empirisch feststellbar ist, setzt sich auch in starker Divergenz innerhalb der Länder und Regionen fort. Die Entwicklung der Volksrepublik China, die vor über einem Jahrzehnt mit den Reformen Deng Hsiao Pings eingeleitet wurde, liefert hierfür ein gutes Beispiel. Zudem bestehen Zweifel, ob auch die südostasiatischen Schwellenländer das Potential für einen Aufholprozeß gegenüber den Industrienationen besitzen. Wie die Arbeiten von Allwyn Young (1992, 1995) belegen, findet gerade in den ost- und südostasiatischen Schwellenländern ein vorrangig ressourcengetriebenes rasches Wirtschaftswachstum statt. Dagegen liegt die Rate des technischen Fortschritts, die von Young durch die totale Faktorproduktivität bestimmt wird, sogar unter derjenigen der Industrieländer. Dies läßt erwarten, daß sich der Wachstumsprozeß in der bisherigen Form in Südkorea, Taiwan, Hongkong oder Singapur nur aufrechterhalten läßt, wenn sich die Wachstumsrate der totalen Faktorproduktivität in diesen Ländern zumindest der der Industrieländer annähert und diese anschließend sogar übertrift. Hierzu fehlt es jedoch an überzeugenden Anzeichen, da bereits jetzt Engpässe beim Humankapital und der Infrastruktur sowie unterlassene Umweltschutzinvestitionen die Möglichkeiten eines breiten Wissens- und Technologietransfers nachhaltig beeinträchtigen.

Die Gefahr einer möglichen Umkehr des Liberalisierungsprozesses der Weltwirtschaft, die sich aus einer solchen Orientierung der Wirtschaftspolitik der führenden Industrieländer ergeben könnte, in der Rivalitäten anstelle von erforderlichen Kooperationen die Agenda der Weltwirtschaftsordnung liefern, ist von Krugman (1994a) herausgestellt worden. Er verweist in einer Fülle von Aufsätzen darauf, daß die wirtschaftlichen Probleme der Industrieländer nicht überwiegend durch die Umwelt, d.h. die anderen Länder (Japan, NICs oder

Osteuropa) hervorgerufen werden, sondern vielmehr entstehen aufgrund der internen Rigiditäten eines jeden Landes, sich an die erforderlichen neuen weltwirtschaftlichen Verhältnisse zügig anzupassen (Krugman 1997). Die Befürchtung dem äußeren Konkurrenzdruck nicht mehr gewachsen zu sein, kann daher leicht ein protektionistisches Klima erzeugen, das die Vorteile einer liberalen Weltwirtschaftsordnung zunichte macht (Stichworte: Festung Europa, Globophobia).

Es hat daher ein Diskussionsprozeß darüber begonnen, wie eine solche, auch praktisch funktionstüchtige Weltwirtschaftsordnung geschaffen werden kann (vgl. z.B. Scherer 1994, Siebert 1995, Immenga 1995). Eine defensive Wirtschaftspolitik der Abschottung der nationalen Märkte vor der internationalen Konkurrenz würde nur zu Wohlfahrtsverlusten führen. Zu klären bleibt, wie der internationale Wettbewerb wirtschaftspolitisch gestaltet werden kann, ohne daß aufgrund einer nicht pareto-optimalen Verteilung der Wohlfahrtsgewinne und -verluste dieses Wettbewerbs auf die einzelnen Länder die Verlierer doch zum letzten Mittel eines einseitigen Protektionismus greifen. Die seit Ende des Zweiten Weltkriegs fortschreitende Liberalisierung der Weltwirtschaft bedarf immer noch einer funktionsfähigen Weltwirtschaftsordnung, die einen angemessenen Interessenausgleich zwischen den betroffenen Ländern herstellt. Die klassische Theorie der wohlfahrtssteigernden Wirkungen des Außenhandels aufgrund der komparativen Kostenvorteile hilft wenig bei der Lösung dieser Problematik, da aufgrund von Rigiditäten im Anpassungsprozeß die Anpassungskosten für einzelne Länder zu hoch sind, um von ihnen politisch akzeptiert zu werden.

2.5 Makroökonomische Rahmenbedingungen - Exogene Schocks - Wachstum - Konvergenz

Aufgrund der Entkolonialisierung zahlreicher Entwicklungsländer im Laufe der 1960er und 1970er Jahre, kann das Scheitern eines wirtschaftlichen Aufholprozesses heute nicht mehr allein der Politik der ehemaligen Kolonialmächte angelastet werden (Stichwort: Rekonstruktion und Strukturanpassung ihrer Wirtschaft nach einer Periode langer kolonialer Abhängigkeit). Sofern diese Länder versuchten, ihre wirtschaftliche Entwicklung auf einer marktwirtschaftlichen Grundlage zu realisieren, kann das Scheitern auch nicht einfach einem verfehlten Wirtschaftssystem, d.h. einer zentralen Planwirtschaft zugeschrieben werden.

Das entwicklungspolitische Modell, wonach die Einhaltung marktwirtschaftlicher Prinzipien der sichere Weg zu wirtschaftlichem Erfolg darstellt, verlor an Erklärungswert, da es mit der empirisch beobachtbaren Entwicklung vieler Länder, die auch nicht von Sonderfaktoren, wie Krieg oder Bürgerkrieg sowie andersartigen Katastrophen (z.B. die Dürrekatastrophe in den Ländern der Sahelzone) betroffen waren, in Einklang zu bringen war.

In Osteuropa zeigt sich wiederum erneut die Problematik, daß eine institutionelle marktwirtschaftliche Reform - ohne die gleichzeitige Entwicklung der sozialen Fähigkeiten diese auch praktisch umzusetzen - keinen unmittelbaren Wachstumsschub erzeugen kann. Die Weltbank (1993) und andere entwicklungspolitische Institutionen treten daher verstärkt dafür ein, daß zunächst ein stabiler makroökonomischer Rahmen geschaffen werden muß (Stichwort: *getting the basics right*)[1], bevor ein rascher wirtschaftlicher Aufholprozeß zu den Industrieländern beginnen kann. Die Schwierigkeiten zeigen sich jedoch darin, daß die Weltbank in vielen Ländern aufgrund der gesellschaftlichen Verhältnisse und der begrenzten Einflußmöglichkeiten nicht imstande ist, souveränen Staaten wirtschaftspolitische Konzepte aufzuwingen, mit denen die notwendigen Bedingungen dauerhaft hergestellt werden.

2.6 Konvergenz durch Wachstumsschwäche der Industrieländer

Die drastische Wachstumsverlangsamung aller OECD-Länder ab Mitte der 1970er Jahre führte jedoch dazu, nach Erklärungen für eine langanhaltende Wachstumsverlangsamung zu suchen, die nicht auf den Ölpreisschocks basierten, da diese ab Mitte der 1980er Jahre aufgrund deutlich sinkender Ölpreise als Erklärungsursache für die anhaltende Wachstumsschwäche allgemein an Überzeugungskraft verloren.

Insbesondere die USA hatten als führendes Industrieland der Weltwirtschaft mit einem niedrigen Produktivitätswachstum seit Anfang der 1970er Jahre zu kämpfen (Gehrke/Rühl 1988, Maddison 1982, 1991), so daß sie ihre Rolle als führendes Land im Pro-Kopf-Einkommen aufgrund eines geringer werdenden Produktivitätsvorsprungs bedroht sahen. Hinzu kam seit Beginn der 1980er Jahre die Passivierung der Handels- und Leistungsbilanz der USA, die sie während der Amtszeit von Ronald Reagan und George Bush zu dem weltweit größten Nettoschuldnerland werden ließen, nachdem sie vorher der größte Nettogläubiger gewesen waren. Das Defizit in der Handelsbilanz der USA gegenüber den anderen Ländern, insbesondere gegenüber Japan, stieg im Verlauf der 1980er und 1990er Jahre drastisch auf über US $ 200 Mrd an. Diese außerordentliche Veränderung der Position, die die USA seit dem Ende des Zweiten Weltkriegs in der Weltwirtschaft eingenommen hatten, konnte offenbar weder mit traditionellen Mitteln einer keynesianischen Wirtschaftspolitik noch

[1] Vgl. hierzu Krugmans (1995a) Darstellung des *Washington consensus*, wie er von John Williamson vom Institute for International Economics (IIE) vertreten wird: „One may, however, roughly summarize this consensus, at least as it influenced the beliefs of markets and governments, more simply. It is the belief that Victorian virtue in economic policy - free markets and sound money - is the key to economic development. Liberalize trade, privatize state enterprises, balance the budget, peg the exchange rate, and one will have laid the foundations of a takeoff; find a country that has done those things, and there one may confidently expect to realize high returns on investment. (p. 29). Der Erfolg einer Politik zum Ausbau der social capability in diesen Ländern wird jedoch seit der Pesokrise Anfang der 1990er Jahre auch kritisch beurteilt (vgl. Krugman 1995a).

durch die angebotsorientierte Periode der Reagan-Revolution nachhaltig umgekehrt werden (vgl. Krugman 1992, 1994). Die USA sahen deshalb ihre internationale Wettbewerbsfähigkeit zunehmend gefährdet (vgl. z.B. Scott/Lodge 1985, Dertouzos/Solow 1989). Die Bedrohung durch die anderen Industrieländer, insbesondere durch Japan und die besonders im Export ihrer Güter nach den USA erfolgreichen NICs, *Taiwan, Südkorea, Hongkong, Singapur* sowie auch zunehmend die *VR China*), löste eine Debatte unter den Wirtschaftswissenschaftlern und Wirtschaftshistorikern darüber aus, welches die Ursachen für diesen Prozeß sind und welche wirtschaftspolitischen Gestaltungsmöglichkeiten bestehen, um diese Entwicklung zu stoppen oder sogar umzukehren. Die starke Betonung der Humankapitalbildung als notwendige Voraussetzung für einen erfolgreichen Wachstumsprozeß in der wirtschaftstheoretischen Auseinandersetzung (vgl. Kapitel 3) hat in den letzten Jahren auch Einfluß auf die Wirtschaftspolitik genommen. Als Antwort auf eine auf Protektionismus fixierte Diskussion, die unfaire Handelspraktiken, insbesondere Japans und der Schwellenländer, für die Schwäche der US-amerikanischen Volkswirtschaft verantwortlich machte, ist dies ein deutlicher Fortschritt. Die deutlich günstigere wirtschaftliche Entwicklung der USA in den 1990er Jahren belegt zumindest auf den ersten Blick, daß die Probleme durch eine interne Reorganisation der Volkswirtschaft in den USA gelöst werden konnten, ohne das Mittel der Handelsbeschränkung einsetzen zu müssen.

Maddison (1991, 1995) und Baumol/Blackman/Wolff (1991) wiesen nach, daß diese Verlangsamung seit Mitte der 1970er Jahre eine Rückkehr der Entwicklung zu den Verhältnissen des 19. und Anfang des 20. Jahrhunderts darstellte. Nicht die Entwicklung seit den Ölpreisschocks sei ein ungewöhnliches Ereignis, sondern die vorangegangene, die mit dem Ende des Zweiten Weltkriegs begonnen hatte. Die außergewöhnlichen politischen Verhältnisse, die durch die Phase der beiden Weltkriege und das wirtschaftspolitische Mißmanagement während der dazwischenliegenden Zeit hervorgerufen worden waren, hatten aus dieser Sicht zu einem Aufstauen des *catching-up* Potentials geführt, das durch die Wiederherstellung liberalerer binnen- und außenwirtschaftlicher Verhältnisse, insbesondere in den Industrieländern, freigesetzt worden war.

Die *catching-up* Hypothese charakterisierte diesen Prozeß als einen Vorgang der Normalisierung der durch außergewöhnliche politische Umstände gestörten Weltwirtschaftsentwicklung. Diese Entwicklung wurde zum einen durch die Rekonstruktion der durch den Zweiten Weltkrieg bzw. den Koreakrieg stark betroffenen Länder Europas aber auch Ostasiens ausgelöst, zum anderen durch einen Prozeß des Aufholens aufgrund des Technologietransfers aus den USA sowie einer höheren Rate der Kapitalakkumulation in den *follower*-Ländern bestimmt, die durch eine höhere marginale Kapitalproduktivität im Vergleich zu der in den USA begründet war.

Dabei stellte sich jedoch weiterhin die Frage, ob diese Entwicklung nicht nur einen Aufholprozeß darstellte, oder ob nicht die USA insgesamt von anderen Industrieländern hinsichtlich ihrer Produktivitätsentwicklung und des damit verbundenen Pro-Kopf-Einkommens überholt werden könnten . Diese Ansicht wird jedoch aufgrund der Ergebnisse von Young (1992, 1995) bezweifelt, da hierfür überzeugende empirische Belege fehlen. Gleichfalls war die Verlangsamung im Wirtschaftswachstum der USA nicht allein durch die *catching-up* Hypothese zu erklären, da diese nur das Aufholen zum *leader*, jedoch nicht dessen Wachstumsschwäche erklären konnte.

Neben dem empirischen Befund einer Rückkehr zu den Entwicklungstrends des 19. und frühen 20. Jahrhunderts versuchen einige Erklärungsansätze diesen Prozeß mit einer wachsenden institutionellen Erstarrung der alten Industrieländer zu begründen (Olson 1982). Aus dieser Sicht ist die *social capability* zur Nutzung neuer Technologiepotentiale einem Erosionsprozeß unterworfen, da aufgrund eines historischen *lock-in* der gesellschaftlichen Institutionen, die mit einem steigenden Wohlstand im Rahmen des Wohlfahrtsstaats geschaffen werden, die erforderliche Flexibilität zur ständigen Neuanpassung an die auf globaler Ebene neuentstehenden technologischen Potentiale fehlt.

In Europa hat diese Sicht unter dem Begriff *Eurosklerose* insbesondere seit Beginn der 1980er Jahre große Beachtung gefunden. Als wirtschaftspolitische Rezepte werden von den Vertretern dieser Denkrichtung immer wieder *Schocktherapien zur institutionellen Umgestaltung* der Industrieländer propagiert. Massive Deregulierungen, insbesondere der staatlich kontrollierten Bereiche (öffentliche Dienstleistungen im Verkehrswesen, bei den Kommunikationsdienstleistungen und der Nachrichtenübermittlung, den staatlich organisierten oder kontrollierten Energie- sowie Wasserver- und Wasserentsorgungsunternehmen, etc.), eine wirkungsvollere Wettbewerbspolitik, eine generelle Zurückdrängung des Einflusses des Staates auf die Wirtschaft, eine Steigerung der Effizienz des Staates (*lean government*) und eine generelle Senkung der Staatsquote sollen die marktwirtschaftlichen Kräfte wiederbeleben. In Deutschland wird diese Politik z.B. vom Bundeswirtschaftsministerium unter dem Begriff der Standortsicherung zusammengefaßt.

Neben der Sicherung und Schaffung eines effizienzsteigernden internationalen Wettbewerbs wird auch der Industriepolitik eine Rolle bei den Unterschieden im Verlauf des *catching-up* Prozesses zugestanden. Einerseits können strukturkonservierende industriepolitische Maßnahmen den *catching-up* Prozeß verlangsamen (vgl. Gieseck 1995), andererseits könnte eine wachstumsorientierte strategische Industriepolitik den *catching-up* Prozeß aber auch beschleunigen, wie dies in den ost- und südostasiatischen Schwellenländern der Fall gewesen zu sein scheint. Unterschiede in der Geschwindigkeit, mit der sich die *catching-up* Prozesse in den einzelnen Ländern und Industriezweigen vollziehen, wären dann wesentlich dem *policy mix* des jeweiligen Landes und seiner industriespezifischen Gestaltung zuzurechnen. Während die reinen Marktwirtschaftler ein effizienzsteigerndes Potential einer staatlichen Industriepolitik bestreiten, weisen deren Protagonisten auf zahlreiche Einzelbeispiele hin, bei denen eine solche Politik Erfolge erzielt hat, indem ein rascherer Wachstumsprozeß als in anderen Ländern erreicht wurde, obwohl deren komparative Vorteile aufgrund der gegebenen Faktorausstattung dies nicht erwarten ließen. Ein Kriterium für eine erfolgreiche Industriepolitik könnte daher sein, daß der *catching-up* Prozeß eines Wirtschaftszweigs nicht entsprechend den Bedingungen der klassischen Heckscher-Ohlin-Theorie verlief. Man könnte dieses Ergebnis als *revealed industrial policy catching up* bezeichnen. Ein solcher Analyseansatz wurde z.B. von der Weltbank (1993) gewählt.

2.7 Die Stellung der Bundesrepublik Deutschland im Rahmen der globalen Konvergenz

Neben dem multilateralen Vergleich einer großen Zahl von Ländern oder Regionen ist es nun offensichtlich aus bundesdeutscher Sicht wichtig, die Positionsbestimmung Deutschlands im einzelnen vorzunehmen. Eine Anzahl von Studien hierzu belegen, daß die zurückliegende Entwicklung hinsichtlich der Wettbewerbsfähigkeit bzw. technologischen Leistungsfähigkeit der Bundesrepublik, trotz der vereinigungsbedingten Probleme der zurückliegenden Jahre nicht zu einer generellen Wettbewerbsschwäche geführt hat (vgl. DIW 1995a,b). Eine Partialbetrachtung, die Schwächen der Bundesrepublik Deutschland gemessen an einzelnen Indikatoren wie Patentanmeldung, ausländische Direktinvestitionen, die Lohnstückkostenentwicklung etc. mißt, übersieht leicht, daß die bisherigen Erfolge der deutschen Wirtschaft im Außenhandel mit Waren und Dienstleistungen, die bis zum Sommer 1996 anhaltenden Aufwertungstendenzen der DM und die insgesamt im internationalen Vergleich günstigen volkswirtschaftlichen Rahmenbedingungen keine solchen Befürchtungen untermauern (vgl. Klodt et al. 1994). Auch im Handel mit den Schwellenländern in Ost- und Südostasien sowie Osteuropas verzeichnete die Bundesrepublik Deutschland in der ersten Hälfte der 1990er Jahre einen kräftigen Anstieg ihrer Ausfuhren, der dort zu Marktanteilsgewinnen führte. Bei der Betrachtung der einzelnen Wirtschaftszweige ist bisher keine allgemeine Tendenz zu erkennen, daß der Aufholprozeß gegenüber den entsprechenden Wirtschaftszweigen in den USA zum Erliegen gekommen ist (vgl. Erber 1993). Zwar gab es in einigen wichtigen Wirtschaftszweigen der deutschen Industrie während der ersten Hälfte der 1980er Jahre eine deutlich langsamere Verringerung der Produktivitätslücken und sogar sich vorübergehend vergrößernde Produktivitätslücken, jedoch schloß die Wirtschaft Westdeutschlands hinsichtlich der Zahl der betroffenen Wirtschaftszweige auf wesentlich breiterer Front ihre Produktivitätslücken, als dies beispielsweise Japan gelang (vgl. Jorgenson/Kuroda 1990). Während die westdeutsche Wirtschaft hinsichtlich ihrer Produktivität in rund zwei Dritteln zu derjenigen der USA aufschloß, gelang dies Japan nur in rund einem Drittel seiner Wirtschaftszweige. Dies führte zu einer wesentlich ausgeglicheneren wettbewerbsfähigen Wirtschaftsstruktur in Westdeutschland als in Japan (vgl. McKinsey 1993). Sicherlich ist in einigen wachstumsintensiven Wirtschaftszweigen einiges verbesserungswürdig und es bedarf einer weiteren Steigerung der Leistungsfähigkeit. Zu einer in der deutschen Öffentlichkeit häufig übertriebenen Angst, den Herausforderungen des 21. Jahrhunderts wirtschaftlich nicht gewachsen zu sein, besteht jedoch kein Anlaß.

2.8 Zusammenfassung

Die sich aus der Sicht des Solow-Modells und der neoklassischen Außenhandelstheorie ergebende Erwartung, daß Volkswirtschaften langfristig zu ihren präferenzabhängigen Wachstumsgleichgewichten konvergieren, ist zunehmend in die Kritik geraten. Neuere theoretische Erklärungsansätze wie die moderne Wachstums- und Außenhandelstheorie sind dabei bemüht, die Bedingungen für die heterogene Wirtschaftsentwicklung der Länder der Weltwirtschaft erklärbar zu machen. Allgemein herrscht Einigkeit darüber, daß nur von einer bedingten Konvergenz zwischen einzelnen Ländern bzw. Ländergruppen ausgegangen werden kann. Als wesentliche Faktoren sind dabei die Akkumulation sowohl von physischem wie auch von Humankapital anzusehen. Zahlreiche andere Faktoren, die als weitere Bestimmungselemente für die von Abramovitz als *catch-all* Variable eingeführte *social capability* vorgeschlagen wurden, hielten empirischen Tests, wie sie von Levine und Renelt durchgeführt wurden, nicht stand, so daß über ihre Bedeutung bisher kein abschließender Konsens gefunden wurde.

Die in diesem Kapitel kurz vorgestellten recht unterschiedlichen Ansätze zur Erklärung der heterogenen Wirtschaftsentwicklung, in den meisten entwickelten Industrieländern die durch hohe Arbeitslosigkeit begleitet ist, oder, wie in den USA, eine niedrige Arbeitslosigkeit mit einer hohen Lohn- und Einkommensspreizung und niedrige Sozialstandards für große Teile der Bevölkerung insbesondere in den 1990er Jahren erkaufte, haben neue Fragen aufgeworfen, die mit dem derzeitigen Wissensstand der theoretischen und empirischen Wirtschaftswissenschaft nur unbefriedigend erklärt werden können. Zwar existieren eine Fülle von wirtschaftstheoretisch fundierten Handlungsanweisungen, wie die Wachstumsschwäche der Industrieländer aber auch die mangelhafte Konvergenz der Entwicklungsländer überwunden werden könnten, jedoch fehlt all diesen Lösungen der Charme, daß sie glaubwürdig eine Pareto-optimale Lösung anbieten können. Alle Vorschläge implizieren zahlreiche Verlierer innerhalb einer Volkswirtschaft oder auch der Volkswirtschaften untereinander. Von daher findet der Konvergenzprozeß in der Weltwirtschaft nicht unter der alleinigen Perspektive rein ökonomischer Gesetzmäßigkeiten statt, sondern wird durch politische Entscheidungen in erheblichen Umfang geprägt. An die Stelle eines Wachstums- und Konvergenzprozesses der Länder und Regionen der Weltwirtschaft tritt damit ein globales Spiel um Wachstums- und Beschäftigungschancen, in dem niemand sich mehr sicher fühlen kann, immer zu gewinnen. Zwar ist die Entwicklung einer ständig enger miteinander verflochtenen Weltwirtschaft kein Null-Summen-Spiel, d.h. einige Länder können nur zu Lasten anderer gewinnen, doch ist die wirtschaftliche

Entwicklung nicht für alle Betroffenen grundsätzlich positiv. Es gibt und wird auch in der Zukunft Verlierer geben, die langfristig nicht an den Gewinnen des Wirtschaftswachstums beteiligt sind. Ob dies letztendlich nur an ihrem eigenen Unvermögen und der mangelnden Bereitschaft liegt, die vorhandenen Chancen und Potentiale zu nutzen, kann bezweifelt werden.

3 Neuere Ansätze in der Wachstumstheorie und ihre wirtschaftspolitischen Implikationen

3.1 Von der "Alten" zur "Neuen" Wachstumstheorie

In den letzten zehn Jahren hat die Diskussion wachstumstheoretischer Fragestellungen innerhalb der Wirtschaftswissenschaften stark zugenommen. Während in den fünfziger und sechziger Jahren Wachstumstheorie ein vielbeachtetes Thema darstellte, konzentrierte sich in den siebziger und frühen achtziger Jahren das Hauptinteresse der (Makro)Ökonomen auf die Erklärung konjunktureller Phänomene. Die aktuelle Entwicklung in der neoklassischen Wachstumstheorie ist vor dem Hintergrund der traditionellen Ansätze auf diesem Gebiet zu sehen. Ziel der sog. *Neuen* bzw. *Endogenen* Wachstumstheorie ist die Überwindung der Schwächen der bisherigen Modelle.

Nach dem Zweiten Weltkrieg teilte man vielfach die Befürchtung, daß die wirtschaftliche Entwicklung der Nachkriegszeit die Aussagen der keynesianischen Theorie über die inhärente Instabilität marktwirtschaftlicher Systeme bestätigen würde. Diese Einschätzung spiegelt sich auch in den postkeynesianischen Wachstumsmodellen von Domar (1946) und Harrod (1939, 1948) wider, wobei insbesondere Harrod auf die Zufälligkeit eines stabilen, gleichgewichtigen Wachstumsprozesses hinwies. Je nach Erwartungen der Unternehmen, die über die Höhe der Investitionen zu entscheiden haben, wird die Entwicklung der Volkswirtschaft durch ausgelastete oder unterausgelastete Produktionskapazitäten gekennzeichnet sein. Tatsächlich ergab sich aber ein ganz anderes Bild. In den fünfziger Jahren setzte eine Phase hoher Wachstumsraten des Sozialproduktes und zunehmender Beschäftigung ein. Infolgedessen wurden die Modelle der neoklassischen Wachstumstheorie entwickelt. Grundlegende Beiträge leisteten dabei insbesondere Solow (1956, 1957), Swan (1956) und Meade (1961).

Ausgangspunkt dieser Modelle ist eine gesamtwirtschaftliche Produktionsfunktion, die den Zusammenhang zwischen den Mengen der eingesetzten Produktionsfaktoren (Arbeit und Kapital) und dem möglichen Output (Sozialprodukt) abbildet. Eine wichtige Annahme ist die Flexibilität der Faktorpreise (Reallohn und Realzins), welche in Verbindung mit den technischen Substitutionsmöglichkeiten für das Gleichgewicht auf den Faktormärkten und somit auch für Vollbeschäftigung sorgt. Unter diesen Voraussetzungen ist die Bestimmung eines gleichgewichtigen (steady-state) Wachstumspfades möglich. Definitionsgemäß sollen auf diesem steady-state Pfad alle Größen mit konstanter Rate wachsen (strukturkonstantes Wachstum). Die theoretische Analyse zeigt, daß unter Gültigkeit des Gesetzes vom abnehmenden Grenzertrag des Kapitals diese Bedingung nur erfüllt werden kann, falls alle Größen mit der Wachstumsrate der Beschäftigung bzw. Bevölkerung wachsen. Dieses Ergebnis impliziert, daß im vorliegenden Modell langfristig kein Wachstum bei den Pro-Kopf-Größen stattfinden kann. Jegliche Zunahme des Sozialprodukts wird durch die im gleichen Maße steigende Bevölkerungszahl ausgeglichen. Wird die im einfachen Modell übliche Annahme einer konstanten Sparquote aufgegeben und explizit das Optimierungsverhalten der Haushalte mittels einer intertemporalen Nutzenfunktion berücksichtigt, ändert sich an der prinzipiellen Aussage der neoklassischen Wachstumstheorie nichts. Aufgrund der abnehmenden Grenzerträge des akkumulierbaren Produktionsfaktors Kapital geht für die Haushalte der Anreiz verloren, auf Konsum zugunsten von Sparen und damit Investieren zu verzichten (vgl. z.B. Barro/Sala-i-Martin 1995 und Grossman/Helpman 1991). Das Grundmodell Solowscher Prägung konnte somit das empirisch beobachtbare Phänomen zunehmender Pro-Kopf-Einkommen nicht erklären. Eine einfache Erweiterung um die Komponente des exogenen technischen Fortschritts kann diesen Mangel ausgleichen. Solow (1957) zeigte z.B., daß ca. 7/8 der Zunahme des Pro-Kopf-Einkommens in den USA zwischen 1909 und 1949 durch technischen Fortschritt verursacht wurden und nur 1/8 durch vermehrten Einsatz von Produktionsfaktoren. Das Wachstum in den USA (und auch anderen Industrienationen) war damit maßgeblich durch die Verbesserung der Effizienz des Produktionsprozesses bedingt. Aufgrund dieses Ergebnisses galt das Augenmerk der ökonomischen Theorie zunehmend dieser Größe. Es wurden z.B. umfangreiche Growth-Accounting-Studien durchgeführt, welche die Zusammensetzung der *Restgröße* technischer Fortschritt besser erfassen und erklären sollten (vgl. z.B. Denison 1962, 1967, 1974). Zusätzlich wurden sog. *Vintage*-Modelle entwickelt, die der Einführung des technischen Fortschritts in den Produktionsprozeß mehr Beachtung schenkten. Im Rahmen dieser Ansätze wird davon ausgegangen, daß technische Neuerungen z.B. nur durch die Investition in neue Kapitalgüter in den Produktionsprozeß eingeführt werden können. Maschinen des Jahrgangs 1998 inkorporieren einen höheren technischen Standard als die Maschinen des Jahres 1997. Auf wirtschaftspolitischer Ebene hatten die Resultate über den Beitrag des technischen Fortschritts zum gesamtwirtschaftlichen Wachstum eine verstärkte Förderung von Bildungs- und Forschungsinvestitionen zur Folge.

Trotz seiner inneren Konsistenz weist das neoklassische Wachstumsmodell einige Probleme auf, die auch durch die oben angeführten Modifikationen nicht behoben werden konnten. Ein maßgeblicher Mangel ist die Unabhängigkeit der gleichgewichtigen Wachstumsrate von den ökonomischen Entscheidungen der Wirtschaftssubjekte. Zwar bewirkt z.B. die Veränderung des Sparverhaltens und somit, aufgrund der unterstellten Identität von Investieren und Sparen, auch des Investitionsverhaltens eine Abweichung vom gleichgewichtigen Wachstumspfad, die Anpassung des Kapitalkoeffizienten sorgt jedoch dafür, daß eine dauerhafte Erhöhung der Wachstumsrate über das vom Bevölkerungswachstum und von der Rate des exogenen technischen Fortschritts vorgegebene Niveau nicht möglich ist. Verstärkte Kapitalakkumulation hat keinen Einfluß auf den Verlauf des langfristigen Wachstumspfades. Während des Anpassungsprozesses an die veränderte Sparquote sind sehr wohl Abweichungen der tatsächlichen von der gleichgewichtigen Wachstumsrate möglich, d.h. in der Phase des Überganges von einem Gleichgewicht zu einem neuen kann der Wachstumsprozeß durch mehr Investitionen beschleunigt werden. Dieser Aspekt darf für die reale Wirtschaftspolitik nicht vergessen werden. Das Konzept des steady-state ist ein theoretisches Konzept, welches einen Referenzpfad darstellt, der in der Realität wohl in den seltensten Fällen, wenn überhaupt, erreicht werden kann. Für die Diskussion wirtschaftspolitischer Maßnahmen ist zum einen die Eigenschaft des Modells von Interesse, nach Parameteränderungen selbständig wieder zum Gleichgewicht zurückzukehren und zum anderen die Möglichkeit, durch Veränderung des Sparverhaltens während dieser u.U. sehr langwierigen Übergangsphase (vgl. Sato 1963) das Wachstum beeinflussen zu können.

Zusätzlich zu diesem Ergebnis zeigt die Konfrontation der theoretischen Implikationen des neoklassischen Wachstumsmodells mit empirischen Beobachtungen, daß die erwartete internationale Konvergenz des Wohlstandes, d.h. des Pro-Kopf-Einkommens nicht vorlag. Wird von einer internationalen Mobilität des Kapitals und der weltweiten Verfügbarkeit technischer Neuerungen ausgegangen, so hätten kapitalarme Länder Wachstumsraten aufweisen müssen, die über denen von Volkswirtschaften mit einer höheren Kapitalausstattung liegen. Die Profitabilität von Investitionen hätte aufgrund der hohen Grenzerträge des Kapitals in den Entwicklungsländern diejenige in Industrienationen übertreffen müssen, was einen Kapitalfluß in diese Länder und somit gestiegene Investitionen zur Folge gehabt hätte. Die Aussage, daß arme Volkswirtschaften schneller wachsen müssen als reiche, impliziert noch nicht automatisch Konvergenz bei den Pro-Kopf-Einkommen. Nur falls alle Nationen gleiche Parameterwerte aufweisen würden, d.h. identische Präferenzen bzgl. Sparen und Investieren und identische Bevölkerungswachstumsraten hätten, würden sie auch dieselben Gleichgewichtswerte für das Pro-Kopf-Einkommen und den Pro-Kopf-Kapitalstock aufweisen. Entsprechend dessen würden alle Volkswirtschaften zum gleichen Pro-Kopf-Einkommen konvergieren. Die armen Länder würden gegenüber den reichen Ländern aufholen.

Die seit Mitte der achtziger Jahre entstandene Neue Wachstumstheorie wurde mit der Absicht entwickelt, die oben genannten Schwächen der traditionellen Ansätze zu überwinden. Im folgenden werden die unterschiedlichen Zweige der Neuen Wachstumstheorie unter besonderer Berücksichtigung der jeweiligen Vorgehensweise endogenes Wachstum zu erzeugen, anhand einiger Beispiele vorgestellt. Die sich ergebenden wirtschaftspolitischen Schlußfolgerungen werden in einem gesonderten Abschnitt (3.8) diskutiert.

3.2 Die Bedeutung steigender Skalenerträge

Das unbefriedigende Ergebnis des neoklassischen Grundmodells, daß die langfristige Wachstumsrate aller Pro-Kopf-Größen im Falle ohne technischen Fortschritt gleich null sein muß, wird maßgeblich von der Annahme der abnehmenden Grenzerträge des Kapitals, d.h. des akkumulierbaren Produktionsfaktors bestimmt. Die sinkende Profitabilität der Investitionen bei zunehmendem Kapitaleinsatz verringert stetig den Anreiz zur weiteren Akkumulation von Sachkapital. Ein erster Schritt, um diese Schwäche zu überwinden, ist die Aufgabe der Annahme konstanter Skalenerträge der zugrundegelegten Produktionsfunktion. Konstante Skalenerträge bedeuten, daß bei einer Vervielfachung der Inputmengen aller Produktionsfaktoren (z.B. Verdoppelung) sich auch der

Output entsprechend vervielfacht (in unserem Beispiel also auch verdoppelt). Bei steigenden Skalenerträgen würde sich der Output mehr als verdoppeln. Wird diese Annahme fallengelassen, ergeben sich für das neoklassische Gedankengebäude zwei weitreichende Konsequenzen. Zum einen kann bei Vorliegen steigender Skalenerträge mit Hilfe der Grenzproduktivitätsentlohnung die funktionelle Einkommensverteilung nicht mehr konsistent ermittelt werden, zum anderen ist das Modell der vollständigen Konkurrenz nicht mehr haltbar. Es muß deswegen versucht werden, die gewünschten Skaleneffekte mittels eines Faktors zu generieren, der nicht entlohnt wird und von den Unternehmen nicht in ihrer Kostenfunktion beachtet wird. Aus diesem Grunde bedient sich ein Zweig der Neuen Wachstumstheorie der Hilfe von Externalitäten bei Investitionen. Stellvertretend für diese Überlegungen kann die *Pionier*arbeit von Paul Romer aus dem Jahr 1986 genannt werden (vgl. z.B. auch Romer 1991).

Romer unterscheidet in seinem Modell die drei Produktionsfaktoren Arbeit, Sachkapital und Wissen. Jedes Unternehmen produziert ein Konsumgut, wobei es Arbeit, Sachkapital und sein unternehmensspezifisches Know-how einsetzt. Zusätzlich zu diesen Faktoren trägt das gesamtwirtschaftlich verfügbare Wissen zur Herstellung des Konsumgutes bei. Auf Unternehmensebene liegen konstante Skalenerträge vor, gesamtwirtschaftlich jedoch steigende. Sobald ein Unternehmen sein eigenes Wissen durch Forschung und Entwicklung erhöhen kann, vergrößert dies auch den gesamtwirtschaftlich verfügbaren Bestand an Kenntnissen. Andere Unternehmen können nun von diesem neu entstandenen Know-how profitieren, ohne eigene Aufwendungen tätigen zu müssen. Durch diese Konstruktion wird dem Kollektivgutcharakter von Wissen Rechnung getragen. Von der Nutzung einmal gewonnener Kenntnisse können Dritte nicht vollständig ausgeschlossen werden und der Einsatz von Wissen rivalisiert nicht zwangsläufig bei gleichzeitiger Nutzung durch unterschiedliche Anwender. Selbst wenn ein umfassender Patentschutz vorliegt, wird ein Teil des in einem Produkt inkorporierten Wissens für andere Unternehmen sichtbar, sobald das Gut auf den Markt kommt. Die viel zitierte Imitations- und Verbesserungsstrategie der japanischen Unternehmen nach dem Zweiten Weltkrieg ist ein Beispiel für die Relevanz dieser Überlegungen.

Seine theoretischen Wurzeln hat das Modell von Romer im Aufsatz von Kenneth J. Arrow zum Konzept des *Learning by doing* aus dem Jahre 1962. Im Gegensatz zu Romer, der die Entstehung neuen Wissens an einen beabsichtigten Investitionsprozeß bindet, d.h. zusätzliche Kenntnisse entstehen nur durch den Einsatz von Ressourcen, resultiert in den Arrowschen Überlegungen zusätzliches Know-how als kostenloses Kuppelprodukt der Sachkapitalakkumulation. Investitionen haben somit neben den Einkommens- und Kapazitätseffekten auch Produktivitätseffekte zur Folge, da sie einerseits den neuesten technischen Stand beinhalten und andererseits die Basis für Lerneffekte liefern. Diese learning by doing-Effekte fließen wiederum in die nächste Maschinengeneration ein. Arrow unterstellt aufgrund dieser Externalitäten zwar eine Produktionsfunktion mit steigenden Skalenerträgen, aber das Kapital unterliegt weiterhin abnehmenden Grenzerträgen, so daß kein endogenes Wachstum entstehen kann. Um dies zu vermeiden, geht Romer von steigenden Grenzerträgen des Wissens bei der

Produktion des Konsumgutes aus. Die Generierung von Know-how selbst unterliegt aber abnehmenden Grenzerträgen. Wissen ist somit ein Kapitalgut, für dessen Akkumulation immer größere Anstrengungen bzw. steigender Mitteleinsatz notwendig sind, um eine neue Einheit davon zu erzeugen, das aber in seiner Funktion als Input immer produktiver wird. Dies führt im Gegensatz zum Solowschen Grundmodell zur Aufrechterhaltung des Investitionsanreizes.

Die Modellierung des Investitionsprozesses und seiner Konsequenzen hat auch Folgen für die Bedeutung des Staates innerhalb der Volkswirtschaft. Sobald externe Effekte auftreten, die von den jeweiligen Unternehmen nicht in ihrem Kosten-Nutzen-Kalkül berücksichtigt werden, wird das Laisser-faire Ergebnis des Marktes von dem sozial optimalen Resultat, das ein allwissender Planer erzeugen würde, abweichen. Aufgrund der positiven Wirkungen der unternehmensspezifischen Investitionen auf andere Firmen werden die Investoren zu wenig Ressourcen in die Forschungsabteilung bzw. in die Sachkapitalakkumulation fließen lassen. Das gesamtwirtschaftliche Investitionsniveau fällt aufgrund der unvollständigen Information des einzelnen Wirtschaftssubjekts über die Folgen seiner Entscheidung zu gering aus. Vergleichbar mit der Rolle des Staates im Rahmen der Korrektur von Umweltschäden durch eine angepaßte Steuer (negative externe Effekte) kann im Falle von positiven Externalitäten der Wissensgenerierung staatliches Handeln mittels Subventionspolitik sinnvoll sein (vgl. Abschnitt 3.8).

Externalitäten im obengenannten Sinne können nicht nur bei Investitionen, sondern auch durch steigende Arbeitsteilung auftreten. Aufbauend auf dem klassischen Beispiel Adam Smiths zur Stecknadelherstellung modelliert Romer in einem Aufsatz aus dem Jahre 1987 diese Überlegungen. Auch hier ist es möglich, endogenes Wachstum zu erzeugen. In Folge der Diskussion um die Notwendigkeit steigender Skalenerträge für die Erzeugung langfristigen positiven Wachstums entstanden einige Beiträge, welche zeigten, daß es ausreichend ist entweder konstante Grenzerträge des akkumulierbaren Produktionsfaktors anzunehmen (z.B. Rebelo 1991) oder andererseits zwar fallende Grenzproduktivitäten des Kapitals zu erlauben, die jedoch nicht gegen null, sondern gegen einen unteren Grenzwert konvergieren müssen (z.B. Jones/Manuelli 1990). Die unter die erste Kategorie fallenden Modelle werden als *AK-Modelle* bezeichnet, da die einfachste Form einer Produktionsfunktion, welche die geforderten Eigenschaften erfüllt, die Form $Y = AK$ hat, wobei A für einen konstanten, technischen Niveauparameter und K für ein breites Kapitalkonzept steht. Die Differenzierung dieser Produktionsfunktion ergibt ein konstantes Grenzprodukt $(\delta Y/\delta K)=A$. Unter dem Kapitalbegriff können alle Formen von akkumulierbaren Faktoren subsumiert werden, was neben dem Sachkapital auch das Humankapital einschließt. Modelle, welche die Grenzproduktivität des Kapitals nach unten hin begrenzen, können als Kombination der traditionellen, neoklassischen Modelle mit den AK-Modellen verstanden werden, d.h. sie weisen einerseits die Konvergenzeigenschaften des Solowschen Modells auf und ermöglichen andererseits endogenes, gleichgewichtiges Wachstum.

3.3 Die Rolle des Humankapitals

Ein weiterer Zweig der Neuen Wachstumstheorie betont in großem Maße die Relevanz des Humankapitals im wirtschaftlichen Wachstumsprozeß. Ein zentrales und häufig diskutiertes Modell ist das von Lucas (1988), in dem die Größe Humankapital explizit in die gesamtwirtschaftliche Produktionsfunktion Eingang findet. Hierbei ist der Begriff Humankapital sehr weit gefaßt und schließt alle Fähigkeiten des jeweiligen Arbeitnehmers ein. Je größer das Humankapital eines Individuums ist, desto höher ist dessen Produktivität. Lucas unterscheidet bei der Humankapitalakkumulation vergleichbar mit der Investition in Sachkapital zwei Effekte. Zum einen den *internen* Effekt, der dem Individuum direkt zugute kommt, d.h. jede Bildungsanstrengung steigert die individuelle Produktivität und erhöht somit den Beitrag, den der Arbeitnehmer zur Produktion leistet. Zum anderen gibt es einen *externen* Effekt der Aus- und Weiterbildung. Jede persönliche Erhöhung des Humankapitals läßt ceteris paribus auch den durchschnittlichen Bestand an Humankapital wachsen, was ebenfalls positive Effekte auf die Produktion hat. Für die Generierung von endogenem Wachstum spielen die letztgenannten externen Effekte der Humankapitalbildung keine Rolle. Liegen sie vor, ergibt sich im Modell lediglich eine höhere Wachstumsrate des Pro-Kopf-Konsums. Externalitäten der angesprochenen Art sind aber für die wirtschaftspolitische Interpretation des Lucasschen Ansatzes wichtig (vgl. hierzu Abschnitt 3.8).

Ein wichtiges Element im Modell von Lucas ist die Akkumulationsgleichung für das Humankapital, die auf einen Beitrag von Uzawa (1965) zurückgeht. Die Generierung von Humankapital wird durch die Menge an Humankapital bestimmt, die in den Bildungssektor fließen kann, und durch die Zeit, die für Bildung investiert wird. Die Wirtschaftssubjekte stehen vor der Entscheidung, ihre Nichtfreizeit entweder für Produktionszwecke oder für Bildungsanstrengungen einzusetzen, d.h. bei einem begrenzten Zeitbudget bedeutet jede Stunde Bildung eine Stunde Verzicht auf die Produktion von Gütern. Die gleichgewichtige Wachstumsrate wird im Lucasschen Modell maßgeblich von der Effizienz des Bildungssystems und der Bereitschaft der Individuen, auf heutige Produktion - und somit Konsumtion - zugunsten von Bildung zu verzichten, bestimmt. In einer weitergehenden Analyse dieses Modelltyps kommen Barro/Sala-i-Martin (1995) zu dem Ergebnis, daß auch das Verhältnis zwischen Human- und Sachkapital für die Entwicklung der Volkswirtschaft eine Rolle spielt. Tendenziell erhöht eine höhere Relation zugunsten des Humankapitals die steady-state Wachstumsraten des Systems. Zu einem ähnlichen Resultat kommt auch Ziesemer (1987, 1991).

Unter Verwendung eines zweiten Modells versucht Lucas (1988) die Konsequenzen der Humankapitalakkumulation in einem Zwei-Güter-Modell zu analysieren. Neben der beabsichtigten Investition in Aus- und Weiterbildung sieht Lucas im Rückgriff auf die Überlegungen von Arrow (1962) learning by doing als einen wichtigen Faktor bei der Steigerung des Humankapitalbestandes an. Die Kenntnisse und Fähigkeiten eines Wirtschaftssubjekts werden in diesem zweiten Ansatz von der Zeit bestimmt, die für die Produktion eines Gutes eingesetzt wird, d.h. nicht der Verzicht auf Produktion, sondern die Produktionstätigkeit selbst sind der Humankapitalbildung förderlich. Darüber hinaus unterscheiden sich die zwei Sektoren der Volkswirtschaft bei der Rate der learning by doing-Effekte. Das Humankapital kann somit als sektorspezifisch angesehen werden. Mit Hilfe dieser Annahmen lassen sich die Effekte auf die sektorale Struktur und auf die Spezialisierung einzelner Volkswirtschaften untersuchen. Wie die Produktionsstruktur eines Landes aussieht, hängt vom Grad der Substituierbarkeit der Güter ab. Sind die Güter gute Substitute, bestimmen die anfänglichen Bedingungen das spätere Gleichgewicht. Man wird sich auf das Gut spezialisieren, bei dem man schon hohe Humankapitalbestände erreicht hat. Es wird immer vorteilhafter sein, sich auf dieses Produkt zu konzentrieren. Betrachtet man offene Volkswirtschaften, so bestimmt bei Freihandel wiederum die anfängliche Ausstattung mit Humankapital die internationale Arbeitsteilung. Das Land, welches Vorteile bei dem Gut mit hohen learning by doing-Effekten aufweist, wird sich auf dessen Produktion konzentrieren. Im Falle guter Substituierbarkeit der Güter wird dieses Land aufgrund der höheren Produktivitätseffekte seines Gutes auch die höheren Wachstumsraten erzielen. Es besteht durchaus die Möglichkeit, daß sich eine geschlossene Volkswirtschaft auf Gut 1 spezialisiert, während es sich bei Freihandel auf Gut 2 festgelegt hätte, da bei Autarkie das interne Verhältnis der Lerneffekte und im zweiten Falle das Verhältnis im Vergleich zu anderen Ländern relevant ist. Unter Umständen kann also eine Importsubstitutions- oder Exportförderungspolitik sinnvoll sein, um zu einem späteren Zeitpunkt im internationalen Vergleich komparative Vorteile zu erreichen. In einer Weiterentwicklung dieses Modells versucht Lucas (1993) unter Einbeziehung von Ergebnissen von Young (1991) und Stokey (1988, 1991a, 1991b) den Entwicklungen in Südostasien gerecht zu werden. Insbesondere die Notwendigkeit, ständig neue Produkte zu produzieren, um die Realisierung von Lerneffekten zu erhalten, wird dabei betont. Die Fähigkeit zum strukturellen Wandel wird zur entscheidenden Determinante für das Wachstum einer Volkswirtschaft. Dies sei z.B. Südkorea besonders gut gelungen.

Ein weiteres Beispiel für die Wirkung der Humankapitalakkumulation ist das Modell von Becker/Murphy/Tamura aus dem Jahre 1990. Die Autoren gehen von der Annahme aus, daß im Gegensatz zum Realkapital die Ertragsraten des Humankapitals mit zunehmendem Bestand steigen. Komplexe Sachverhalte können erst analysiert werden, wenn die entsprechenden Grundlagen verstanden worden sind (z.B. Mathematik, Physik). Für die weitere Entwicklung des individuellen Humankapitals ist ein schon hoher Kenntnisstand wichtig. Darüber hinaus macht die Humankapitalbildung auch den Einsatz schon qualifizierter Inputfaktoren wie z.B. Lehrer, Dozenten etc. notwendig. Die hohe Produktivität der eingesetzten Arbeitskräfte in diesem Bereich sorgt für steigende Erträge der Investition in Humankapital. Diese Annahme hat Konsequenzen für die Entwicklungsmöglichkeiten einer Volkswirtschaft. Je höher der Bestand an Humankapital ist, desto größer wird der Anreiz in dieses zu investieren, d.h. desto höher wird die Wachstumsrate ausfallen. Nehmen nun wie angenommen die Erträge der Humankapitalbildung mit steigender Investition zu, so wird sich das Wachstum beschleunigen. Des weiteren können mit diesen Überlegungen die

Konsequenzen einer Zerstörung des Humankapitals erklärt werden. Geht z.B. durch einen Krieg mit hohen Verlusten an Menschenleben auch deren Humankapital verloren, kann es möglich sein, daß die Rentabilität der Humankapitalakkumulation hinter die der Sachkapitalbildung zurückfällt. Die betroffene Volkswirtschaft wird zunehmend in physisches Kapital investieren und somit die positiven Effekte des Humankapitals nicht nützen können. Becker/Murphy/Tamura diskutieren ausführlicher die Beziehung zwischen der Bevölkerungsentwicklung und der Humankapitalakkumulation. Sinkt die Rendite von Bildungsanstrengungen unter die zu erwartenden Erträge der Kindererziehung, dann wird das Bevölkerungswachstum auf Kosten der Investition in Humankapital steigen. Diese Überlegungen können auch auf die Folgen der zunehmenden Dequalifizierung der Arbeitskräfte bzw. auf die Versäumnisse in der Förderung des Bildungswesens angewandt werden. Gelingt es einem Land nicht, das Know-how seiner Arbeitskräfte aufrechtzuerhalten bzw. weiterzuentwickeln, ist es denkbar, daß diese Volkswirtschaft in einen nach unten gerichteten Kreislauf der Dequalifizierung rutscht. In Verbindung mit den Diskussionen über die Studien von Porter und Reich (vgl. Abschnitt 2.8) würde dies den Verlust der internationalen Wettbewerbsfähigkeit bedeuten, da die Voraussetzungen für die Entwicklung und Adaption neuer Technologien zu gering ausgeprägt sind (vgl. z.B. auch Azariadis 1996). Anzumerken ist auch, daß nicht nur die absolute Höhe des Humankapitals eine Rolle für endogenes Wachstum spielt, sondern daß auch dessen Struktur zu beachten ist. Die Verteilung des Humankapitals innerhalb des Arbeitskräftepotentials beeinflußt zum einen das Wachstumspotential einer Volkswirtschaft und zum anderen die Einkommensverteilung. Eine absolute Gleichverteilung des Humankapitals muß dabei nicht zwingend wachstumsfördernd sein. Vielmehr kann ein gewisses Maß an Polarisation zu höheren Wachstumsraten führen (vgl. z.B. Galeo/Tsiddon 1997 oder Muro 1996).

Die Modelle der Neuen Wachstumstheorie, die sich intensiver mit der Relevanz des Humankapitals beschäftigen, haben unterschiedliche Ansatzpunkte für die Integration dieser Kapitalart aufgezeigt. An dieser Stelle sollen einige Punkte aufgrund ihrer Bedeutung für wirtschaftspolitische Maßnahmen noch einmal kurz festgehalten werden. Humankapital kann auf verschiedenen Wegen entstehen. Zentral sind die Investitionen in Aus-, Fort- und Weiterbildung und die learning by doing-Effekte, die bei wiederholter Ausübung von Tätigkeiten möglich sind. Darüber hinaus hat sich gezeigt, daß vergleichbar mit den Investitionen in Sachkapital die Bildung von Humankapital Externalitäten erzeugt, die für Wachstumsprozesse förderlich sind und einen staatlichen Eingriff befürworten können. Ergänzt werden diese Ergebnisse durch die Hinweise auf die Bedeutung der anfänglichen Ausstattung einer Ökonomie mit Humankapital in Menge und Struktur. Die oben geschilderten Ansätze machen deutlich, daß die Auseinandersetzung mit dem Produktionsfaktor Humankapital auf theoretischer Ebene und in der wirtschaftspolitischen Debatte interessante Resultate liefert.

Problematisch ist jedoch die empirische Überprüfung der Implikationen solcher Modelle. Die Operationalisierung des Begriffs Humankapital ist nicht ohne weiteres möglich. Die Suche nach der richtigen Meßziffer ist noch nicht zufriedenstellend abgeschlossen. Der Humankapitalstock bzw. die Investition in Humankapital einer Volkswirtschaft hängt zum einen von der Zahl der produktiv tätigen bzw. lernenden Wirtschaftssubjekte und zum anderen von den Kosten ab, die sie für die Erhaltung bzw. Aufrechterhaltung ihres Humankapitals aufzuwenden haben. Viele Studien bedienen sich der Einschreibungsraten in den Schulen oder der durchschnittlich geleisteten Schuljahre pro Schüler. Des weiteren werden Alphabetisierungsraten, die Zahl der Hochschulabschlüsse etc. als Maßstab genommen. Um die Ertragsrate von Bildungsanstrengungen ermitteln zu können, wird vielfach auf Lohndifferentiale, die sich aus unterschiedlichen Bildungsniveaus ergeben, zurückgegriffen. Die Schätzungen des Humankapitals unterliegen somit einer großen Zahl von Fehlerquellen, was die Aussagen empirischer Studien relativiert. Auch bleibt festzuhalten, daß neben dem Ausbildungsstand der Wirtschaftssubjekte Faktoren wie Gesundheit, Ernährung sowie Traditionen und Religion das Humanvermögen eines Landes determinieren. Aufgrund der Komplementarität zwischen den Produktionsfaktoren Humankapital, Arbeit und Sachkapital ist es auch notwendig die Struktur dieser Größen zu beachten. Nicht jedes Bildungsniveau harmoniert mit jedem Sachkapital. Eine große Zahl von Universitätsabschlüssen z.B. garantiert nicht automatisch Wachstum.

3.4 Forschung und Entwicklung

Technischer Wandel kann in Form von Produkt- oder Prozeßinnovationen auftreten. Im neoklassischen Grundmodell war der exogene technische Fortschritt von der zweiten Art, d.h. die Effizienz der Produktionsverfahren wurde erhöht. Produktinnovationen wurden nicht eingeführt. In der Realität vollzieht sich technischer Wandel nicht nur durch eine Verbesserung der Arbeitsorganisation bzw. durch den Abbau von Friktionen. Neue Herstellungsverfahren machen den Einsatz neuer Maschinen und Anlagen notwendig bzw. die Entwicklung neuer Endprodukte (z.B. neuartiger Konsumgüter) verlangt moderne Produktionsverfahren. Ein wichtiger Aspekt der Analyse des technischen Wandels ist die Beantwortung der Frage, welche Konsequenzen die Entwicklung neuer Produkte auf die Volkswirtschaft hat.

Die Behandlung dieses Themenkomplexes ist eng mit den Werken von Joseph A. Schumpeter verknüpft, der die Rolle des innovativen Unternehmers und dessen Einfluß auf die wirtschaftliche Entwicklung ausführlich diskutiert hat. Innerhalb der Neuen Wachstumstheorie hat sich ein Zweig herausgebildet, dessen Vertreter versuchen den Prozeß der schöpferischen Zerstörung mit Hilfe eines formalen Modells zu erfassen. Hierbei sind insbesondere die Arbeiten von Grossman/Helpman (1991, 1994) und von Aghion/Howitt (1992a, 1992b, 1996) zu nennen. Die Autoren modellieren die Implikationen der Produktinnovation auf zwei verschiedene Arten, zum einen als Verbesserung der Produktqualität, zum anderen als Erhöhung der Produktvielfalt. In beiden Ansätzen entstehen für die innovativen Unternehmer Extraprofite durch ein - zumindest temporäres - Monopol für die jeweilige Innovation. Die Ergebnisse zeigen, daß unvollkommene Märkte bei einer dynamischen Betrachtung durchaus positive Effekte auf das Wachstum und die Wohlfahrt innerhalb einer Volkswirtschaft haben können.

Im Rahmen des Modells zur Erhöhung der Produktvielfalt gehen Grossman/Helpman von Unternehmen aus, die bestrebt sind ständig neue Produkte zu entwerfen. Sobald ein Unternehmen ein neues Gut entwickelt hat, erhält es darauf ein dauerhaftes Monopol. Es kann somit im Vergleich zu einer Wettbewerbssituation Extraprofite erzielen. Ein Unternehmen vergleicht die entstehenden Kosten der Investition mit den potentiellen Gewinnen aus dem Monopol, bevor es sich für Forschungs- und Entwicklungsinvestitionen entscheidet. Liegen die Profite über den Forschungsinvestitionen wird das Unternehmen versuchen, eine Produktinnovation zu realisieren. Die Produktionstechnik für bereits entwickelte Produkte unterliegt konstanten Skalenerträgen bei ausschließlichem Einsatz von Arbeit. Das gleiche gilt für den Forschungssektor, dessen Output aus Know-how über neue Produkte besteht. Die Summe der Arbeitsmengen in beiden Sektoren soll genau der konstanten, angebotenen Gesamtmenge an Arbeit entsprechen. Die Haushalte weisen eine Nutzenfunktion auf, die positiv von der Produktvielfalt innerhalb der Volkswirtschaft abhängt, d.h. je mehr verschiedene Produkte hergestellt werden, um so höher ist der Nutzen für die Haushalte.

Grossman/Helpman zeigen die Bedeutung der Entwicklung des Wissensbestandes für die Wachstumschancen einer Volkswirtschaft. Steht das neu gewonnene Know-how, das in den neuen Produkten steckt, nur den innovierenden Unternehmen zur Verfügung, d.h. kann es vollkommen privatisiert werden, wird langfristig das Wachstum gegen null gehen. Der Grund liegt in der gestiegenen Zahl der Produkte, die auf eine begrenzte Anzahl von Käufern trifft. Die Profitrate für den Verkauf zusätzlicher Güter nimmt mit steigender Produktzahl ab und nähert sich an die Diskontrate an, welche die Bereitschaft zum Sparen der Wirtschaftssubjekte widerspiegelt. Es ergibt sich ein analoges Ergebnis zum neoklassischen Grundmodell, da der Anreiz zur Investition ständig abnimmt und die Unternehmen nicht mehr entsprechende Mittel für die Entwicklung neuer Produkte aufbringen wollen bzw. können.

Führt man aber Spillover-Effekte des neuen Wissens ein, kann endogenes Wachstum erreicht werden. Grossman/Helpman nehmen an, daß jedes erfolgreiche Forschungsprojekt das gesamtwirtschaftliche Know-how erhöht. Normalerweise vergrößern sich sowohl das produktunabhängige als auch das produktspezifische Wissen bei der Entwicklung von Produktneuerungen. Ein höherer Wissensstand senkt aber den Ressourcenbedarf bei der Entwicklung weiterer Güter. Heutige Forschergenerationen profitieren von den Forschungsanstrengungen ihrer Vorgänger. (Diese Annahme hat eine gewisse Berechtigung, wenn auch der Blick auf die Entwicklung einzelner Wissenschaften z.B. der Wirtschaftswissenschaften zeigt, daß das Rad nicht nur einmal erfunden wurde.) Die Zahl der bisher entwickelten Produkte stellt für Grossman/Helpman in Anlehnung an die Überlegungen Arrows einen Indikator für den gesamtwirtschaftlichen Wissensstand dar. Es liegt ein gewisses learning by doing der Forschung vor. Bei Vorliegen solcher Spillover-Effekte wird die steady-state Innovationsrate und damit die Wachstumsrate der unterstellten Modellökonomie positiv von der vorhandenen Arbeitsmenge, der Effizienz der Forschung und dem Monopolgrad, der für die Anbieter neuer Güter entsteht, beeinflußt. Die Zeitpräferenzrate als Maß für die Bereitschaft auf heutigen Konsum zu verzichten ist negativ mit der Innovationsrate verbunden. Insbesondere der Einfluß der Forschungsproduktivität und des Monopolgrades ist interessant, da beide Bestimmungsgrößen des unternehmerischen Profits sind. Je effizienter die Forschung ist, desto geringere Kosten wirft die Entwicklung eines neuen Produktes auf. Der Monopolgrad ergibt sich indirekt aus der Nutzenfunktion der Haushalte. Sind die neu entworfenen Güter schlechte Substitute für andere Güter, hat das innovierende Unternehmen mehr Monopolmacht, da die Haushalte nur ungern das bekannte Gut durch neue ersetzen werden. Hieraus leitet sich aber ein größerer Preissetzungsspielraum und folglich ein höherer Extraprofit für das Unternehmen ab. Beide Faktoren sind folglich positiv mit der Höhe der realisierbaren Monopolprofite verknüpft.

Die Berücksichtigung externer Effekte der Forschung und Entwicklung haben eine weitere Konsequenz für den Wachstumsprozeß. Das Laisser-faire Ergebnis für die Innovationsrate wird sich von derjenigen, die ein allwissender Planer erreichen wird, unterscheiden. Neben der Beeinflussung zukünftiger Forschungsanstrengungen durch heutige Entwicklungserfolge kommt es bei der Einführung neuer Produkte zu zwei weiteren Effekten. Einerseits führt eine gestiegene Produktvielfalt zu einem höheren Nutzen der Haushalte, andererseits verringert jedes neue Produkt die Nachfrage nach den schon vorhandenen Produkten und zerstört somit Teile des damit erzielten Profits. Genau hier spiegelt sich der Prozeß der schöpferischen Zerstörung wider: Innovationen schaffen neue (Konsum)Möglichkeiten, zerstören aber die Profite vorhandener Unternehmen. Die Vernachlässigung des positiven Effekts für die Konsumenten sorgt für eine tendenziell zu geringe, die des negativen Effekts für die Unternehmen für eine tendenziell zu hohe Innovationsrate im Laisser-faire Gleichgewicht. Durch die entsprechende Wahl der Nutzenfunktion der Haushalte egalisieren sich beide. Die externen Effekte der FuE-Tätigkeit sind positiver Natur und lassen deshalb die Wettbewerbsrate der Innovationen geringer ausfallen als die sozial optimale. Auf alle Fälle können die Externalitäten die Grundlage für wirtschaftspolitisches Handeln des Staates bilden (vgl. Abschnitt 3.8).

Die zweite Möglichkeit, die Wirkungen von Produktinnovationen zu modellieren, ist die der Qualitätsverbesserungen, d.h. es gibt ein Spektrum von Gütern, das durch Innovationen nicht erweitert, sondern qualitativ verbessert wird. Vor allem Grossman/Helpman und Aghion/Howitt haben diesen Aspekt in ihren Modellen zu berücksichtigen versucht. Hierbei können zwei Fälle unterschieden werden. Die qualitative Verbesserung von Produkten kann entweder bei Kapitalgütern (also Inputs) oder bei Konsumgütern erfolgen, d.h., daß sich einerseits die Produktionsbedingungen für die Unternehmen verändern, die neu entwickelte Maschinen einsetzen, oder daß andererseits die Konsummöglichkeiten der Haushalte verändert werden. Allgemein kann man sich die Einführung neuer Qualitätsstufen wie das Hinaufklettern an einer Leiter vorstellen. Für jedes produzierte Gut sei eine (Qualitäts)Leiter vorhanden, auf der, sobald die Qualität des Gutes verbessert wird, eine weitere Sprosse erklommen wird. Im einfachen Grundmodell gehen sowohl Grossman/Helpman als auch Aghion/Howitt von konstanten Abständen zwischen den Sprossen aus. Jede erfolgreiche FuE-Tätigkeit erhöht die Qualität um das gleiche Maß.

Die Überlegungen innerhalb dieser zweiten Modellkategorie unterscheiden sich in einem Punkt wesentlich vom Modell zur Erhöhung der Produktvielfalt. Im Gegensatz zum vorigen Ansatz besteht im Fall der Verbesserung der Produktqualität für die Unternehmen jederzeit die Gefahr ihre Monopolstellung zu verlieren. Gelingt es einem Unternehmen, den State-of-the-art bei einer Güterart zu erhöhen, kann es die komplette Nachfrage auf diesem Teilmarkt auf sich ziehen. Die vorigen Monopolisten verlieren unmittelbar ihre Profitmöglichkeiten. Diese Annahme hat aber Rückwirkungen auf die Forschungsinvestitionen der Unternehmen, da sie Erwartungen über die Forschungsaktivitäten der Mitkonkurrenten bilden müssen. Will eine Firma einen neuen Qualitätsstandard erreichen, muß sie entsprechend Mittel aufwenden. Dabei gilt, daß die Wahrscheinlichkeit, bei der Forschung erfolgreich zu sein, mit den eingesetzten Mitteln wächst. Diesen Kosten stehen die Extraprofite aus dem temporären Monopol gegenüber. Diese werden jedoch maßgeblich durch die potentielle Dauer des Monopols bestimmt. Erwartet nun ein Unternehmen, daß es Konkurrenten sehr schnell gelingen wird, den Qualitätsstandard weiter zu erhöhen, dann erwartet es auch einen geringeren Monopolgewinn. M.a.W. geht ein Unternehmen davon aus, daß ein anderes Unternehmen in der Folgeperiode umfangreiche Mittel für Forschungszwecke investieren wird, wird es seine eigenen FuE-Investitionen reduzieren. Die Erwartung sehr hoher Forschungsausgaben in der Zukunft kann also u.U. die Forschungsanstrengungen in der Gegenwart drastisch verringern. Ausgehend von dieser Überlegung modellieren Aghion/Howitt den Extremfall einer *Nullwachstumsfalle*. Die heutige Forschergeneration würde so geringe Monopolgewinne erwarten, daß sie Investitionen in die FuE-Tätigkeiten unterläßt. Dies hätte aber die Stagnation des Systems zur Folge. Wachstum bedarf der richtigen Mischung aus heutiger und morgiger Forschung. Die gegenwärtigen Forschungsbemühungen werden auch von den Konsequenzen, die hohe zukünftige FuE-Ausgaben auf den Arbeitsmarkt haben werden, beeinflußt. Die Erwartung hoher Forschungsinvestitionen in der Zukunft impliziert eine tendenziell hohe Nachfrage nach qualifizierten Arbeitskräften, die in der Lage sind in diesem Sektor zu arbeiten. Ein Unternehmen, das ein Monopol anstrebt, sieht dann die Höhe seiner Monopolgewinne eingeschränkt, wenn es qualifizierte Arbeit, z.B. in der Produktion, einsetzen muß. Werden steigende FuE-Investitionen für die Zukunft erwartet, werden auch steigende Reallöhne und Gewinnminderungen antizipiert. Der Anreiz heute zu forschen wird gesenkt. Eine analoge Wirkung hat die Erwartung, daß in Zukunft die Effizienz der Forschungsbemühungen zunehmen wird.

Um diese Zusammenhänge darzustellen, entwerfen Aghion/Howitt ein Modell, das durch drei Sektoren (Konsumgut, Zwischenprodukt, Forschung) und drei Arten von Arbeit (unqualifizierte, qualifizierte und spezialisierte) gekennzeichnet ist. Im Konsumgütersektor wird unter Verwendung von unqualifizierter Arbeit und Zwischengütern produziert, die Herstellung des Zwischenprodukts macht den Einsatz der Facharbeiter notwendig, und im Forschungsbereich schließlich werden Facharbeiter und spezialisierte Arbeit eingesetzt, um neue Zwischenprodukte zu entwickeln. Entsprechend der Realität unterliegt das Ergebnis der Forschung einem Zufallsprozeß. Dabei steigt die Wahrscheinlichkeit ein neues Produkt zu entwerfen mit der Menge an eingesetzter Arbeit beider Kategorien. Das erfolgreiche Unternehmen erhält dann das Monopol auf das neu entworfene Zwischenprodukt.

Wie im Modell zur Steigerung der Produktvielfalt werden auch hier Externalitäten eingeführt. Im Ansatz von Aghion/Howitt erhöht jede Innovation die Produktivität des Zwischenproduktsektors und damit die Profitabilität jeder weiteren Neuerung. Grossman/Helpman, welche die Konsequenzen von Qualitätsverbesserungen anhand von Konsumgütern und der Nutzenfunktion der Haushalte diskutieren, führen wie in ihrem ersten Modell einen Spillover-Effekt der Forschung ein. Die Entwicklung einer neuen Qualitätsstufe erhöht das Wissen über diese Produktkategorie, wovon die nächste Forschergeneration in diesem Bereich profitieren kann.

Der Wachstumsprozeß bzw. die gleichgewichtige Wachstumsrate wird bei Aghion/Howitt von dem Ausmaß der Innovation, der Menge der Facharbeiter und einem Parameter der unterstellten Wahrscheinlichkeitsverteilung (indirektes Maß für Effizienz der Forschung) positiv beeinflußt, vom vorliegenden Zinsniveau dagegen negativ. Im Modell von Grossman/Helpman sind die Menge der vorhandenen Arbeitskräfte, die Produktivität der Forschung und die Größe der Schritte auf der Qualitätsleiter positiv, die Zeitpräferenzrate dagegen negativ mit der Wachstumsrate verbunden. Für die Dynamik des Wachstumsprozesses sind also wie im Modell der Produktvielfalt Größen zuträglich, die entweder den Monopolgewinn erhöhen oder die Kosten der Investition senken. Monopolistische Strukturen können auch in diesem Ansatz positive Wachstumseffekte zeigen.

Wie in allen Wachstumsmodellen mit Externalitäten ist auch im vorliegenden Fall ein Unterschied zwischen dem Laisser-faire und dem sozial optimalen Ergebnis für die Wachstumsrate festzustellen. Waren die Konsequenzen der externen Effekte bisher immer eindeutig, so zeigen die besprochenen Ansätze auf, daß dem nicht immer so sein muß. Aufgrund der Beziehungen zwischen den einzelnen Modellvariablen kann es auch zu zuviel Innovation kommen, wenn auf das freie Spiel der Kräfte gesetzt wird. Im Modell von Aghion/Howitt führen z.B. die Nichtbeachtung der positiven Effekte eines verbesserten Zwischenprodukts für zukünftige Neuerungen und die ausschließliche Orientierung der Unternehmen am privatwirtschaftlichen Profit und nicht an der gesamtwirtschaftlichen Rendite zu einer zu niedrigen, die Nichtbeachtung der zerstörerischen Effekte auf bisherige Unternehmensgewinne und die im unternehmerischen Kalkül zu niedrig angesetzten Arbeitskosten zu einer zu hohen Wachstumsrate. Bei Grossman/Helpman sind wieder die gleichen Effekte wie in ihrem ersten Modell vorhanden. Die Vernachlässigung des Effekts auf die Konsumentenrente und der Spillover-Effekte des Wissens drückt die Laisser-faire Wachstumsrate unter, der von den innovativen Unternehmen übersehene Profitzerstörungseffekt hebt sie über die sozial optimale Wachstumsrate an. Welche Wirkung überwiegt, hängt von der Größe der Qualitätssprünge ab. Sehr hohe und sehr niedrige Sprossenabstände auf der Qualitätsleiter führen zu einem zu großen Anreiz für Forschung und Entwicklung.

Ein ähnliches Modell wie die zuvor besprochenen wurde von Romer (1990) vorgestellt. Eine wichtige Modifikation ist die Einführung des Humankapitals als Produktionsfaktor im Forschungsbereich. In diesem Sektor werden neue Blue-Prints für Kapitalgüter entworfen, auf die die innovativen Unternehmen ein Monopol erhalten. Auch Romer nimmt einen intertemporalen Spillover-Effekt der Wissensgenerierung an, der zur Divergenz zwischen der marktlichen und der sozial optimalen Wachstumsrate führt. Anstelle des Arbeitseinsatzes bei Aghion/Howitt bzw. Grossman/Helpman tritt bei Romer die Menge des verfügbaren Humankapitals in den Kreis der Determinanten der Wachstumsrate. Mehr Humankapital führt zu mehr Forschung und somit zu mehr Innovationen mit entsprechenden Externalitäten. Insbesondere die Menge des in der Forschung eingesetzten Humankapitals sowie die Effizienz der Forschung bestimmen die Wachstumsrate des Systems. Dieses Ergebnis ist vergleichbar mit den Aussagen aus dem ersten Modell von Lucas.

Die Modelle zur schöpferischen Zerstörung zeigen mehrere Faktoren auf, die für langfristige Wachstumsprozesse von Bedeutung sind. Hervorzuheben sind vor allem die Chancen durch eine erfolgreiche Innovation Monopolprofite zu realisieren, die potentiellen Effekte von bestimmten Erwartungsstrukturen auf die Bereitschaft zur Forschung und Entwicklung, die positiven externen Effekte der Wissensbildung sowie die Effizienz des Forschungssektors einer Volkswirtschaft. Festzuhalten bleibt auch das Ergebnis zu hoher Innovationsanreize, die wohlfahrtssenkend wirken können.

3.5 Wachstum und Außenwirtschaft

Eine Vielzahl der Modelle der Neuen Wachstumstheorie wurden für geschlossene Volkswirtschaften konzipiert. Die Analyse des Wachstumsprozesses gestaltet sich häufig schon ohne die Integration außenwirtschaftlicher Verflechtungen äußerst kompliziert. Einige der aktuell in der Wachstumstheorie diskutierten Themen finden sich in den theoretischen Grundlagen der strategischen Handelspolitik wieder. Insbesondere die Diskussion steigender Skalenerträge wurde von Vertretern der neuen Außenhandelstheorie analysiert. Die Modelle ergaben, daß staatliche Maßnahmen zur Förderung heimischer Industrien je nach den vorliegenden Rahmenbedingungen sinnvoll sein können. (Einen Einblick geben z.B. die Beiträge in Helpman/Krugman 1989).

Eine umfassende Analyse der Konsequenzen, die sich aus der Berücksichtigung von Handelsbeziehungen für die Wachstumsmöglichkeiten einer Volkswirtschaft bzw. der Welt insgesamt ergeben, haben z.B. Grossman/Helpman (1991) geleistet. Die Autoren erweitern ihre Modelle für die Ausdehnung der Produktvielfalt und die Qualitätsverbesserungen, um unterschiedliche Aspekte des Innovationsprozesses vor einem internationalen Hintergrund zu beleuchten. Aufgrund des Umfangs der Modellmodifikationen, die durchgeführt wurden, werden an dieser Stelle die behandelten Fragestellungen sowie die wichtigsten Folgen für den Innovationsprozeß skizziert. Die Vielfältigkeit der Ergebnisse macht deutlich, daß es ein allgemeingültiges wirtschaftspolitisches Erfolgsrezept weder für die Durchführung eines Aufholprozesses noch für ein führendes Land geben kann. Die jeweiligen Parameter beeinflussen maßgeblich die in der Realität eintretenden Wachstumschancen bzw. die Effizienz staatlicher Interventionen. Grossman/Helpman zeigen auch, daß es einen Widerspruch zwischen wachstumsfördernden Maßnahmen und der Maximierung der Wohlfahrt eines Landes geben kann. Nicht immer heißt mehr Wachstum und Innovation auch mehr Wohlfahrt für die Wirtschaftssubjekte.

Prinzipiell ergeben sich für eine Volkswirtschaft mehrere Einflüsse auf den Innovationsprozeß. Der internationale Wettbewerb verlangt von den heimischen Unternehmen die ständige Verbesserung bzw. die Neuentwicklung von Produkten. Die jeweilige Monopolposition eines Unternehmens wird nicht mehr nur durch die inländischen Konkurrenten, sondern auch von ausländischen Firmen bedroht. Hieraus können mehr Innovationen resultieren. Zusätzlich besteht für ein Land die Möglichkeit, von den Forschungsergebnissen anderer Volkswirtschaften zu profitieren, was die heimischen Kosten für Forschungsanstrengungen reduziert. Durch die Aufnahme des Außenhandels vergrößert sich auch der Absatzmarkt für die produzierten Güter. Auch hiervon können Anreize auf den Innovationsprozeß ausgehen. Letztendlich kann die außenwirtschaftliche Öffnung auch zur Reallokation von Ressourcen führen.

Grossman/Helpman beginnen ihre Ausführungen mit dem Fall einer kleinen Volkswirtschaft, welche zwei Endprodukte herstellt und auf dem Weltmarkt zu gegebenen Preisen verkauft (Kap. 6). Darüber hinaus erfindet sie selbst neue Zwischenprodukte, die nicht gehandelt werden. Durch die Bereitschaft zum Außenhandel ergeben sich über mögliche Wissensexternalitäten Kostensenkungen in der Forschung und Entwicklung mit entsprechenden Folgen für den Wachstumsprozeß. Jedoch sind auch Konsequenzen für die Faktormärkte möglich. Durch den Import von Gütern, für deren Produktion intensiv Produktionsfaktoren verwendet werden, die auch im Forschungssektor notwendig sind, kann der Umfang der eigenen Herstellung gesenkt werden. Dies führt zu Freisetzungen der jeweiligen Produktionsfaktoren und macht sie billiger für den Forschungsbereich. Die Innovationsrate des Landes kann steigen. Für eine Volkswirtschaft, die solche Güter exportiert, kann das Gegenteil folgen. Grossman/Helpman zeigen, daß eine staatliche Förderung der FuE-Tätigkeiten in Verbindung mit der Subvention für Endprodukte die Wohlfahrt steigern kann. Eine Handelspolitik kann aber das Wachstum fördern und gleichzeitig die Wohlfahrt reduzieren. Die Förderung der handelbaren Endprodukte erhöht deren Produktion und verstärkt hierdurch die negativen Effekte der monopolistischen Struktur auf den Märkten für Zwischengüter.

Die explizite Berücksichtigung von internationalen Kapitalströmen in diesem Zusammenhang zeigt, daß sowohl positive als auch negative Effekte auf die Innovationsbereitschaft eines Landes ausgehen können. Je nachdem, ob Kapital ab- oder zufließt, werden die Kosten der Forschung steigen oder abnehmen und somit die Innovationsrate ab- oder zunehmen. Inwieweit internationale Know-how-Ströme für das Wachstum eines Landes förderlich sind, wird von der Größe des Anteils der ausländischen Wissenszuwächse am eigenen Wissensstock abhängen. Lernt die heimische Industrie nur wenig Neues, werden sich keine nennenswerten Einflüsse auf die heimische Wachstumsrate ergeben.

In einem anderen Fall untersuchen Grossman/Helpman die Konsequenzen komparativer Vorteile auf die Produktionsstruktur und die Wachstumsrate eines Landes. Mit Hilfe eines Zwei-Länder-Zwei-Güter-Modells (Kap. 7), in dem Wissen als ein international öffentliches Gut angenommen wird, zeigen sie die Abhängigkeit der langfristigen Wachstumsrate von der Ressourcenausstattung eines Landes, d.h. nicht nur die Spezialisierung auf bestimmte Produkte wird von den jeweiligen Startbedingungen bestimmt. Die historische Produktionsstruktur und die absolute Landesgröße sind nicht entscheidend. Die Volkswirtschaft, die mit dem für Forschung und Entwicklung essentiellen Produktionsfaktor reichlich ausgestattet ist, wird aufgrund ihrer Kostenvorteile mehr Forschung betreiben und sich auf das technologieintensivere Produkt spezialisieren. Diese Spezialisierung sichert gleichzeitig höhere Wachstumsraten. Das mehr mit einfacher Arbeit versehene Land wird die traditionellen Güter produzieren und somit weniger Innovationen und Wachstum aufweisen.

Welche Möglichkeiten bestehen nun für ein Land aus dieser Situation herauszukommen? Einen entscheidenden Einfluß hat die internationale Verfügbarkeit des Wissens. Für den Fall rein nationaler Wissensexternalitäten, d.h. Forschungsergebnisse weisen nur im Inland externe Effekte auf, zeigt sich, daß für zwei Länder, die sich in Größe und bisherigen Forschungserfolgen unterscheiden, das Land mit dem höheren anfänglichen Wissensstock ständig seinen Produktivitätsvorsprung ausbauen kann und schließlich die Forschung nur noch in diesem Land stattfindet. Die andere Volkswirtschaft wird dagegen ohne staatlichen Eingriff keine Chance haben aufzuholen. Es liegt ein typisches Hysterese-Phänomen vor. Gelingt es aber durch eine Forschungspolitik, den anfänglichen Wissensrückstand auszugleichen, dann kann dieses Land u.U. sogar die Führungsposition übernehmen. Grossman/Helpman machen deutlich, daß eine einmalige Förderungsmaßnahme hierfür ausreichen kann. M.a.W. historische Ereignisse bestimmen die langfristige wirtschaftliche Entwicklung. (vgl. hierzu auch Krugman 1991, Arthur 1994).

Aufgrund der Relevanz der Wissensakkumulation und ihrer externen Effekte konzentrieren sich die Autoren auf zwei weitere Aspekte des internationalen Transfers von Forschungsergebnissen. Einerseits besteht für Länder, die nicht auf dem höchsten technischen Niveau stehen, die Möglichkeit, von der führenden Volkswirtschaft entwickelte Güter zu imitieren und somit die Nachfrage auf sich zu ziehen. Andererseits läßt sich international das Phänomen des Produktlebenszyklus feststellen. Fortgeschrittene Industrienationen entwickeln neue Güter, die sie bis zur Standardisierung ihrer Produktion selbst herstellen. In einem nächsten Schritt wird die Produktion in ein Land mit geringeren Produktionskosten verlegt. Kommen neue, bessere Güter auf den Markt, geht auch in diesen Ländern die Produktion zu Ende (vgl. auch Vernon 1966)

Unter Verwendung ihres Modells der Erweiterung der Produktvielfalt bilden Grossman/Helpman (Kap. 11) die Wirkungen der Imitation ab. Sie treffen die Annahme, daß innerhalb einer industrialisierten Region (Norden) neue Güter entwickelt werden. Die unterentwickelte Region (Süden) wendet Mittel auf, um vom Norden zu lernen und deren Technologien zu übernehmen. Das Ergebnis des Modells zeigt, daß die Imitation positive Effekte auf die Innovation der gesamten Weltwirtschaft haben kann. Auch hier spielen die Effekte auf die Monopolrente der innovativen Unternehmen eine wichtige Rolle. Bieten Unternehmen aus dem Süden das imitierte Gut billiger an, verringert sich für die Monopolisten aus dem Norden die Dauer ihres Monopols. Der Anreiz zur Innovation sinkt. Andererseits entsteht durch die Imitation eine Verlagerung der Produktionsaktivitäten, die eine Freisetzung von Ressourcen zur Folge hat. Dies führt zur Reduzierung der Faktorkosten und steigert somit die Produktionsmöglichkeiten. Die Gewinne der Monopolisten nehmen zu, was wiederum die Bereitschaft zur Forschung erhöhen kann. Für den Fall des Produktlebenszyklus ergibt sich zusätzlich für die Unternehmen im Süden das Problem, ihre Absatzmärkte zu verlieren, falls im Norden ein neues Produkt entworfen wird. Grossman/Helpman modellieren diese Überlegungen mit Hilfe ihres Ansatzes zur Qualitätsverbesserung. Hierbei soll die ganze Innovation im Norden stattfinden. Hat der Norden einen großen Vorsprung in der Forschung gegenüber dem Süden, wird es dem letzteren nicht gelingen eigene Forschungsanstrengungen zu etablieren. Ist die Produktivitätslücke nicht so groß, wird sich auch in der unterentwickelten Region eine Forschung etablieren können. Je nach Rahmenbedingungen kann der Süden somit aufholen oder relativ gegenüber dem Norden zurückfallen.

Die unterschiedlichen Modellstrukturen, die von Grossman/Helpman entworfen worden sind, bilden die Vielfältigkeit der außenwirtschaftlichen Öffnung umfassend ab. Sie machen insbesondere deutlich, daß ein eindeutiger Zusammenhang zwischen Außenhandel, Wachstum und Wohlfahrtsmaximierung nicht gegeben ist. Inwieweit es einem Land gelingt, sich als erfolgreiche wirtschaftliche Führungsnation zu etablieren bzw. in die Phase eines Catching-up-Prozesses zu kommen, wird entscheidend von den eigenen Produktionsverhältnissen, den Eigenschaften der Technologien und den Gegenreaktionen der anderen Volkswirtschaften beeinflußt. Festzuhalten bleiben zwei wichtige, aus den obigen Überlegungen hervorgehende Schlußfolgerungen. Außenhandel erleichtert Staaten, die technologisch noch nicht den State-of-the-art erreicht haben, den Zugriff auf international verfügbares Know-how. Die positiven Externalitäten neuer Entwicklungen können somit zumindest theoretisch ausgenutzt werden. Andererseits bestimmen die internen Gegebenheiten eines Landes, die Möglichkeiten dies auch zu tun, d.h. die wachstumssteigernden Wirkungen des Außenhandels bedürfen komplementärer Strukturen im Inland, wie z.B. einem adäquaten Humankapitalbestand und schon geleisteter Forschungstätigkeiten.

3.6 Staatliche Investitionen und Wachstum

Neben dem privaten Kapitalstock beeinflussen auch öffentliche Investitionen die Produktivität der Volkswirtschaft. Insbesondere Infrastrukturmaßnahmen wie Straßenbau, Energieversorgung oder Datennetze stellen Inputs bei der Produktion im privaten Sektor dar. Viele staatlich bereitgestellte Leistungen fließen der

Privatwirtschaft ohne die Entrichtung eines direkten Preises zu. Idealtypisch sind öffentliche Güter durch Nichtrivalität und Nichtausschließbarkeit des Konsums gekennzeichnet. In der Realität ist die Zahl rein öffentlicher Güter gering. Man könnte beispielsweise die Forschungsergebnisse, die durch staatliche Wissenschaftsförderung entstanden sind, dazuzählen. Ein typisches Kennzeichen öffentlicher Leistungen ist die Abhängigkeit des Nutzens, welchen die Konsumenten aus dem öffentlichen Gut ziehen können, von der Zahl der Nutzer. Steigt die Zahl der Nutznießer des öffentlichen Gutes, kommt es zur Rivalität der Nutzung. Das Phänomen der Überfüllung wird relevant. Ein Blick auf die deutschen Straßen macht dieses Problem wohl besonders deutlich.

Innerhalb der Neuen Wachstumstheorie haben insbesondere Barro (1990) und Barro/Sala-i-Martin (1992b, 1995) Wege aufgezeigt, wie die Wirkungen öffentlicher Güter auf das Produktions- und Produktivitätsniveau einer Volkswirtschaft abgebildet werden können. Einen ersten Schritt bildet die Integration der öffentlichen Investitionen in die aggregierte Produktionsfunktion, d.h. staatlich angebotene Leistungen werden neben Arbeit und Kapital als dritter Produktionsfaktor behandelt. Um entsprechende Güter anbieten zu können, entzieht die öffentliche Hand einen Teil der gesamtwirtschaftlichen Produktion dem Zugriff der privaten Hand und stellt ihn den Nutzern kostenlos wieder zur Verfügung. Gesamtwirtschaftlich gesehen ist die Bereitstellung nicht umsonst, da alle Outputeinheiten, die vom Staat nachgefragt werden, nicht für andere Zwecke zur Verfügung stehen. Im Modell von Barro (1990) wird der Fall reiner öffentlicher Güter besprochen, d.h. Überfüllungsprobleme sind ausgeschlossen. Die Finanzierung der Staatsausgaben erfolgt über eine proportionale Besteuerung des Outputs.

Durch diesen staatlichen Eingriff ergeben sich zwei Folgen für die privatwirtschaftliche Ertragssituation. Auf der einen Seite senkt die Besteuerung die private Rendite, auf der anderen Seite trägt das öffentliche Kapital zur Produktion bei, indem es der abnehmenden Grenzproduktivität des Kapitals entgegenwirkt. Die Einführung öffentlicher Leistungen wirkt wie die Einführung des gesamtwirtschaftlichen Wissensbestands im Modell von Romer (1986). Ein entscheidender Unterschied besteht aber. Waren bei Romer die externen Effekte vollständig kostenlos, können im vorliegenden Fall öffentliche Güter nur durch den Verzicht auf eine andere Nutzung bereitgestellt werden. Die sich ergebende gleichgewichtige Wachstumsrate zeigt eine nicht monotone Abhängigkeit vom Anteil der staatlichen Nachfrage am Sozialprodukt. Bei sehr niedrigen Steuersätzen überwiegt die positive Wirkung staatlicher Leistungen auf die Produktivität des privaten Kapitals. Mit steigendem Steuersatz jedoch nimmt der die Grenzproduktivität des Kapitals nach Steuern senkende Effekt zu, so daß die gesamtwirtschaftliche Wachstumsrate durch vermehrtes staatliches Engagement nicht gesteigert, sondern gesenkt wird. Im Hinblick auf die Optimalität der marktlichen Lösung zeigt sich, daß trotz der Differenz zwischen privater und sozialer Rendite bei Finanzierung der Staatsausgaben durch eine Pauschalsteuer und Wahl des richtigen Staatsanteils eine sozial optimale Lösung möglich ist.

Aufgrund der Existenz von Überfüllungsphänomenen bei der Nutzung öffentlicher Leistungen modifizieren Barro/Sala-i-Martin (1992b) den obigen

Ansatz, indem sie den Produktivitätsbeitrag öffentlicher Leistungen negativ mit der Höhe des Outputs verbinden. Je höher das Produktionsniveau einer Volkswirtschaft, desto geringer sollen die Nutzen sein, die ein privates Unternehmen aus einer gegebenen Menge an öffentlichem Kapital ziehen kann. Um konstante Effekte auf die Produktivität zu erhalten, müssen die öffentlichen Ausgaben mit dem Sozialprodukt wachsen. Auch in diesem Fall erfolgt die Finanzierung über eine zum Output proportionale Steuer, was eine Senkung der privaten Grenzproduktivität des Kapitals nach Steuern bewirkt. Für die Wachstumsrate ergibt sich das gleiche Ergebnis eines nicht monoton steigenden Zusammenhangs mit dem Steuersatz. Barro/Sala-i-Martin zeigen, daß in einem solchen System die Finanzierung der Staatsausgaben über eine proportionale Steuer erfolgen sollte, da eine Pauschalsteuer einen zu hohen Investitionsanreiz für die Unternehmen zur Folge hätte. Die privaten Investoren erkennen nicht, daß sie durch mehr Investitionen und somit mehr Output die negativen externen Effekte der Überfüllung verstärken. Die Besteuerung der Kapitalrendite internalisiert somit den negativen externen Effekt der Überfüllung.

Die Integration staatlicher Leistungen zeigt neben den Bedingungen, die für endogenes Wachstum erfüllt sein müssen, einen wichtigen Zusammenhang auf. Staatliches Engagement kann in gewissen Bereichen positive Konsequenzen für Wachstumsprozesse haben. Ein Zuviel ist aber eher kontraproduktiv, da die negativen Effekte des Ressourcenentzuges die positiven Produktivitätsbeiträge überwiegen können.

Ein wichtiger Aspekt von öffentlichen Gütern kann durch eine theoretische Analyse, die auf einem Ein-Gut-Modell basiert, nicht erfaßt werden. Staatliche Stellen können Leistungen unterschiedlicher Art bereitstellen, d.h. die Betrachtung aggregierter Ausgabenniveaus kann nur allgemeine Ergebnisse liefern. Je nach Entwicklungsstand einer Volkswirtschaft sind spezifische öffentliche Investitionen notwendig. So kann beispielsweise der Ausbau eines umfangreichen Straßennetzes die Kosten innerhalb des Transportwesens senken und gesamtwirtschaftlich produktivitätssteigernd wirken, indem vorliegende Flaschenhälse beseitigt werden. Die notwendigen Infrastrukturinvestitionen in den neuen Bundesländern können als ein Beispiel hierfür gesehen werden. Die durchgeführten Maßnahmen müssen aber komplementär zum privaten Kapitalstock und Arbeitspotential sein. Diese Aussage belegt auch das theoretische Ergebnis der Modelle, die oben besprochen wurden. Nur wenn das öffentliche Kapital und die privatwirtschaftlichen Produktionsfaktoren komplementär sind, sind positive Wachstumseffekte möglich. Entsprechend der Diskussion über die Wirkungen der Humankapitalakkumulation stellt sich somit auch bei den öffentlichen Güter die Frage nach der begrifflichen Abgrenzung. Welche Ausgaben in der Realität stellen staatliche Investitionen dar, die in die Produktionsfunktion der Unternehmen Eingang finden bzw. welche Teile der Staatsausgaben fließen in den Konsum? Dieses Abgrenzungsproblem kann nicht zufriedenstellend gelöst werden. In empirischen Studien (z.B. Aschauer 1989, 1991) werden deswegen häufig unterschiedliche Meßkonzepte angewandt, die zu unterschiedlichen Renditen und Beiträgen staatlicher Investitionen zum Sozialproduktswachstum kommen (vgl. z.B. Gramlich 1994). Beispielsweise ergab eine Berechnung von

Erber (1994b), daß nicht in allen Industriezweigen der USA bzw. der Bundesrepublik Deutschland ein signifikanter Einfluß des öffentlichen Infrastrukturkapitalstocks auf das Produktivitätswachstum bzw. die Kosten der Unternehmen nachweisbar ist.

3.7 Empirische Resultate

Die Ergebnisse der Neuen Wachstumstheorie zeigen eine Reihe von Faktoren, die den Wachstumsprozeß einer Volkswirtschaft beeinflussen können. Eine der maßgeblichen Größen ist die Fähigkeit, neues Wissen zu generieren und einzusetzen bzw. die externen Effekte dieses Prozesses ausnützen zu können. Sowohl die Modelle von Romer als auch von Grossman/Helpman machen diesen Zusammenhang deutlich. Nur wenn Wissen und Forschungsergebnisse zumindest teilweise öffentliche Güter sind, können sie zum Wachstum beitragen. Externalitäten heben die normalerweise unterstellte Tendenz zu abnehmenden Grenzerträgen und damit sinkenden Renditen der Faktorakkumulation auf. Des weiteren legen auch die Modelle, die sich mehr auf die Wirkungen der Humankapitalakkumulation konzentrieren, eine herausragende Bedeutung von Aus- und Weiterbildungsmaßnahmen für die Wachstumsmöglichkeiten einer Volkswirtschaft nahe. Die Ansätze zu den Konsequenzen von Produktinnovationen sprechen Faktoren, welche die Möglichkeit zu Monopolgewinnen positiv beeinflussen, einen wachstumsfördernden Einfluß zu. Für das öffentliche Kapital wird dagegen kein eindeutiger Zusammenhang deutlich. In fast allen Modellen findet sich ein sog. Skaleneffekt, d.h. die Größe einer Volkswirtschaft gemessen durch die Zahl der Arbeitskräfte oder das Humankapital hat positive Rückwirkungen auf die Entwicklungsmöglichkeiten der Volkswirtschaft und zwar auch auf diejenige der Pro-Kopf-Größen. Dieser Effekt resultiert zum einen aus der Möglichkeit, daß positive Externalitäten über eine größere Nutzerschar verteilt werden, zum anderen aus den günstigeren Kosten einer Innovation aufgrund eines höheren Ressourcenbestandes (vgl. z.B. Barro/Sala-i-Martin 1995 und Grossman/Helpman 1991).

Bevor auf wirtschaftspolitische Handlungsempfehlungen anhand der Ergebnisse aus der Neuen Wachstumstheorie eingegangen wird, werden in diesem Abschnitt die Resultate empirischer Studien zusammengefaßt, die einen Hinweis auf die maßgeblichen Wachstumsfaktoren zu geben versuchen. Es muß angemerkt werden, daß die direkte empirische Überprüfung der Modelle der Neuen Wachstumstheorie bisher noch nicht erfolgt ist. Vielmehr werden umfangreiche Regressionsanalysen durchgeführt, welche die Frage nach dem Vorliegen von Konvergenz- oder Divergenzentwicklungen beantworten sollen. Darüber hinaus wird geprüft, welche Faktoren mit hohen Wachstumsraten positiv korreliert sind und welche nicht.

Ein Beispiel für die empirische Analyse der Konvergenzhypothese sind die Arbeiten von Barro (1991) und Barro/Sala-i-Martin (1991, 1992a, 1995, 1997). Kritischere Darstellungen wurden von z.B. von Jones (1997) und Quah (1996, 1997) vorgelegt. Sowohl auf regionaler als auch auf internationaler Ebene versuchen die Autoren, die Bedingungen für einen erfolgreichen Aufholprozeß abzuleiten. Entsprechend dem neoklassischen Grundmodell ergibt sich für den Fall unterschiedlicher Volkswirtschaften das Ergebnis, daß die weiter von ihrem steady-state Wachstumspfad entfernten Volkswirtschaften eine höhere durchschnittliche Wachstumsrate aufweisen müssen. Dieser Zusammenhang wird als *bedingte* Konvergenz bezeichnet. Liegen identische Volkswirtschaften vor, dann müßten bei Gültigkeit der neoklassischen Annahmen alle Volkswirtschaften zum einheitlichen Gleichgewicht konvergieren, was *absolute* Konvergenz genannt wird. Als Maß für die Gültigkeit dieser Aussage, wird eine Regression zwischen dem anfänglichen Pro-Kopf-Einkommen und der jährlichen Wachstumsrate gewählt.

Für den Fall von 48 der 50 US-amerikanischen Bundesstaaten läßt sich z.B. ein solcher Zusammenhang für die Zeit von 1880 bis 1990 feststellen. Eine Aufteilung in Teilperioden zeigt, daß die Geschwindigkeit der Konvergenz aber nicht gleichmäßig ist. Ein ähnliches Ergebnis wird für die japanischen Präfekturen für die Zeit von 1930 bis 1990 sowie für Regionen innerhalb Europas für die Zeit von 1950 bis 1990 abgeleitet. Aus diesem Ergebnis schließen die Autoren auf das Vorliegen absoluter Konvergenz innerhalb der jeweiligen Gebiete. Ärmere Gebiete weisen somit innerhalb der betrachteten Zeiträume höhere Wachstumsraten als reichere auf. Die gemachten Untersuchungen zeigen nicht nur eine Ähnlichkeit bei der Richtung des Zusammenhangs sondern auch beim Wert des Konvergenzparameters. In allen Untersuchungen lag der Wert bei ca. 2% Annäherung pro Jahr. Damit dieser Wert mit dem neoklassischen Modell in Einklang ist, müßte die Produktionselastizität des Kapitals bei ca. 0,75 liegen. Unter Annahme der Grenzproduktivitätsentlohnung würde dies bedeuten, daß die Profitquote in den Ländern bei 75% liegen müßte. Dies kann jedoch nicht festgestellt werden. Barro und Sala-i-Martin testen die aufgestellte Hypothese mit Hilfe einer Querschnittsanalyse auch auf staatlicher Ebene. Die einfache Korrelation zwischen dem Bruttoinlandsprodukt pro Kopf des Jahres 1965 und der durchschnittlichen Wachstumsrate dieser Größe für den Zeitraum bis 1985 zeigt für 119 Länder eine sehr schwache Korrelation, die nicht signifikant ist.

Um den Einfluß der Bildung auf die Wachtumsmöglichkeiten besser erfassen zu können, wurden von Barro/Lee (1993) aussagekräftigere Indikatoren für das Humankapital einer Volkswirtschaft berechnet. Hierbei konzentrierten sich die Autoren auf die Altersklassen über 25 Jahren. Als Maß des erreichten Bildungsniveaus wurden die abgelegten Schuljahre in den verschiedenen Bildungsstufen gewählt. Erste Berechnungen für Entwicklungsländer zeigten, daß die Höhe der erreichten Bildung einen positiven Zusammenhang mit den Wachstumsraten des Bruttoinlandsprodukts aufweist, wobei die Variable für die männliche Bevölkerung einen höheren Einfluß als die der weiblichen zeigte. Durch Erweiterung der geschätzten Regressionsgleichungen innerhalb der oben angesprochenen Konvergenzstudie mit diesen Daten, zeigte sich ein positiver Zusammenhang zwischen dem Humankapitalbestand, der mittels geschlechtsspezifischer Raten für den Schulbesuch und der Lebenserwartung gemessen wurde, und der Pro-Kopf-Wachstumsrate (vgl. z.B. Barro/Sala-i-Martin 1995). Die Relevanz des Humankapitals als erklärende Größe für Differenzen in den Wachstumsraten unterschiedlicher Volkswirtschaften wurde auch unter

Verwendung eines erweiterten Solow-Modells von Mankiw/Romer/Weil (1990) belegt. Sieht man von den Meßschwierigkeiten für die Größe Humankapital ab, kann aufgrund der skizzierten empirischen Ergebnisse davon ausgegangen werden, daß Humankapitalinvestitionen einen wachstumsfördernden Einfluß haben.

Neben der Bedeutung von Humankapitalinvestitionen betonen die neuen Ansätze der Wachstumstheorie die Relevanz von Externalitäten, die bei Investitionen auftreten und somit zu einer Differenz zwischen dem privaten und sozialen Ertrag des Kapitals führen. Eine Untersuchung von Erber (1994a) zeigt, daß für einige Branchen steigende Skalenerträge in der Produktion möglich sind, die Art der Skalenerträge (dynamisch oder statisch) aber nicht ohne weiteres festgestellt werden kann. DeLong/Summers (1991, 1993) haben den Zusammenhang zwischen Ausrüstungsinvestitionen und der Wachstumsrate des Bruttoinlandsprodukts pro Kopf für verschiedene Gruppen von Ländern (Industrienationen, Entwicklungsländer) für den Zeitraum von 1960-1985 untersucht und eine signifikanten Korrelation zwischen den beiden Größen gefunden. Dieser Zusammenhang widerspricht in Höhe und Richtung den Überlegungen des neoklassischen Modells, wonach Investitionsentscheidungen langfristig keinen Einfluß auf die Wachstumsraten haben können. DeLong/Summers zeigen, daß, wie in den Studien von Barro/Sala-i-Martin zur Konvergenz von regionalen Wachstumsraten, die neoklassische Produktionsfunktion so modifiziert werden müßte, daß die neoklassischen Annahmen der Einkommensverteilung nicht mehr haltbar sind. Die Autoren interpretieren ihre Resultate als Beleg für das Vorliegen von externen Effekten der Investitionen, die eine Lücke zwischen privater und sozialer Ertragsrate verursachen. Dies stellt einen indirekten Beleg für die Relevanz der Überlegungen der Neuen Wachstumstheorie dar. Traditionelle Growth-Accounting-Studien (z.B. Dowrick/Nguyen 1989), die mit hochaggregierten Produktionsfunktionen arbeiten, widersprechen jedoch den empirischen Ergebnissen von DeLong/Summers.

Die empirische Überprüfung der Aussagen der Neuen Wachstumstheorie über die Relevanz unterschiedlicher Wachstumsfaktoren steht noch am Anfang. Im Moment werden Querschnittsanalysen, die für unterschiedliche Ländergruppen durchgeführt wurden, je nach Ergebnis als Beleg für oder als Beweis gegen die Richtigkeit der theoretischen Ergebnisse der neueren Modelle der Wachstumstheorie interpretiert. Diese Vorgehensweise ist nicht zulässig, da die Annahmen des neoklassischen Grundmodells, die Konvergenzentwicklungen zur Folge haben, restriktiv sind. Die Einführung der bedingten Konvergenz ist zwar ein Schritt zu mehr Übereinstimmung zwischen theoretischem Modell und Realität, berücksichtigt werden müssen aber neben Unterschieden bei den Präferenzen auch Differenzen im erreichten technologischen Niveau. Aufgrund nationaler Gegebenheiten wie z.B. spezifischer Produktionsfunktionen und rechtlicher Institutionen wird neben der Durchführung von Querschnittsanalysen auch die Untersuchung einzelner Länder mit Hilfe von Zeitreihen empfohlen (vgl. z.B. Pack 1994). Prinzipiell ist bei der Beurteilung ökonometrischer Untersuchungen auch die Frage nach der Richtung des festgestellten Zusammenhangs zu stellen, d.h. sind Investitionen die Ursache oder die Folge von Wachstum? Hier können Analysen auf disaggregierter Ebene mehr Auskunft geben als Untersuchungen, die aggregierte Produktionsfunktionen verwenden.

Es bleibt festzuhalten, daß trotz einer Reihe von empirischen Studien keine eindeutigen Aussagen über die Gültigkeit der Ergebnisse der Neuen Wachstumstheorie getroffen werden können. Es läßt sich nur feststellen, daß die besprochenen Komponenten wie Humankapital, externe Effekte, Forschung und Entwicklung einen positiven Einfluß auf die Pro-Kopf-Wachstumsraten haben.

3.8 Wirtschaftspolitische Schlußfolgerungen

Die bisher mangelnde empirische Überprüfung der Neuen Wachstumstheorie muß bei der Diskussion wirtschaftspolitischer Schlußfolgerungen, die aus den Ergebnissen der besprochenen Modelle abgeleitet werden können, im Gedächtnis behalten werden. Wirtschaftspolitische Maßnahmen können nur dann erfolgreich sein, wenn die Annahmen der zugrundegelegten theoretischen Ansätze zumindest ein gewisses Maß an empirischer Relevanz aufweisen. Aus diesem Grund wird es an dieser Stelle nicht möglich sein, quantifizierbare wirtschaftspolitische Maßnahmen mit all ihren Konsequenzen vorzustellen. Zusätzlich zu den Problemen bei der empirischen Überprüfung der Modelle der Neuen Wachstumstheorie wird auch von theoretischer Seite aus Kritik geübt (vgl. z.B. Tichy 1991, Solow 1991, 1994). Die Überlegungen der Neuen Wachstumstheorie zeigen jedoch auf, welche Faktoren tendenziell positive und welche tendenziell negative Wachstumseffekte haben können. Eine Förderung der Wachstumsquellen und die Beseitigung von Wachstumsbremsen kann die Dynamik der Entwicklung stärken.

Ein erster Hinweis auf denkbare wirtschaftspolitische Maßnahmen gibt die in allen Modellen vorliegende Differenz zwischen den gleichgewichtigen Wachstumsraten, die sich unter Laisser-faire Bedingungen einerseits und durch die Entscheidung eines allwissenden Planers andererseits ergeben würden. Ein Beispiel hierfür stellt die Internalisierung der externen Effekte der Investitionsentscheidungen dar. Liegt der gesellschaftliche Ertrag der individuellen Faktorakkumulation über dem privaten, werden zu wenig Ressourcen für Investitionszwecke eingesetzt. Eine Wirtschaftspolitik, die den Individuen alle Folgen ihres Handelns zeigt, kann mehr Wachstum erreichen. Eine Subventionierung der Tätigkeiten, die positive Externalitäten aufweisen, könnte diese Wirkung erzielen. Eine weitere Möglichkeit wäre die Förderung der Produktion der Güter, die mit Hilfe der entsprechenden Kapitalgüter hergestellt werden. Dies hätte aber nicht zwangsläufig eine Rückwirkung auf neue Forschungsanstrengungen, da nur die Menge der abgesetzten Güter erhöht, nicht jedoch die Verbesserung des Produktionsprozesses angeregt wird. Unternehmen muß ein direkter Anreiz zur Investition und Forschung gegeben werden, damit weitere externe Effekte möglich sind. Eine solche Wirtschaftspolitik steht des weiteren vor dem Problem, daß die Aussagen über die positiven Wachstumswirkungen steigender Skalenerträge aufgrund von Wissensexternalitäten mit Hilfe von Ein-Gut-Modellen abgeleitet wurden. Für einen Mehr-Güter-Fall würde sich die

Forderung nach der Förderung der Sektoren entsprechend ihrer externen Effekte ergeben. Dies setzt aber eine umfassende Kenntnis aller notwendigen Modellparameter voraus.

An diesem Punkt setzt die Kritik der Gegner spezifischer Fördermaßnahmen an. Wenn nicht einmal der private Sektor in der Lage ist, alle Konsequenzen von Investitionsentscheidungen zu erkennen, werden entsprechend dieser Auffassung auch staatliche Bedienstete keine Möglichkeit haben, alle notwendigen Variablen zu erfassen. Darüber hinaus ergibt sich bei staatlicher Subventionspolitik das Problem des rent-seeking (vgl. z.B. Paqué 1993, Stolpe 1993). Direkte Internalisierungsstrategien, die versuchen das optimale Ergebnis zu erreichen, stehen in der Wachstums- und Industriepolitik vor den gleichen Problemen wie die Einführung einer Pigou-Steuer bei negativen externen Effekten in der Umweltökonomie.

Sowohl Romers Überlegungen als auch die Modelle zu den Folgen von Produktinnovationen betonen die Rolle von Forschung und Entwicklung für den Wachstumsprozeß. In den Ansätzen von Aghion/Howitt und Grossman/Helpman zeigten sich explizit die Wirkungen von Verbesserungen der Innovationsfähigkeit auf die Wachstumsrate des Systems. Eine breit angelegte Technologiepolitik scheint aus diesem Grund von Vorteil. Mehr Mittel für Forschung und Entwicklung steigern die Wahrscheinlichkeit neue Produkte und Produktionsverfahren zu entdecken. Die Modellergebnisse von Aghion/Howitt sowie von Grossman/Helpman weisen auf das Problem des Überschießens solcher Aktivitäten hin. Zu viel Innovation kann kontraproduktiv für die Wohlfahrt eines Landes sein, da Neuerungen auch die Zerstörung bestehender Strukturen zur Folge haben. Staatliche Forschungsförderung muß sich dessen bewußt sein. M.a.W. auch diese Art der Wachstumspolitik sieht sich dem Argument der mangelnden Information staatlicher Stellen gegenüber.

Die Durchführung einer staatlichen Förderungspolitik mit Hilfe von finanziellen Mitteln wirft zusätzlich die Frage nach der Finanzierung entsprechender Maßnahmen auf. Hierbei befinden sich die Entscheidungsträger im Spannungsfeld zwischen den wachstumssteigernden Effekten der Subvention von Investitionen und den anreizsenkenden Wirkungen einer Besteuerung der Erträge der getätigten Faktorakkumulation. Ein Beispiel für dieses Problem wurde im Rahmen der Darstellung der Konsequenzen öffentlicher Investitionen in Abschnitt 3.6 gegeben. Der steigende Finanzierungsbedarf, der sich aus zunehmenden staatlichen Ausgaben ergibt, kann investitionssenkend bei den privaten Unternehmen wirken. In einigen Modellen der Neuen Wachstumstheorie werden Probleme einer Steuerfinanzierung der Förderpolitik sowie die Anreizeffekte einer Pauschalsteuer bzw. einer Einkommenssteuer diskutiert (vgl. z.B. Jones/Manuelli 1990, Rebelo 1991, Lessart 1994, Saint-Paul 1992). Es zeigt sich aber immer wieder eine sehr starke Abhängigkeit der ermittelten Resultate von den getroffenen Annahmen über die Modellparameter, so daß eindeutige Aussagen nur schwer abgeleitet werden können. Die Erfassung der kompletten Wirkung eines solchen Maßnahmenpaktes würde die Durchführung einer umfangreichen Inzidenzanalyse notwendig machen.

Aufgrund der oben geschilderten Informationsprobleme und der herausragenden Bedeutung der Monopolgewinne bleibt für die Kritiker der Neuen Wachstumstheorie zur Internalisierung externer Effekte der Wissensgenerierung deswegen nur die Einführung eines effizienten Patentsystems (vgl. z.B. Stolpe 1992) als sinnvolle wirtschaftspolitische Maßnahme übrig. Der innovative Unternehmer erhält dadurch das Recht, das entstandene Wissen ausschließlich für sich zu nutzen bzw. von anderen Unternehmen Entschädigungszahlungen zu erhalten, wenn sie von seinem Know-how profitieren. Hierbei muß der Ausgleich zwischen den Nachteilen eines Monopols im statischen Kontext (Wohlfahrtsminderung durch Abweichung vom Ergebnis der vollkommenen Konkurrenz) und den Vorteilen im dynamischen Kontext (Innovationsanreize aufgrund von Extraprofiten) gefunden werden. Potentiellen Monopolisten muß somit die Möglichkeit zu entsprechenden Gewinnen aus ihrer Tätigkeit gewährt werden und andererseits dürfen potentielle Konkurrenten nicht entmutigt werden. Es muß den Verfolgern möglich sein, den Monopolisten ablösen zu können. Darüber hinaus ist ein Patentschutz für Innovationen nur begrenzt möglich. Sobald ein Gut auf dem Markt erscheint, können Konkurrenten dieses Produkt analysieren und Rückschlüsse auf das inkorporierte Wissen ziehen. Somit hat auch das Instrument des Patentschutzes nur eine eingeschränkte Effizienz.

Wie in den vorigen Abschnitten gezeigt, stellt das *Humankapital* in der Neuen Wachstumstheorie einen der wichtigen, wachstumsgenerierenden Faktoren dar. Im folgenden liegt der Schwerpunkt auf der Wissenskomponente des Humankapitals, da für das Arbeitskräftepotential moderner Volkswirtschaften Gesundheitsprobleme weniger relevant sind als z.B. in der Dritten Welt. Dennoch muß das Problem von sog. Zivilisationskrankheiten und Erkrankungen als Folge von Umweltverschmutzung beachtet werden, da sich auch von dieser Seite aus negative Folgen für das Humankapital einer Volkswirtschaft ergeben können. Einerseits hat die Investition in das Humanvermögen des einzelnen positive externe Effekte auf die Produktivität anderer am Produktionsprozeß beteiligter Wirtschaftssubjekte, andererseits bestimmt das Niveau des verfügbaren Humankapitalbestandes innerhalb einer Volkswirtschaft die Wachstumsdynamik, wie die Ansätze von Becker/Murphy/Tamura (1990), Lucas (1988) oder Romer (1990) gezeigt haben. Die Förderung der Humankapitalbildung kann deswegen als eine der vorrangigen wirtschaftspolitischen Empfehlungen der Neuen Wachstumstheorie gesehen werden. Eine steigende Effizienz des Bildungswesens kann die Wachstumsmöglichkeiten einer Volkswirtschaft erhöhen. Dies setzt aber voraus, daß staatliche Bildungspolitik dies berücksichtigt und Aus- und Weiterbildung nicht als zweitrangig hinter der Sachkapitalbildung angesiedelt wird. Insbesondere wenn die Ergebnisse von Porters und Reichs Überlegungen mit in die Betrachtung einbezogen werden, offenbart sich die Relevanz eines adäquaten Bildungsniveaus. Die fortschreitende Entmaterialisierung der volkswirtschaftlichen Produktion macht die Verbesserung des Faktors Humankapital in Quantität und Qualität immer wichtiger. Eine Vernachlässigung des öffentlichen Bildungswesens, wie sie z.B. in den USA beobachtet werden konnte, kann im

Umkehrschluß als ein Weg zur Senkung des Wachstumspotentials einer Volkswirtschaft gesehen werden.

Für die Ausgestaltung der Förderung von Bildungsanstrengungen gibt es unterschiedliche Möglichkeiten. Die alleinige kostenlose Bereitstellung von Bildungseinrichtungen reicht nicht aus. Die Qualität der Ausbildung wird entscheidend von den Lehrenden selbst bestimmt, d.h. ein effizientes Bildungssystem bedarf motivierter und gut ausgebildeter Fachkräfte. Dies kann nur erreicht werden, wenn die Tätigkeiten in diesem Bereich auch attraktiv genug im Vergleich zu anderen Arbeitsplätzen sind. Nicht umsonst fordert Porter mehr Anerkennung für die Lehrberufe. Ein weiterer Aspekt, der aus den Ansätzen der Neuen Wachstumstheorie sehr deutlich wird, ist die Tatsache, daß die Investition in Humankapital immer in Konkurrenz mit anderen Verwendungen der Produktionsfaktoren steht. So kann z.B. jede Stunde, die im Lucas-Modell in die Produktion fließt, nicht für Aus- und Weiterbildung verwendet werden. Die Modellüberlegungen zeigen, daß es notwendig ist, sich zwischen den verschiedenen Aktivitäten zu entscheiden. Für die staatliche Unterstützung von Bildungsmaßnahmen folgt, daß den betroffenen Wirtschaftssubjekten dies auch verdeutlicht wird. Die langfristigen, positiven Effekte des heutigen Verzichts auf Konsummöglichkeiten treten in der Neuen Wachstumstheorie hervor.

Zusätzlich zur bewußt intendierten Schaffung von Humankapital mit Hilfe von Aus- und Weiterbildungsinvestitionen betont die Neue Wachstumstheorie die Relevanz von Lerneffekten (z.B. Lucas 1988, 1993, Romer 1986, OECD 1995, 1996). Die Leistungsfähigkeit eines Arbeitnehmers verbessert sich mit zunehmender Häufigkeit der durchgeführten Tätigkeit. Selbstverständlich können diese Effekte nicht grenzenlos sein, dennoch kommt diesem Phänomen eine gewisse Bedeutung für die Wirtschaftspolitik zu. Wenn die Teilnahme am Produktionsprozeß das individuelle und damit auch das durchschnittliche Humankapital erhöht, dann hat im Umkehrschluß ein Ausschluß von der Produktionstätigkeit die Stagnation, wenn nicht sogar die Senkung des Humankapitals zur Folge. Übertragen auf real existierende Volkswirtschaften bestätigt die Neue Wachstumstheorie eine lang bekannte Tatsache. Hohe Arbeitslosenzahlen, insbesondere mit einem hohen Prozentsatz an Langzeitarbeitslosen senken nicht nur aufgrund der direkten Folgen für die Betroffenen die Wohlfahrt der Gesellschaft, sondern auch aufgrund der ausbleibenden Lerneffekte. Die neueren Entwicklungen legen also, obwohl sie Arbeitsmarktfragen fast vollständig ausblenden, ein wichtiges Augenmerk auf die Aufrechterhaltung eines hohen Beschäftigungsstandes. Die angesprochenen Lerneffekte haben auch für die Unternehmen bedeutende Implikationen. Die sofortige Freisetzung von Arbeitskräften bei zurückgehenden Erträgen führt nicht nur zum Verlust der investierten Mittel für die Weiterbildung der Arbeitnehmer, sondern parallel dazu geht das gesamte durch Lerneffekte entstandene Wissen verloren. Neu ins Unternehmen eintretende Beschäftigte müssen zumindest unternehmensspezifische Sachverhalte erst wieder erlernen. Kurzfristig mag die Freisetzung von Arbeit einen kostensenkenden Effekt haben, langfristig jedoch sind die Wirkungen nicht eindeutig.

Die bisherigen Überlegungen zu möglichen wirtschaftspolitischen Konsequenzen der Behandlung des Humankapitals in der Neuen Wachstumstheorie haben die Frage externer Effekte in diesem Bereich weitgehend beiseite gelassen. Genau wie die Akkumulation von Sachkapital Externalitäten mit sich bringt, ist dies bei der Humankapitalbildung der Fall. Erhöht ein Wirtschaftssubjekt seinen individuellen Bestand an Humankapital, hat dies Konsequenzen für das durchschnittliche Niveau dieses Produktionsfaktors. Eine Volkswirtschaft mit hohem Bildungsstand wird tendenziell produktiver sein als mit einem niedrigen Stand. Ist der allgemeine Kenntnisstand höher, können die anderen vorhandenen Produktionsfaktoren effizienter genutzt werden. Externe Effekte des Humankapitals können auch dadurch auftreten, daß die von einem Mitglied einer Gruppe geleistete Investition in sein individuelles Humankapital von anderen mitgenutzt werden kann. Die Verbreitung von Wissen ist ein gutes Beispiel hierfür. Man könnte von einem *Mitzieh*-Effekt oder von Fixkosten der Humankapitalbildung sprechen, da nur ein Individuum einen Ressourceneinsatz leisten muß, die anderen Gruppenmitglieder dieses Wissen jedoch zu geringeren Kosten erwerben können. Die Ausnutzung solcher Effekte macht die Kommunikationsfähigkeit der Wirtschaftssubjekte nötig. Nur wenn Erfahrungen und Know-how ausgetauscht werden können, gibt es Externalitäten der Wissensbildung. Hierfür müssen entsprechende Einrichtungen vorhanden sein. Ein Beispiel wäre der Ausbau von Datennetzen.

Das vorhandene Niveau und die Bildung von Humankapital stellen mit Sicherheit einen der wichtigsten Faktoren für einen dauerhaften Wachstumsprozeß dar. Neben der Höhe und Veränderung darf aber die Struktur dieser Größe nicht vergessen werden. Die Modelle der Neuen Wachstumstheorie bilden zwar die Konsequenzen unterschiedlicher Annahmen über die Akkumulation von Humankapital ab, inwieweit es überhaupt einen Beitrag zum Produktionsprozeß leisten kann, wird auch von seiner Zusammensetzung bestimmt. Vorhandene Qualifikationen müssen komplementär zu den Anforderungen sein. Ein Blick auf die hohe Arbeitslosenquote von Akademikern verdeutlicht dies. Überqualifikation kann die Arbeitsmarktchancen eines Arbeitnehmers genauso behindern wie Unterqualifikation. Eine staatliche Bildungspolitik muß sich dessen bewußt sein. Reine "Tonnenideologie" hilft nicht unbedingt weiter. Neben der finanziellen Förderung von Bildung kommt der Regierung eine qualitative Aufgabe zu. Jungen Menschen, die am Beginn ihrer Ausbildung stehen, müssen Informationen über künftige Chancen im Berufsleben erhalten. Dies verlangt eine zukunftsgerichtete Berufsberatung und nicht nur eine am kurzfristigen Bedarf orientierte.

Das Vertrauen in die Unterstützung von Aus- und Weiterbildungsmaßnahmen muß durch eine zweite Anmerkung relativiert werden. Humankapital kann nicht unendlich angehäuft werden. Zumindest auf individueller Ebene sind durch zeitliche, geistige und körperliche Gegebenheiten Grenzen gesetzt. Es kann deswegen nicht von dauerhaft steigenden Grenzerträgen des individuellen Humankapitals ausgegangen werden. Wird unter dem Begriff Humankapital neben anderem auch der gesamtwirtschaftlich verfügbare Wissensbestand verstanden, kann es durchaus zu steigenden Grenzerträgen beim

Einsatz des Humankapitals in der Produktion kommen. Schwierige Probleme können z.B. erst ab einem gewissen Wissensstand gelöst werden. Es ist aber genauso gut denkbar, daß Humankapital vergleichbar mit dem Sachkapital abnehmende Grenzerträge aufweist. Dies kann z.B. bei Überfüllungsphänomenen oder Inkomplementaritäten mit den anderen Produktionsfaktoren möglich sein. Bestimmte Kapitalgüter können in der Realität nur mit Humankapitalbeständen bis zu einer gewissen Höhe kombiniert werden. Mehr Humankapital als notwendig wäre überflüssig. Treten solche Phasen der abnehmenden Grenzproduktivität des Humankapitals auf, treffen auf diesen Produktionsfaktor die gleichen Argumente zu, die auch im Falle der Sachkapitalbildung gültig sind. Abnehmende Grenzproduktivitäten des akkumulierbaren Faktors führen zu einer sinkenden Rentabilität der Investitionen, der Wachstumsprozeß konvergiert gegen einen Nullwachstumspfad.

Trotz dieser Einschränkungen spielt der Wissensstand bzw. das Humankapital eine wichtige Rolle für die internationale Wettbewerbsfähigkeit einer Volkswirtschaft bzw. ihrer Unternehmen. Die Modelle der Neuen Wachstumstheorie ergaben einen positiven Zusammenhang zwischen den Wachstumschancen einer Volkswirtschaft und dessen Humankapitalstock. Das Land mit den höheren Produktivitätsvorteilen wird bei Vorliegen von Hysterese-Effekten auch die potentiell höheren Wachstumsraten aufweisen. Dieser Vorsprung kann die Folge bisheriger Forschungsanstrengungen und/oder umfangreicher Investitionen in die Aus- und Weiterbildung der Arbeitskräfte sein.

Die Ergebnisse der Neuen Wachstumstheorie zeigen eine weitere Tatsache, die für Wachstumsprozesse relevant ist. In allen betrachteten Modellen hat die *Zeitpräferenz* der Wirtschaftssubjekte Einfluß auf die gleichgewichtige Wachstumsrate. Dieses Resultat impliziert einen Zusammenhang zwischen der Sparsamkeit einer Volkswirtschaft und ihren Wachstumsmöglichkeiten. Gesellschaften, die heutigen Konsum stark präferieren, werden geringere Wachstumsraten aufweisen. Die Tatsache, daß die Bereitschaft zum Konsumverzicht wachstumsfördernd ist, ist nicht gerade neu, sie scheint aber vielfach vergessen worden zu sein. Mehr Produktion ist nur möglich, wenn auch Mittel für Investitionszwecke (egal ob für Forschung, Human- oder Sachkapitalbildung) bereitgestellt werden. Die rein konsumtive Verwendung der Produktionsmöglichkeiten einer Volkswirtschaft ist auf Dauer nicht zweckmäßig. Staatliche Wachstumspolitik kann somit auch die Förderung von Sparanreizen bedeuten.

Die Modelle der Neuen Wachstumstheorie lassen wirtschaftspolitische Schlußfolgerungen zu, die von Regierungen vielfach schon angewendet werden. Die Förderung von Forschung und Entwicklung, die Errichtung eines Patentwesens, die Unterstützung von Aus- und Weiterbildungsmaßnahmen, die Stärkung der Innovationsbereitschaft und die Bereitstellung komplementärer Infrastruktureinrichtungen bilden die hauptsächlichen wirtschaftspolitischen Empfehlungen der modernen Ansätze. Auf außenwirtschaftlicher Ebene kann es durchaus für ein Land sinnvoll sein, sich durch Schutzmaßnahmen gegenüber ausländischer Konkurrenz zu erwehren. Dennoch werden die positiven Aspekte des freien Welthandels betont, die für die Neue Wachstumstheorie vor allem in der Teilhabe an den modernen technologischen Entwicklungen liegt. Weltweite

Mobilität von Gütern und Produktionsfaktoren schafft die Möglichkeit zur Nutzung externer Effekte.

Ein großer Vorteil der Neuen Wachstumstheorie liegt vor allem in der Betonung von Marktunvollkommenheiten. Externe Effekte und monopolistische Strukturen bilden die Kernelemente der neueren Modelle. Sie bewirken, daß staatliche Eingriffe überhaupt einen Einfluß auf den gleichgewichtigen Wachstumspfad haben können. Darüber hinaus dokumentieren die Resultate der Neuen Wachstumstheorie die Bedeutung der Annahmen über die Parameterwerte der Volkswirtschaft. Sie verdeutlichen damit sehr gut, daß wirtschaftspolitische Aktivitäten zwar Wirkungen auch auf den langfristigen Wachstumsprozeß haben können. Sie legen aber auch nahe, nicht ausschließlich auf staatliche Kräfte zu vertrauen.

Für die Volkswirtschaft der Bundesrepublik Deutschland lassen sich insbesondere Konsequenzen für die Forschungs-, Bildungs- und Handelspolitik ableiten. Neben einer fortzusetzenden staatlichen Forschungsförderung darf die Bildungspolitik nicht vernachlässigt werden. Streichungen in diesem Bereich werden mit großer Wahrscheinlichkeit kontraproduktiv sein. Internationale Wettbewerbsfähigkeit läßt sich auf Dauer nicht durch alleinige Kostensenkung erreichen. Das Humankapital wird in Zukunft flexibel sein müssen, d.h. sich schnell an verändernde Arbeitsinhalte anpassen müssen. Dafür ist aber eine adäquate Aus- und Weiterbildung vonnöten. Für den deutschen Außenhandel muß weiterhin gelten, in beide Richtungen offen zu sein, damit von ausländischem Wissen profitiert werden kann.

Vergleicht man die wirtschaftspolitischen Schlußfolgerungen, die aus der Neuen Wachstumstheorie abgeleitet werden können, mit dem im allgemeinen Teil zur Industriepolitik skizzierten Modell eines Lebenszyklus einer Industrie, zeigt sich, daß insbesondere die Phasen der Entstehung, Geburt, Jugend und Reifung einer neuen Industrie diskutiert werden. Allgemeine Forschungsförderung bildet die Grundlage für Neuentwicklungen von Gütern und Prozeßverfahren. Das Vorhandensein von Humankapital in ausreichender Qualität und Quantität ermöglicht erst die Durchführung der notwendigen Forschungsaktivitäten. Die durch das Vorliegen von learning by doing und learning by using gekennzeichnete Jugend der Industrie wird ebenfalls von der Neuen Wachstumstheorie erfaßt. Sind Produkte einer Industrie noch relativ neu auf dem Markt, werden sowohl bei ihrer Herstellung als auch bei ihrer Nutzung Verbesserungsmöglichkeiten sichtbar. Produktionsabläufe können z.B. besser organisiert werden oder die Nutzer eines Produktes geben Hinweise auf mögliche Veränderungen, die den Nutzwert erhöhen können. Durch diese Lernprozesse sind umfangreiche Produktivitätseffekte möglich, die in folgenden Weiterentwicklungen der Produkte Eingang finden können. Es liegen Externalitäten vor, die, wie gezeigt, zu den Kerninhalten der Neuen Wachstumstheorie gehören. Die schnelle Realisierung dieser Lerneffekte kann somit komparative Vorteile gegenüber Konkurrenten schaffen.

Innerhalb der Phase der Reifung können die Überlegungen der Neuen Wachstumstheorie ebenfalls ansetzen. Die Förderung der Diffusion neuer Technologien trägt einerseits dazu bei, daß die getätigten Forschungsausgaben der innovativen Unternehmen einen höheren Ertrag zur Folge haben, andererseits können eventuelle Skaleneffekte neuer Technologien besser realisiert werden. Die staatliche Unterstützung einer besseren Verbreitung einer Erfindung kann den Anreiz zur Innovation vergrößern. Die späteren Lebensphasen dagegen sind durch Prozesse gekennzeichnet, für die aus den Modellen der Neuen Wachstumstheorie keine Schlußfolgerungen gezogen werden können. Die einzige Empfehlung wäre die schnelle Durchführung des strukturellen Wandels, um Ineffizienzen in der Ressourcenallokation zu vermeiden.

Die Neue Wachstumstheorie bietet somit keine spezifischen industriepolitischen Empfehlungen an, sondern verweist vielmehr auf Faktoren, welche die Flexibilität und Innovationsbereitschaft einer Volkswirtschaft stärken können. Es werden deshalb breit gefächerte Maßnahmen empfohlen, bei denen mit großer Wahrscheinlichkeit die positiven Effekte überwiegen werden. Ein Problem der Neuen Wachstumstheorie und somit der Fundierung wirtschaftspolitischer Maßnahmen liegt in der Vernachlässigung der Nachfrageseite. Sämtliche Modelle sind angebotsorientiert und lassen Fragen der effektiven Nachfrage außen vor. Die Märkte für neuentwickelte Güter sind jederzeit geräumt, der Arbeitsmarkt ist ebenfalls im Gleichgewicht. In den Modellen zur schöpferischen Zerstörung werden zwar die Konsequenzen technischer Neuerungen für die Unternehmen bzw. deren Profite diskutiert, die Folgen für die Arbeitskräfte, die bei den abgelösten Monopolisten arbeiten, werden nicht beachtet. Technischer Fortschritt ist aber unabhängig von der Art und Weise, in der er sich manifestiert, mit Friktionen verbunden. Neue Märkte entstehen, alte Märkte gehen verloren, die Steigerung der Produktivität durch neue Prozeßabläufe setzt Arbeitskräfte frei. Die Vernachlässigung dieser Aspekte stellt einen der Hauptkritikpunkte an der Neuen Wachstumstheorie dar. Eine Integration dieser Problemfelder könnte z.B. die Bedingungen für eine Entwicklung einer Volkswirtschaft aufzeigen, die erfüllt sein müssen, damit auch der Arbeitsmarkt geräumt wird. (vgl. Abschnitt 3.6)

Zusammenfassend kann festgehalten werden, daß die bisherigen Ergebnisse der Neuen Wachstumstheorie keine sektorspezifische Industriepolitik nahelegen. In einigen Modellen werden zwar die Folgen diskutiert, die sich in einem Zwei-Güter-Fall ergeben können, falls die Sektoren unterschiedlich produktiv sind. Die wirtschaftspolitische Handlungsempfehlung würde lauten "Finde diese produktiven Bereiche und Du wirst Erfolg haben!". Dieses Erfolgsrezept wird schwer umzusetzen sein, denn die oben angesprochenen Informations- und Anreizprobleme einer solchen Politik mögen zwar nicht in der dramatischen Weise vorliegen, wie sie von den Kritikern staatlicher Eingriffe behauptet wird. Ganz von der Hand zu weisen sind sie dennoch nicht. Eine Möglichkeit, zumindest einen Schritt in diese Richtung zu tun, besteht in der Einführung eines Sachverständigenrates zur Begutachtung technologischer Neuerungen und potentieller Märkte. Dieses Gremium würde beratend für alle Interessenten tätig sein. Die Entscheidung, ob in eine bestimmte Technologie investiert wird, müssen letztendlich die Unternehmen treffen. Die industriepolitischen Konsequenzen der Neuen Wachstumstheorie sind in einer breiten Forschungsförderung und Bildungspolitik zu sehen, welche die Chance zum technischen Fortschritt in sich bergen. Darüber hinaus müssen staatlicherseits komplementäre Infrastruktureinrichtungen bereitgestellt werden. Die Implikationen der Neuen Wachstumstheorie für eine zukunftsgerichtete Wachstumspolitik werden in Kapitel 6 noch einmal aufgegriffen werden, wenn die wirtschaftspolitischen Schlußfolgerungen aus den gesamten Projektarbeiten diskutiert werden.

4 Zur Stabilität des Wachstumsprozesses und der Beschäftigungsentwicklung in den Wirtschaftszweigen der Bundesrepublik Deutschland

4.1 Vorbemerkungen

Wie bereits im vorangegangenen Kapitel festgestellt wurde, liefert die neue Wachstumstheorie keine Aussagen, die eine sektorspezifische Industriepolitik des Staates bzw. ein detailliertes *targeting* einzelner Industriesektoren begründen könnte. Aufgrund ihres hohen Aggregationsgrades, der höchstens eine Unterscheidung nach zwei Wirtschaftszweigen (Produktions- und FuE-Sektor) vornimmt, lassen sich keine Aussagen ableiten, wo und wie einzelne Wirtschaftszweige wirtschaftspolitisch behandelt werden sollten. Das eingangs kurz skizzierte Konzept des Lebenszyklus einer Industrie ermöglicht es hingegen eher, eine Klassifikation von Wirtschaftszweigen hinsichtlich ihres langfristigen Entwicklungspotentials abzuleiten. Dies liefert eine Ausgangsbasis, um eine konkretere Bewertung hinsichtlich der industriepolitischen Optionen vorzunehmen.

Gemäß der in Kapitel 1 vorgenommenen Unterscheidung des Industrielebenszyklus in sechs Lebensphasen (*emerging industry, infant industry, high growth industry, mature industry, declining industry, vanishing industry*), kann je nach Detaillierungsgrad anhand empirischer Daten über die Industriestruktur der Versuch unternommen werden, eine Klassifikation der Wirtschaftszweige aufgrund ihres bisherigen Wachstumsverhaltens zu entwickeln. Dabei sind bei der empirischen Analyse einige Einschränkungen hinsichtlich der Differenzierungsmöglichkeiten beim Industrielebenszyklus unvermeidlich. Die ersten beiden Phasen des Entwicklungszyklus einer Industrie sind aufgrund der meist mangelhaften Informationsbasis nicht statistisch dokumentiert. So wurde beispielsweise der Wirtschaftszweig Büromaschinen, ADV erst Mitte der 60er Jahre in der Bundesrepublik Deutschland durch das Statistische Bundesamt gesondert erfaßt, obwohl dessen *take-off* Jahre früher einsetzte. Ebenso wird die letzte Phase im Lebenszyklus einer Industrie häufig statistisch nicht mehr dokumentiert, da sie für die Volkswirtschaft bedeutungslos geworden ist.

Es erscheint daher unumgänglich, die Gliederung des Industrielebenszyklus auf drei der vorher genannten Phasen zu reduzieren. Diese wären dann als *Wachstumsphase*, *Stagnationsphase* sowie *Schrumpfungsphase* zu charakterisieren. Die Wachstums- und Schrumpfungsphasen können gegebenenfalls in weitere Teilintervalle bezüglich der jeweiligen Höhe der Veränderungsraten unterteilt werden (etwa in der Form einer Klassifikation nach hoch/mittel/niedrig). Dabei geht die Lebenszyklushypothese einer Industrie davon aus, daß es sich um einen eingipfeligen Lebenszyklus handelt, d.h. die Existenz von *revival industries* ausgeschlossen ist. In diesem Sinne könnte auch von der Hypothese eines einfachen Lebenszyklus im Gegensatz zur Hypothese eines Lebenszyklus mit *revival* als der verallgemeinerten Lebenszyklushypothese gesprochen werden. Mehrgipfelige Lebenszyklen würden daher zwischen die

Phase einer mature industry und der declining industry noch die Phase einer *revival industry* einfügen, die erneut in eine Phase rascheren Wachstums führt, bevor wiederum Stagnation und Schrumpfung eintreten. Wie aus diesen Überlegungen deutlich wird, entsteht durch die Möglichkeit der Existenz einer *revival*-Phase im Lebenszyklus einer Industrie das Problem, daß aus der vergangenen Entwicklung im Lebenszyklus einer Industrie eine Vorhersage über deren Zukunftsperspektiven unsicher wird, solange eine Prognose, wann und wie häufig ein *revival* eintritt, nicht aufgestellt werden kann.

Betrachtet man eine Grobgliederung der Wirtschaft, wie sie in der Drei-Sektoren-Hypothese von Fourastie (1954) enthalten ist, die nur die Wirtschaftsbereiche Landwirtschaft/Industrie/Dienstleistungen unterscheidet, so spricht die bisherige Evidenz dafür, daß die Annahme eines einfachen Lebenszyklus eine generelle Bestätigung gefunden hat. Die Schrumpfung der Landwirtschaft zugunsten der Industrie und den Dienstleistungen war innerhalb des Wachstumsprozesses weitgehend irreversibel. Ebenso erscheint die Deindustrialisierung zugunsten der Dienstleistungen ein säkularer Trend zu sein, der bisher nicht gebrochen worden ist. Inwieweit diese Entwicklung sich jedoch zukünftig fortsetzen wird, wird in jüngster Zeit von einigen Autoren bezweifelt (Zinn 1995). Ob der Deindustrialisierung eine Reindustrialisierung folgen kann, bleibt also umstritten.

Beginnen wir nun die Zahl der Sektoren, nach denen eine Volkswirtschaft untergliedert werden kann, zu erhöhen, so stellt sich erneut die Frage, ob die damit gegebenen Wirtschaftssektoren oder -zweige eher der einfachen Lebenszyklushypothese folgen, oder ob jetzt häufiger ein *revival* von Industrien beobachtbar ist. Die zurückliegenden Erfahrungen können hier Hinweise liefern, ob und wie häufig ein revival zu beobachten ist, wobei sinnvollerweise von konjunkturellen Schwankungen abzusehen ist, da diese nur kurzfristige Schwankungen der effektiven Nachfrage im Wachstumsprozeß einer Industrie repräsentieren.

Bei der Wahl der Anzahl der Sektoren und deren Abgrenzung untereinander bleibt ein gewisses Maß an Willkür bestehen, wie die jeweils stattfindenden Revisionen der Sektorenklassifikationen immer wieder verdeutlichen. Im Idealfall bestünden Unternehmen nur aus Einproduktunternehmen, die - weil homogen - keine Unterschiede in der funktionalen bzw. institutionellen Klassifikation aufwiesen. Doch dieses Ideal homogener Mikroeinheiten auf Unternehmens- bzw. auch auf Betriebsebene ist in der Realität oft nicht einlösbar, da Unternehmen meistens mehrere Produkte und Dienstleistungen produzieren - sei dies in der Form von Kuppelproduktionen oder auch nur durch die Nutzung von *economies of scope*, indem fertigungstechnisch oder vertriebsmäßig ähnliche Produkte und Dienstleistungen unter dem Dach einer Unternehmung erfaßt sind, oder auch aufgrund von Diversifizierungsstrategien von Unternehmen sogar eine Heterogenität des Produktspektrums bewußt innerhalb eines Unternehmens vereinigt wird. Unternehmenskonglomerate lassen sich dann nur durch die Klassifikation nach fachlichen Unternehmensteilen aus produktionstheoretischer Sicht annähernd angemessen abbilden.

Die im folgenden durchgeführte Analyse basiert jedoch auf Daten des Statistischen Bundesamtes, das weiterhin am institutionellen Konzept der Zuordnung der wirtschaftlichen Aktivitäten nach dem Schwerpunktprinzip der Unternehmen festhält.

Neben den bisher genannten Abgrenzungsproblemen verändert außerdem der technologische Fortschritt durch Produktinnovationen die relative Nähe oder Ferne verschiedener Produkte und Fertigungsprozesse, Vertriebswege, etc., welche die Grundlage für eine Industrieklassifikation liefern. Die periodisch von den statistischen Ämtern vorgenommenen Revisionen der Industrieklassifikationen versuchen, diesen Entwicklungen aufgrund des jeweils aktuellen Kenntnisstandes Rechnung zu tragen. Da die Art und Richtung der technologischen Entwicklung nur sehr unscharf für die nähere und insbesondere fernere Zukunft abschätzbar ist, erfolgen diese Änderungen jedoch immer erst dann, wenn eine Industrie bereits die ersten beiden Phasen ihres Lebenszyklus hinter sich gelassen hat und eine gewisse Stabilität der Entwicklung abzusehen ist.

Neben dem im vorangegangenen Abschnitt bereits thematisierten Problem eines revival einer Industrie ist insbesondere hinsichtlich der *emerging* und *infant industries* anzumerken, daß deren *survival* über diesen status nascendi keineswegs gesichert ist, sondern eine große Anzahl von ihnen sofort in die Phase einer *vanishing industry* übergehen, weil die ursprünglichen Erwartungen an ihr Wachstumspotential unerfüllt geblieben sind. *Picking winners* unter einer Vielzahl von erfolgversprechenden *emerging* und *infant industries* bleibt ein Unterfangen, das ein hohes Risiko des Scheiterns der dort getätigten Investitionen beinhaltet. Diese Erfahrungen sind auch teilweise schmerzvoll von zahlreichen Risikokapitalfinanzierungsgesellschaften insbesondere seit Beginn der 80er Jahre gemacht worden, als die Idee einer gezielten Förderung von Industrieunternehmen in diesen Entwicklungsstadien eines Industrielebenszyklus an Attraktivität zuerst in den USA gewonnen hatte, die als international führende Technologiegebernation ein besonderes Interesse an der Aufrechterhaltung dieser Position besaß. Ein zentrales Problem bleibt es, in dieser frühen Phase die Überlebenswahrscheinlichkeit und das Wachstumspotential einer solchen Industrie hinreichend genau einzuschätzen, so daß hohe Verluste des dort investierten Risikokapitals vermieden werden können. Der Staat als Finanzier von Risikokapital könnte gegebenenfalls durch die Sozialisierung von anfallenden Verlusten eingreifen, indem er derartige Aktivitäten entweder indirekt steuerlich begünstigt oder mit direkten Finanzzuweisungen fördert. Das Problem der Risikobewertung von Unternehmen in solchen Bereichen kann durch ihn jedoch wohl kaum besser geleistet werden, als dies durch private Finanzierungsgesellschaften geschieht. Dies schließt jedoch nicht die Notwendigkeit der Entwicklung leistungsfähiger privater Risikokapitalfinanzierungsgesellschaften aus, sondern macht sie gegebenenfalls zu einem wichtigen Instrument bei der Schaffung einer leistungsfähigen wachstumsorientierten Industriestruktur. Es überrascht daher nicht, daß eine staatlich kontrollierte Investitions- oder Entwicklungsfinanzierungsbank bzw. -gesellschaft immer wieder als Instrument einer staatlichen Industriepolitik verwendet wurde.

In der Bundesrepublik Deutschland spielt beispielsweise die Kreditanstalt für Wiederaufbau eine solche Rolle. Im Zuge des Beitritts Ostdeutschlands wuchsen der Treuhandanstalt darüber hinaus noch sehr viel umfassendere Funktionen zur industriepolitischen Gestaltung des wirtschaftlichen Neuaufbaus in den neuen Bundesländern zu. Eine Analyse der Arbeit der Treuhandanstalt in Ostdeutschland hingegen dürfte keinen Hinweis auf eine Überlegenheit des Staates beim Geschäft des *picking the winners* nachweisen. Auch in den USA, die als Prototyp einer industriepolitischen Abstinenz der Wirtschaftspolitik häufig von den Kritikern einer Industriepolitik angeführt werden, wurde im Rahmen des *New Deal* eine *Reconstruction Finance Corporation (RFC)* geschaffen, die diese Aufgabe auch nach dem Ende des Zweiten Weltkriegs wahrnahm und später durch eine größere Zahl von Nachfolgeorganisationen mit der gleichen Zielsetzung ersetzt wurde (Graham 1992). Die Übernahme von Verlusten im Bereich der Risikokapitalfinanzierung durch den Staat könnte jedoch auch die privatwirtschaftliche Bewertung von Finanzierungsrisiken in eine Richtung verschieben, so daß die Häufigkeit von Verlusten in diesem Bereich deutlich erhöht wird, da sie privat weniger kosten. Dies zeigte sich auch insbesondere bei der Förderung von Großprojekten, da deren Zahl vergleichsweise gering ist und damit das Gesetz der großen Zahl hinsichtlich der Konvergenz zur theoretischen Risikoverteilung keine praktische Relevanz beanspruchen kann. Es mag einerseits notwendig erscheinen, bei risikoaversem Verhalten der einzelnen Wirtschaftssubjekte dieses durch staatliche Förderpolitik im Sinne von Arrow zu kompensieren, es garantiert jedoch nicht gleichzeitig eine höhere Zahl von Treffern bei den Gewinnern, wenn die Risikoverteilung bei staatlicher Risikoabsicherung nicht stabil bleibt. Von einer staatlichen Risikofinanzierungsgesellschaft ist deshalb dringend abzuraten, falls die komparativen Vorteile einer staatlichen gegenüber einer privaten Finanzierungsgesellschaft nicht begründbar sind.

Ein weiteres Problem, das bei einer Identifikation von Wachstumsbereichen zu berücksichtigen ist, liegt in der Abgrenzung des relevanten Marktes für Produkte und Dienstleistungen. Wie Albach (1993) deutlich gemacht hat, ist dieser Bestimmungsprozeß ein oftmals höchst dynamischer Prozeß, der eher auf der Mikroebene der betriebswirtschaftlich orientierten Marktforschung anzusiedeln ist, da der Markt als Entdeckungsverfahren im Sinne von Hayek hier wie Fraktale ständig neue Muster und Strukturen der Marktabgrenzung generiert. Auch in Märkten von Industriezweigen, wie sie auf der Ebene von Mesoaggregaten durch die offizielle Wirtschaftsstatistik zur Verfügung stehen, befinden sich höchst unterschiedliche Teilmärkte, die hohes Wachstum in ansonsten stagnierenden oder schrumpfenden Bereichen erzielen. Die Identifikation von Wachstumsindustrien auf der Mesoebene läßt nur Rückschlüsse über die durchschnittlichen Wachstumserfolge, jedoch nicht über die *performance* der darin enthaltenen Teilmärkte und dort aktiven Unternehmen zu.

Sollte eine Klassifikation von Wachstumsindustrien auf der Mesoebene deshalb irrelevant sein? Wir meinen, daß dies nicht der Fall zu sein braucht, wenn man sich der Grenzen einer solchen Betrachtung bewußt bleibt und Fehlschlüsse vermeidet. Unternehmen, die in einem Wirtschaftszweig mit überdurchschnittlich hohem Wachstum produzieren, müssen nicht immer erfolgreicher als andere in stagnierenden oder schrumpfenden Bereichen sein (wie dies zum Beispiel die Milliardenverluste von Firmen wie Bull oder Olivetti im Bereich der Büromaschinen, ADV zeigen). Allerdings sind offensichtlich die Wachstumsperspektiven in diesem Wirtschaftszweig insgesamt günstiger und damit das relative Risiko für Unternehmen, ein nur durchschnittliches oder unterdurchschnittliches Wachstum zu erzielen, geringer. Sofern die Wachstumstrends einzelner Wirtschaftszweige über mittlere oder auch längere Zeiträume stabil bleiben, eröffnen sich für die dort tätigen Unternehmen prinzipiell günstigere Chancen als in anderen Zweigen, die diese Bedingungen nicht aufweisen. Diese Sicht schließt selbstverständlich nicht aus, daß Unternehmen immer dort ihre Entwicklungsperspektiven suchen, wo sie aufgrund ihrer jeweiligen komparativen Vorteile gegenüber anderen am Markt tätigen Unternehmen das günstigste Wachstumspotential sehen. Die Lehre könnte daher eher sein, daß gegebenenfalls Unternehmen, die eine hohe Flexibilität auch in stagnierenden Märkten durch Schaffung neuer Teilmärkte besitzen, diese Fähigkeit noch erfolgreicher in insgesamt rasch expandierenden Märkten zu nutzen verstünden. So hat beispielsweise die finnische Firma Nokia durch eine frühzeitige Diversifizierung in dem Bereich der digitalen Funktelefone, die dem GSM-Standard entsprechen, und der Computermonitore ihre Flexibilität im doppelten Sinne bewiesen, indem nicht Flexibilität in ihren traditionellen Bereichen (Papier, Pappe, Gummi) gezeigt wurde, sondern eine Diversifizierungsstrategie in einem *emerging market* ein noch größeres Wachstumspotential eröffnete. Gerade für Unternehmen, die aufgrund eines historischen *lock-in* in traditionellen Märkten, die ihren Wachstumshöhepunkt überschritten haben, bleibt die Identifikation größerer Wachstumsfelder, in denen sie bisher nicht präsent waren, anhand eines mesoökonomischen Überblicks besonders wichtig, da sie Anregungen zur Diversifizierung in diese Bereiche bietet. So hat auch beispielsweise der ehemalige Stahlkonzern Krupp-Hoesch inzwischen seine Aktivitäten dergestalt diversifiziert, daß das traditionelle Stahlgeschäft weniger als die Hälfte des Umsatzes ausmacht. Die Diversifizierungsstrategien von Unternehmen sind offenbar ein wesentliches Element, mit dem sich Unternehmen dem Wandel, der durch den Industrielebenszyklus vorgegeben ist, als Mikroeinheiten entziehen können, indem sie sich neue Geschäftsfelder erschließen, die außerhalb ihrer traditionellen Industrie liegen. Das Beispiel von Daimler-Benz zeigt jedoch auch, daß Diversifizierungsstrategien mit hohen Risiken verbunden sind, wenn Wachstumsperspektiven in neuen Geschäftsfeldern falsch eingeschätzt werden und die Expansion dort nicht adäquat angelegt ist.

Inwieweit kann die Kenntnis von Wachstumsfeldern in der Wirtschaft für die Wirtschaftspolitik eines Landes nützlich sein? Wenn die Wirtschaftspolitik keine wachstumspolitischen Ziele verfolgt oder sie diese allein durch die Schaffung eines ordnungspolitischen und stabilen makroökonomischen Rahmen erzielen will (*getting the basics right*), wäre eine derartige Information überflüssig, da diese für die politische Entscheidungsfindung nicht benötigt wird. Wenn hingegen konzediert wird, daß das Wirtschaftswachstum nicht gleichmäßig über alle Wirtschaftsbereiche verteilt ist, d.h. alle Wirtschaftszweige gleichsam mit einer *steady state*-Wachstumsrate sich entwickeln, dann kann Wachstumspolitik dadurch betrieben werden, indem der Strukturwandel mittels wirtschaftspolitischer Maßnahmen derart forciert wird, daß Anreize geschaffen werden, mehr und rascher in Wachstumsindustrien zu investieren. Dieses Denken findet sich auch bereits in der klassischen Beschreibung der industriepolitischen Konzeption des MITI (Ministry of International Trade and Industry). Ojimi, der damalige Vizeminister des MITI, charakterisierte sie folgendermaßen:

> *"Das MITI entschied sich dafür in Japan Industrien zu entwickeln, die eine hohe Kapital- und Technologieintensität aufweisen, Industrien, die bei Berücksichtigung der komparativen Kosten der Produktion die am wenigsten geeigneten für Japan sind. ... Aus einer kurzfristigen, einer statischen Sicht, scheint die Förderung solcher Industrien im Konflikt mit ökonomischer Rationalität zu stehen. Aber aus langfristiger Sicht sind es gerade genau diese Industrien, bei denen die Einkommenselastizität der Nachfrage hoch, der technische Fortschritt rasch, und der Anstieg der Arbeitsproduktivität schnell ist ... Nach der Auffassung von Napoleon und Clausewitz besteht das Geheimnis einer erfolgreichen Strategie in der Konzentration der Kampfkraft auf das Hauptschlachtfeld. Glücklicherweise, aufgrund von Glück und Weisheit sowie hervorgebracht durch die Notwendigkeit, war Japan in der Lage sein knappes Kapital auf strategische Industrien zu konzentrieren."* (OECD 1972, dt. Übersetzung, d. Verf.)

Wie dies im einzelnen geschehen könnte, soll an dieser Stelle nicht thematisiert werden. Es bleibt jedoch festzuhalten, daß die damaligen Industriepolitiker in Japan der hohen Einkommenselastizität der Nachfrage, die mit einer hohen Kapital- und Technologieintensität gekoppelt ist, große Aufmerksamkeit schenkten und sie zur Grundlage ihres *industrial targeting* machten. Die Industriepolitik Japans berücksichtigte und berücksichtigt auch heute noch offensichtlich sehr viel stärker als die europäische oder auch die deutsche, die Dimension des Nachfragepotentials einer neuen Technologie, als dies die Technologie- und Innovationspolitik mit ihrer Fixierung auf die Angebotsseite tut und damit eher einen *technology push* anstelle eines *demand pull* zur Grundlage ihrer Förderpolitik macht. So stellt Kodama (1995), ein Hochschullehrer für Wissenschaft, Technologie und Industrie an der Tokio-Universität, in seinem Buch mit dem Titel "Emerging Patterns of Innovation - Sources of Japan's Technological Edge" fest:

> *"Die gegenwärtige Entwicklung hat gezeigt, daß wissenschaftliche Führerschaft nicht notwendigerweise zu industrieller oder Produktführerschaft führt. Wir müssen daher die Verbindung zwischen Wissenschaft und Produkt bedenken. Üblicherweise wird diese Verbindung als eine Art* **pipeline progression** *bezeichnet, in welchem eine neue Technologie sukzessive aus der Grundlagen-*

forschung, der angewandten Forschung, der explorativen Entwicklung, dem Engineering und der Fertigung entsteht. R. Gomory hat diesen Ablauf als Stufenprozeß bezeichnet, bei dem Schritt-für-Schritt eine wissenschaftliche Erkenntnis in ein radikal neues Produkt umgewandelt wird. In diesem Stufenprozeß dominiert, gemäß Gomory, eine neue Technologie, und das Produkt wird um diese herum kreiert. Die Kundenbedürfnisse werden als gegeben betrachtet... Es ist [dagegen] wichtig, virtuelle Märkte zu identifizieren. Dies sind hypothetische Märkte im Sinne von Produktmärkten, die nicht artikuliert sind, bis die dafür erforderliche Technologie geschaffen ist. "Virtuelle Märkte" entstehen aus der Wahrnehmung von sozialen und ökonomischen Bedürfnissen und sind in diesem Sinne "soziotechnologisch" statt nur einfache durch die Technologie gegebene Möglichkeiten.

In der Tat hat die Entwicklung der Hochtechnologie einen drastischen Wandel im Aktionsfeld der Regierungspolitik geschaffen. Für Regierungen ist es nicht länger die Hauptaufgabe, technologische Engpässe zu überwinden, sondern wie die verfügbare Technologie zu ihrer bestmöglichen Anwendung gelangen kann. Entsprechend hat Technologiepolitik, die traditionell die Angebotsseite der technologischen Entwicklung betonte, jetzt auf der Nachfrageseite anzusetzen. Aber der Prozeß ist nicht so einfach wie der bisherige demand-pull versus technology-push Gegensatz. Er liegt dazwischen und bedarf einer Vielzahl von Rückkopplungen." (Kodama 1995, S.142-143, dt. Übersetzung d. Verf.).

Kodamas Überlegungen zeigen, daß die alleinige Betrachtung der Vergangenheitsentwicklung unzureichend bleiben muß, sofern es um die Schaffung von *emerging* und *infant industries* und ihrer industriepolitischen Begleitung geht. Andererseits kann eine Betrachtung der historischen Entwicklung von Wirtschaftszweigen aufzeigen, ob es eine mittel- bis langfristige Kontinuität bei deren Entwicklung gibt, so daß Wachstumsindustrien von schrumpfenden oder stagnierenden Industrien entsprechend voneinander unterschieden werden können.

Die überblicksartige Kenntnis der bisherigen industriellen Wachstumspotentiale einer Volkswirtschaft bzw. der Weltwirtschaft kann daher dazu beitragen, eine Grobstruktur der bisherigen Wachstumsfelder zu bestimmen und die Frage ihrer zukünftigen Entwicklungsperspektiven zu thematisieren. Weitere mehr mikroanalytische Studien können die bei Betrachtung der Mesoebene gewonnen Aussagen gegebenenfalls absichern oder zu widerlegen versuchen. Eine Untersuchung des sektoralen Wachstums hilft daher eine gewisse Ordnung innerhalb eines ansonsten unüberschaubaren Mikrokosmos zu erreichen. Sie kann auch die Grundlage eines industriepolitischen Dialogs zwischen Staat-Unternehmen-Gewerkschaften sein, der sich mit der Thematik auseinandersetzt, ob die derzeitigen Entwicklungstrends den jeweiligen Zielvorstellungen entsprechen oder welche Korrekturen erforderlich wären, um unerwünschten Entwicklungen, wie beispielsweise einer mangelnden Präsenz in Wachstumsmärkten oder einem zu raschen Abbau der Beschäftigung in *sunset industries*, bei einem zu langsamen Anstieg der Erwerbstätigenzahlen in *sunrise industries* entgegenzutreten

Im folgenden soll dies exemplarisch für die westdeutsche Wirtschaft in einer Untergliederung nach 51 Wirtschaftszweigen für die drei Jahrzehnte von 1960 bis 1990 durchgeführt werden. Die Analyse basiert dabei auf der Bestimmung langfristiger Wachstumstrends bei der Bruttowertschöpfung, der Arbeitsproduktivität und der Zahl der Erwerbstätigen. Das verwendete Modell unterstellt dabei, daß die langfristige Wachstumsrate nicht, wie häufig bei langfristigen Trendanalysen unterstellt wird, konstant ist, sondern langfristig eine Beschleunigung oder Verlangsamung eintreten kann. Daher kann die Hypothese innerhalb dieses Modellrahmens getestet werden, ob eine langfristige Konstanz der Wachstumsrate im Sinne eines exponentiellen Wachstumspfades empirische Gültigkeit beanspruchen kann oder nicht. Um auch Diskontinuitäten in der Wachstumsentwicklung zu berücksichtigen, werden im verwendeten Wachstumsratenmodell auch mögliche Strukturbrüche für die Zeiträume 1974 bis 1984 und 1985 bis 1990 in die Analyse einbezogen. Die Überlegung bei der Wahl dieser Zeiträume war, daß die Ölpreisschocks in der Periode 1974-84 möglicherweise eine Verschiebung im Niveau des Wachstumspfades hervorgerufen hatten, der danach in den Jahren 1985-90 nach dem Rückgang der Ölpreise auf ein vor den Ölpreiskrisen vergleichbares Niveau hätte korrigiert werden können. Damit war es mit dieser Modellanalyse zumindest in einer einfachen Form möglich, die konkurrierenden Hypothesen zu testen, ob Strukturbrüche, ausgelöst durch exogene Schocks, oder eine langfristige kontinuierliche Entwicklung im Wachstumsprozeß einer Industrie eine vorherrschende Rolle in der wirtschaftlichen Entwicklung einnehmen.

Durch die Analyse der langfristigen Wachstumstrends bei der Entwicklung der Wertschöpfung, der Arbeitsproduktivität je Erwerbstätigen und der Entwicklung der Zahl der Erwerbstätigen rückt außerdem noch die Frage in den Mittelpunkt, ob und in welchem Maße deren Verläufe sich synchron oder asynchron entwickeln. Eine asynchrone Entwicklung zwischen Produktivität und Wirtschaftswachstum führt dann auch zu beschäftigungsmäßigen Konsequenzen hinsichtlich der Zahl der verfügbaren Arbeitsplätze. Wenn der Wachstumsprozeß einer Industrie aufgrund einer unzureichenden Entwicklung beim Nachfragepotential erlahmt, ohne daß die Produktivitätsentwicklung sich ebenfalls dieser Entwicklung im gleichen Umfang anpaßt, dann wird die Beschäftigung innerhalb eines Wirtschaftszweiges bereits abgebaut, bevor eine Stagnation hinsichtlich der Produktion eingetreten ist. Dies wäre dann eine Form der Entstehung technologischer Arbeitslosigkeit innerhalb eines Wirtschaftszweigs, die nur durch die Absorptionsfähigkeit anderer Wirtschaftszweige kompensiert werden kann. Lohnflexibilität könnte vorübergehend den Freisetzungsprozeß dort verlangsamen, da durch sinkende Kosten und damit verbundenen sinkenden Produktpreisen das Nachfragepotential in der Regel steigt. Der grundlegende Prozeß innerhalb eines Industrielebenszyklus ist hierdurch jedoch kaum umkehrbar. Die

Beschäftigungsentwicklung bliebe asynchron, d.h. phasenverschoben zum Wachstumsprozeß, wobei der Beschäftigungsgipfel vor dem Wachstumsgipfel einer Industrie läge. Die Grenzen einer Lohnsenkungsstrategie wären über kurz oder lang auch durch die Subsistenzschwelle gegeben, wie auch Krugman (1995b) erneut festgestellt hat.

4.2 Wachstumstrends der Bruttowertschöpfung in den Wirtschaftszweigen

Einen ersten Überblick über die veränderten langfristigen Trends liefern die zwei Abbildungen 2 und 3 für die Jahre 1961 und 1990. Sie zeigen die aufgrund der Modellschätzungen gewonnenen trendmäßigen Wachstumsraten, bei denen sowohl Veränderungen in der trendmäßigen Wachstumsrate als auch mögliche Strukturbrüche für die Periode der Ölpreiskrisen (1974-1984) und die Periode eines möglichen Revivals (1985-1990) berücksichtigt worden sind (zur Methodik und den statistischen Ergebnissen der Schätzungen siehe den Anhang zum Kapitel).

Beim Sektor Landwirtschaft, der die Forstwirtschaft und Fischerei einschließt, zeigt sich 1961 eine trendmäßige Wachstumsrate von etwa 2%. Sie steigt sogar geringfügig auf 2,2% im Jahr 1990.

Bei den Energieversorgungssektoren ist hingegen ein deutlicher Rückgang beim Wachstum der Bruttowertschöpfung feststellbar. Bei der Elektrizitätsversorgung liegt die Wachstumsrate 1990 mit 5% bei nur knapp der Hälfte derjenigen von 1961 mit 10,4 %. Auch bei der Gasversorgung ist ein deutlicher Rückgang von 13,5% auf 9,8% feststellbar, wenn letztere Wachstumsrate auch 1990 nach derjenigen für den Wirtschaftszweig Büromaschinen, ADV die zweithöchste in der betrachteten Untergliederung der Wirtschaft Westdeutschlands darstellt. Auch bei der Wasserversorgung sinkt die langfristige Rate auf ein Viertel derjenigen von 1961 und beträgt nur noch 1,5%.

Die Wertschöpfung in den beiden Sektoren des Bergbaus ist kontinuierlich gefallen. Während die Schrumpfungsrate sich beim übrigen Bergbau von 8,8% im Jahre 1961 auf 3,7% im Jahre 1990 verminderte, beschleunigte sich der Schrumpfungsprozeß im Kohlenbergbau von 1% auf 2,4% im Vergleich der beiden Stichjahre.

In den Wirtschaftszweigen des Verarbeitenden Gewerbes zeigt sich überall eine drastische Wachstumsabschwächung. In der Regel findet dort in den meisten Wirtschaftszweigen mindestens eine Halbierung der langfristigen Wachstumsraten während des Zeitraums 1961 bis 1990 statt. Ausnahmen sind hier die Hochtechnologiesektoren, Büromaschinen und ADV mit einem Rückgang von 15% auf 11,7%, die Luft- und Raumfahrttechnik mit einem Rückgang von 10,2% auf 7,6% sowie der Straßenfahrzeugbau, die Elektrotechnik und die Zellstoff- und Papierherstellung. Legt man eine langfristige gesamtwirtschaftliche Wachstumsrate für die Bruttowertschöpfung der Gesamtwirtschaft von etwa 2,7% für Westdeutschland für diesen Zeitraum zugrunde (vgl. Erber 1994c), dann erreichten oder überstiegen diese in ihrem langfristigen Trend nur noch vierzehn von einunddreißig Wirtschaftszweigen des Verarbeitenden Gewerbes. Eine

Schrumpfung im langfristigen Entwicklungstrend der Wertschöpfung zeichnet sich beim Schiffbau und dem Leder- sowie dem Bekleidungsgewerbe ab. Die Phase der Stagnation haben am Ende der 1980er Jahre die Wirtschaftszweige Feinkeramik, Eisenschaffende Industrie, Gießereien, Musikinstrumente und das Textilgewerbe erreicht.

Beim Baugewerbe ist für das Bauhaupt- und Ausbaugewerbe ebenfalls ein Rückgang um etwa die Hälfte zu verzeichnen.

Neben den dramatischen Einbrüchen in der Wachstumsdynamik des Verarbeitenden Gewerbes ist auch in den Wirtschaftszweigen des Dienstleistungsbereichs eine erhebliche Verlangsamung in den trendmäßigen Wachstumsraten feststellbar. Das Schlußlicht in der Wachstumsentwicklung bildet der Sektor Eisenbahnen. Es wäre interessant zu prüfen, ob durch die Einführung der Hochgeschwindigkeitszüge und die Privatisierung der Deutschen Bundesbahn in den 1990er Jahren ein *revival* Prozeß in Gang kommt, oder, ob die bisher sich abzeichnende Wachstumsdynamik durch diese Maßnahmen nur geringfügig gebremst werden kann. Als Dienstleistungssektoren, die eine langfristige Wachstumsbeschleunigung seit Anfang der sechziger Jahre aufweisen können, sind die privaten Haushalte und die Organisationen ohne Erwerbszweck neben den sonstigen Dienstleistungen und der Deutschen Bundespost zu verzeichnen. Die übrigen Dienstleistungssektoren zeigen jedoch trotz einer langfristigen Abschwächung in ihrer Wachstumsdynamik ein im Vergleich zur gesamtwirtschaftlichen Rate überdurchschnittliches, ja häufig doppelt so hohes Wachstum. Spitzenwerte erreichen hier die Versicherungen, die Kreditinstitute und die Deutsche Bundespost mit 5 bis 6%. Letztere profitiert offensichtlich von einem sich noch beschleunigenden Wachstumszyklus im Bereich der Informations- und Kommunikationstechnologien. Auch hier könnten sich durch die Deregulierung dieses Bereichs und die Privatisierung der ehemaligen Bundespost neue Wachstumskräfte entwickeln, die aus der vorliegenden historischen Trendanalyse nicht erfaßt werden können.

Eine detailliertere Darstellung der Entwicklung für alle Wirtschaftszweige findet sich in den beiden Tabellen 1a-d, die noch die Werte für die Stichjahre 1970 und 1980 enthalten.

Zusammenfassend läßt sich feststellen, daß die Abschwächung der Wachstumsdynamik der westdeutschen Wirtschaft seit den 1960er Jahren über fast alle Wirtschaftszweige feststellbar ist. Dabei ist dem Einbruch insbesondere im Verarbeitenden Gewerbe eine Schlüsselrolle bei der Abschwächung der gesamtwirtschaftlichen Wachstumsdynamik zugekommen, da dessen zu Beginn der 1960er Jahre sehr hohe Wachstumsraten auf breiter Front deutlich zurückgegangen sind. Die Dienstleistungen haben jedoch nicht eine vergleichsweise dynamische Entwicklung genommen, wie sie das Verarbeitende Gewerbe noch zu Beginn der 1960er Jahre verzeichnen konnte. Dadurch konnten sie auch nur teilweise diesen Verlust kompensieren, so daß insgesamt das Wachstum in den 1980er Jahren hinter der Entwicklung der vorangegangenen Jahrzehnte zurückblieb. Anzeichen für eine Umkehr dieser Entwicklung würden sich nur dann ergeben, wenn das Gewicht der gemessen an der gesamtwirtschaftlichen Wachstumsdynamik unterdurchschnittlich wachsenden Wirtschaftszweige soweit gesunken ist, daß das Gewicht der wachstumsstärkeren Wirtschaftszweige, insbesondere im Bereich der Dienstleistungen, die gesamtwirtschaftlich langfristige Wachstumsrate aufgrund des Struktureffekts nach oben zieht. Aber selbst unter diesen optimistischen Annahmen wäre eine derartige Entwicklung aufgrund der hier vorliegenden Ergebnisse nur transitorisch, da es insgesamt zu wenige und bisher nicht hinreichend große Wirtschaftszweige gibt, die eine langfristige Beschleunigung ihrer Wachstumskräfte verzeichnen können.

Bei der Analyse des Einflusses von Strukturbrüchen zeigen sich in der hier vorliegenden Analyse insgesamt keine deutlichen Einflüsse, insbesondere für die Periode 1985-1990. Zwar sind Wirtschaftszweige wie die Mineralölverarbeitung, Kunststoffwaren und Gummiverarbeitung dauerhaft negativ in ihrem Wachstum durch die Ölpreiskrisen beeinflußt worden (vgl. dazu die Ergebnisse im Anhang zu diesem Kapitel), jedoch zeigen die meisten anderen Wirtschaftszweige vor allem im Verarbeitenden Gewerbe keine dauerhaften negativen Auswirkungen auf ihre Wachstumsdynamik durch diese Ereignisse.

Ihre Wachstumsschwäche scheint daher eher ihrem industriellen Lebenszyklus zu entsprechen. Es ist daher aus dieser Perspektive auch nicht verwunderlich, wenn der Rückgang der Ölpreise seit Mitte der 1980er Jahre keine Wiederbelebung des Wachstums in diesen Wirtschaftszweigen zur Folge hatte. Die Abkehr von einem vom Mineralölverbrauch angetriebenen Wachstum war so, wie sich dies in der Persistenz der Strukturbrüche bei den besonders vom Mineralöl abhängigen Wirtschaftszweigen zeigt, weitgehend auch dort irreversibel.

Hinsichtlich eines industriepolitischen Targeting von Wirtschaftszweigen des Verarbeitenden Gewerbes zeigt sich, daß die in Frage kommenden Wirtschaftszweige sehr begrenzt sind, wenn man ein außerordentliches Wachstumspotential von beispielsweise mindestens 5% am Anfang der 1990er Jahre zugrunde legt. Relevant wären, gemessen an diesem Kriterium, die Chemische Industrie, die Kunststoffwaren, die Büromaschinen, ADV, der Straßenfahrzeugbau, die Luft- und Raumfahrtindustrie und die Elektrotechnik. Diese Wirtschaftszweige tauchen daher auch regelmäßig in Diskussionen darüber auf, wo eine aktive Industriepolitik ansetzen sollte. In dieser Hinsicht erweist sich die hier verwendete Methode als robust, da sie Ergebnisse liefert, die weitgehende Akzeptanz gefunden haben.

Abbildung 2: Geschätzte langfristige Wachstumsraten der Bruttowertschöpfung in der Industrie Westdeutschlands (1961)

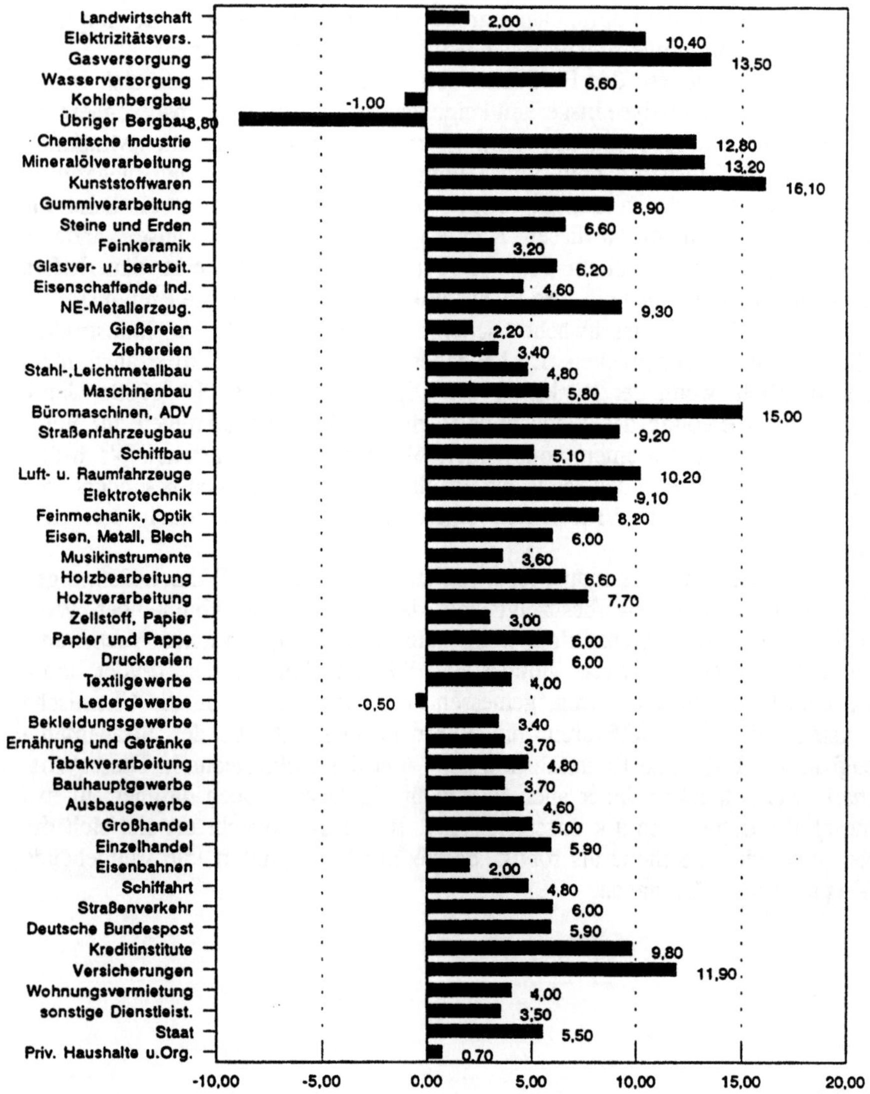

Abbildung 3: Geschätzte langfristige Wachstumsraten der Bruttowertschöpfung in der Industrie Westdeutschlands (1990)

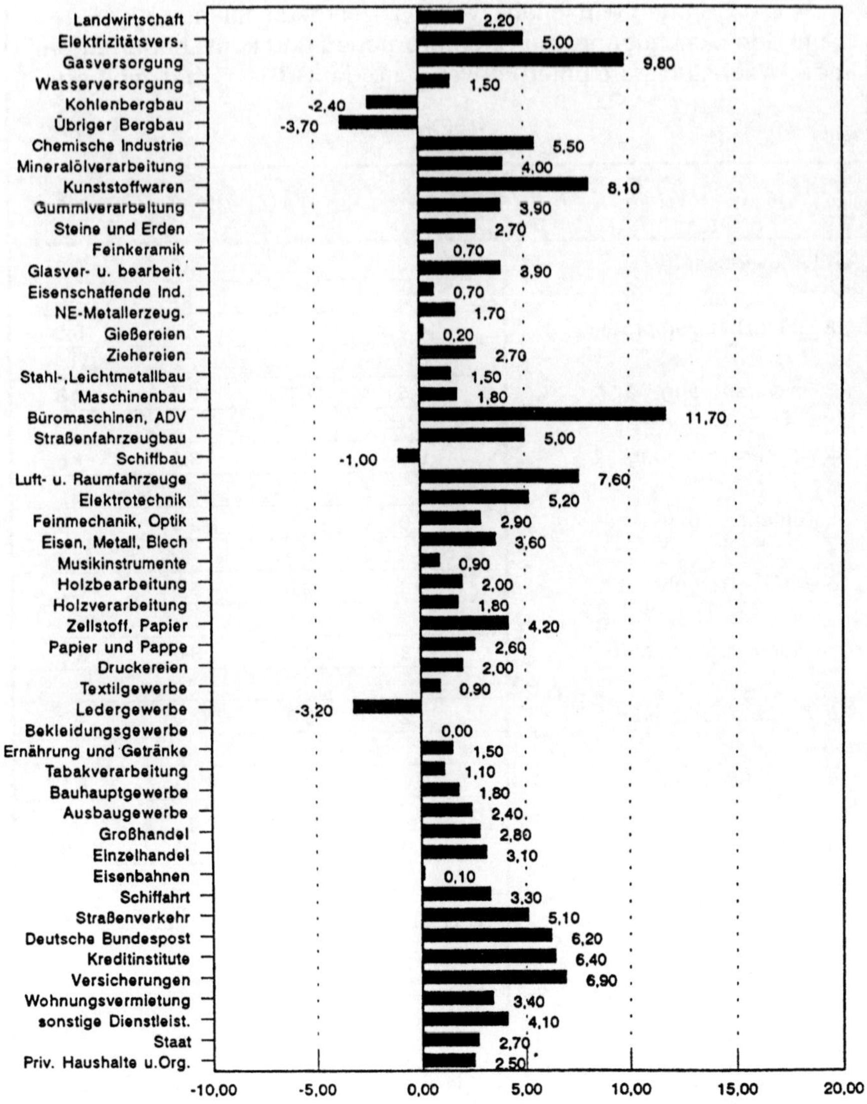

Tabelle 1–A

Schätzwerte zu den Wachstumsraten der Bruttowertschöpfung in den Wirtschaftszweigen Westdeutschlands mit Berücksichtigung von Strukturbrüchen und kont. Änderungen in der Wachstumsrate unter Verwendung der SUR– Schätzmethode *)

(1961–1990)

Wirtschaftszweige	1961	1970	1980	1990
1 Landwirtschaft	2.0	2.1	1.9	2.2
2 Elektrizitätsversorgung	10.4	8.6	7.5	5.0
3 Gasversorgung	13.5	12.2	10.3	9.8
4 Wasserversorgung	6.6	4.8	3.2	1.5
5 Kohlenbergbau	–1.0	–1.5	–2.0	–2.4
6 Übriger Bergbau	–8.8	–7.0	–5.3	–3.7
7 Chemische Industrie	12.8	10.3	8.0	5.5
8 Mineralölverarbeitung	13.2	10.0	7.0	4.0
9 Kunststoffwaren	16.1	13.7	9.9	8.1
10 Gummiverarbeitung	8.9	7.1	5.5	3.9
11 Steine und Erden	6.6	5.2	4.0	2.7
12 Feinkeramik	3.2	2.3	1.5	0.7
13 Glasver– und bearbeitung	6.2	5.4	4.6	3.9

*) Regressions: d ln(GVAR) = alpha(i) + beta(i) * t + theta(i) * t^2 + psi(i) * D7484 + phi(i) * D8590.

Quelle: eigene Berechnungen.

Tabelle 1–B

Schätzwerte zu den Wachstumsraten der Bruttowertschöpfung in den Wirtschaftszweigen Westdeutschlands mit Berücksichtigung von Strukturbrüchen und kont. Änderungen in der Wachstumsrate unter Verwendung der SUR– Schätzmethode *)

(1961–1990)

Wirtschaftszweige	1961	1970	1980	1990
14 Eisenschaffende Industrie	4.6	3.2	2.0	0.7
15 NE–Metallerzeugung	9.3	6.6	4.9	1.7
16 Gießereien	2.2	1.5	0.8	0.2
17 Ziehereien	3.4	3.2	2.9	2.7
18 Stahl– und Leichtmetallbau	4.8	3.6	2.6	1.5
19 Maschinenbau	5.8	4.4	3.1	1.8
20 Büromaschinen, ADV	15.0	13.8	12.8	11.7
21 Straßenfahrzeugbau	9.2	7.7	6.4	5.0
22 Schiffbau	5.1	2.9	1.4	–1.0
23 Luft– und Raumfahrzeugbau	10.2	9.3	8.4	7.6
24 Elektrotechnik	9.1	7.7	6.4	5.2
25 Feinmechanik, Optik	8.2	6.3	4.6	2.9

Tabelle 1–C

Schätzwerte zu den Wachstumsraten der Bruttowertschöpfung in den Wirtschaftszweigen Westdeutschlands mit Berücksichtigung von Strukturbrüchen und kont. Änderungen in der Wachstumsrate unter Verwendung der SUR– Schätzmethode *)

(1961–1990)

Wirtschaftszweige	1961	1970	1980	1990
26 Eisen, Metall, Blech	6.0	5.2	3.2	3.6
27 Musikinstrumente	3.6	2.7	1.1	0.9
28 Holzbearbeitung	6.6	5.0	2.4	2.0
29 Holzverarbeitung	7.7	5.6	3.7	1.8
30 Zellstoff, Papier	3.0	3.4	3.8	4.2
31 Papier und Pappe	6.0	4.8	3.7	2.6
32 Druckereien	6.0	4.8	3.7	2.0
33 Textilgewerbe	4.0	2.9	1.9	0.9
34 Ledergewerbe	–0.5	–1.3	–2.5	–3.2
35 Bekleidungsgewerbe	3.4	2.2	1.1	–0.0
36 Ernährung und Getränke	3.7	2.9	2.2	1.5
37 Tabakverarbeitung	4.8	3.5	2.3	1.1
38 Bauhauptgewerbe	3.7	3.0	2.4	1.8
39 Ausbaugewerbe	4.6	3.8	3.1	2.4

Tabelle 1–D

Schätzwerte zu den Wachstumsraten der Bruttowertschöpfung in den Wirtschaftszweigen Westdeutschlands mit Berücksichtigung von Strukturbrüchen und kont. Änderungen in der Wachstumsrate unter Verwendung der SUR– Schätzmethode *)

(1961–1990)

Wirtschaftszweige	1961	1970	1980	1990
40 Großhandel	5.0	4.2	3.0	2.8
41 Einzelhandel	5.9	4.9	4.0	3.1
42 Eisenbahnen	2.0	1.3	0.7	0.1
43 Schiffahrt	4.8	4.3	3.8	3.3
44 Straßenverkehr	6.0	5.7	5.4	5.1
45 Deutsche Bundespost	5.9	6.0	6.1	6.2
46 Kreditinstitute	9.8	8.6	7.5	6.4
47 Versicherungen	11.9	10.1	7.3	6.9
48 Wohnungsvermietung	4.0	3.8	3.6	3.4
49 sonstige Dienstleistungen	3.5	3.7	3.9	4.1
50 Staat einschließlich Sozialversicherungen	5.5	4.5	3.6	2.7
51 Private Haushalte und private Organisationen ohne Erw.	0.7	1.3	1.9	2.5

4.3 Wachstumstrends der Arbeitsproduktivität in den Wirtschaftszweigen

Die hier untersuchte trendmäßige Entwicklung der Arbeitsproduktivität, gemessen als Verhältnis der realen Bruttowertschöpfung zur Zahl der Erwerbstätigen, als einfacher approximativer Ausdruck für die Effizienzsteigerung, erzeugt in Verbindung mit der trendmäßigen Entwicklung des realen Wirtschaftswachstums, gemessen durch die Bruttowertschöpfung, die daraus resultierenden Beschäftigungsmöglichkeiten. Während das reale Wachstum der Wertschöpfung durch die Nachfrageseite bestimmt ist, wird die Produktivitätsentwicklung durch Angebotsfaktoren, insbesondere den technischen Fortschritt, zusammen mit der Veränderung der Kapitalintensität determiniert. Die Entwicklung der Zahl der Erwerbstätigen folgt dann ex definitione aus diesen Rahmenbedingungen. In den folgenden beiden Abbildungen für die trendmäßigen Wachstumsraten der Arbeitsproduktivität in den Stichjahren 1961 und 1990 erhalten wir erneut einen groben Überblick über die historische Entwicklung in dem durch die Stichjahre begrenzten Zeitraum.

Bei der Landwirtschaft ist sowohl im Jahr 1961, aber insbesondere auch im Jahr 1990, ein respektables trendmäßiges Wachstum der Arbeitsproduktivität von 7,7% bzw. 6% festzustellen. Es liegt jeweils deutlich über dem Wachstum der Wertschöpfung in diesem Sektor.

Bei den Energiesektoren, der Elektrizitäts- und der Gasversorgung ist der Rückgang der trendmäßigen Wachstumsrate der Arbeitsproduktivität deutlich ausgeprägter als in der Landwirtschaft, wenn auch das Wachstum selbst bei der Gasversorgung über dem der Landwirtschaft lag. Es findet in etwa eine Halbierung der Wachstumsraten beim Trendverlauf von 1961 zu 1990 statt. Diese Entwicklung vollzog sich analog noch deutlicher bei der Wasserversorgung, wobei die Wachstumsraten der Arbeitsproduktivität erheblich unter denen der beiden Energiesektoren liegen.

Beim Kohlenbergbau sinkt die trendmäßige Wachstumsrate der Arbeitsproduktivität von 6,3% im Jahr 1961 auf 1,3% im Jahr 1990, d.h. auf rund ein Viertel. Im übrigen Bergbau ist dagegen eine Beschleunigung des Produktivitätswachstums von einem Prozent beim Vergleich der beiden Stichjahre festzustellen. Er konnte damit die "rote Laterne" als Sektor mit dem niedrigsten trendmäßigen Produktivitätswachstum im Jahr 1961 an den Staatssektor im Jahr 1990 weiterreichen.

Bei der Betrachtung der Wirtschaftszweige des Verarbeitenden Gewerbes zeigt sich analog zum Wachstumsprozeß der Bruttowertschöpfung ein drastischer Rückgang im Wachstum der Arbeitsproduktivität. Als einziger Wirtschaftszweig, der sogar sein trendmäßiges Produktivitätswachstum noch geringfügig von 1961 auf 1990 steigern konnte, sticht der Wirtschaftszweig Büromaschinen, ADV hervor, der mit 9,4% im Jahr 1990 zum Spitzenreiter beim Produktivitätswachstum avancierte, nachdem er Anfang der 1960er Jahre von einer ganzen Anzahl von Wirtschaftszweigen (Gasversorgung 16,7%, Chemische Industrie 10,5%, Mineralölverarbeitung 11%, Kunststoffwaren 9,8%, Holzverarbeitung 10% und Tabakverarbeitung 13%) darin übertroffen wurde. Hier wird die

Verengung des Spektrums der Zahl der Wirtschaftszweige, die ein hohes Produktivitätswachstum verzeichnen können, am Ende der 1980er Jahre besonders deutlich. Erreichten 1961 noch 29 von 51 Wirtschaftszweigen der gesamten Wirtschaft ein trendmäßiges Wachstum der Arbeitsproduktivität von mindestens 5%, so sank diese Zahl auf 6 Wirtschaftszweige im Jahr 1990. Von den letzteren entfallen vier Wirtschaftszweige (Chemische Industrie 5%, Büromaschinen, ADV 9,4%, Zellstoff- und Papierherstellung 5,7%, Tabakverarbeitung 5,3%) auf das Verarbeitende Gewerbe, das 1961 noch in 21 von 31 Wirtschaftszweigen mindestens ein 5%iges trendmäßiges Wachstum bei der Arbeitsproduktivität verzeichnen konnte. Der trendmäßige Produktivitätsfortschritt hat damit im Verarbeitenden Gewerbe dramatisch abgenommen. Im Vergleich zum Rückgang der Wachstumsdynamik in der Wertschöpfung der Wirtschaftszweige fällt dieser Rückgang jedoch etwas weniger ausgeprägt aus, wie die sich daraus ergebenden Konsequenzen für die Entwicklung bei der Zahl der Arbeitsplätze im nächsten Abschnitt zeigen werden.

Vergleicht man die Entwicklung der trendmäßigen Arbeitsproduktivität mit der gesamtwirtschaftlichen langfristigen Rate von etwa 2,2% (vgl. Erber 1994c), dann ist es besonders erstaunlich, daß acht Wirtschaftszweige des Verarbeitenden Gewerbes dieses gesamtwirtschaftliche Niveau bei der Wachstumsrate der Arbeitsproduktivität nicht mehr erreichen und teilweise deutlich darunter liegen (siehe insbesondere den Maschinenbau mit 1,5%).

Bei den beiden Wirtschaftszweigen des Baugewerbes ist gleichfalls eine Halbierung des trendmäßigen Produktivitätswachstums zu beobachten. Bei den Dienstleistungen hingegen ist der Rückgang beim Wachstum der Arbeitsproduktivität weitaus weniger ausgeprägt. Hier ist es erneut die Deutsche Bundespost, die ihren Produktivitätszuwachs sogar noch um fast ein Viertel von 4% im Jahr 1961 auf 4,9% im Jahr 1990 steigern konnte, so daß auch zukünftig ein trendmäßiges beschleunigtes Wachstum bei der Arbeitsproduktivität zu erwarten ist. Bei den Wirtschaftszweigen der sonstigen Dienstleistungen und der Wohnungsvermietung, die statistisch bezüglich ihrer Produktivitätsmessung schwierig zu erfassen sind und daher hinsichtlich der Aussagekraft der erhaltenen Ergebnisse zurückhaltend beurteilt werden müssen, blieb die trendmäßige Produktivitätswachstumsrate seit 1961 bis zum Ende der 1980er Jahre konstant. Zusammen mit der Deutschen Bundespost verzeichnen aber auch der Handel, die Verkehrsbereiche, die Kredit- und Versicherungsinstitute zusammen mit der Wohnungsvermietung bezüglich der gesamtwirtschaftlichen Produktivitätswachstumsrate ein ebenso hohes oder sogar überdurchschnittliches Produktivitätswachstum. Diese Entwicklung vermindert das Absorptionspotential des Dienstleistungssektors hinsichtlich der in anderen Wirtschaftszweigen freigesetzten Beschäftigten. Nur der Staat zeichnet sich aufgrund seines äußerst niedrigen trendmäßigen Produktivitätswachstums als besonders absorptionsfähig aus. In den Tabellen 2a-d wird die Entwicklung der trendmäßigen Wachstumsraten in den einzelnen Wirtschaftszweigen etwas detaillierter dargestellt.

Abbildung 4: Geschätzte langfristige Wachstumsraten der Arbeitsproduktivität in der Industrie Westdeutschlands (1961)

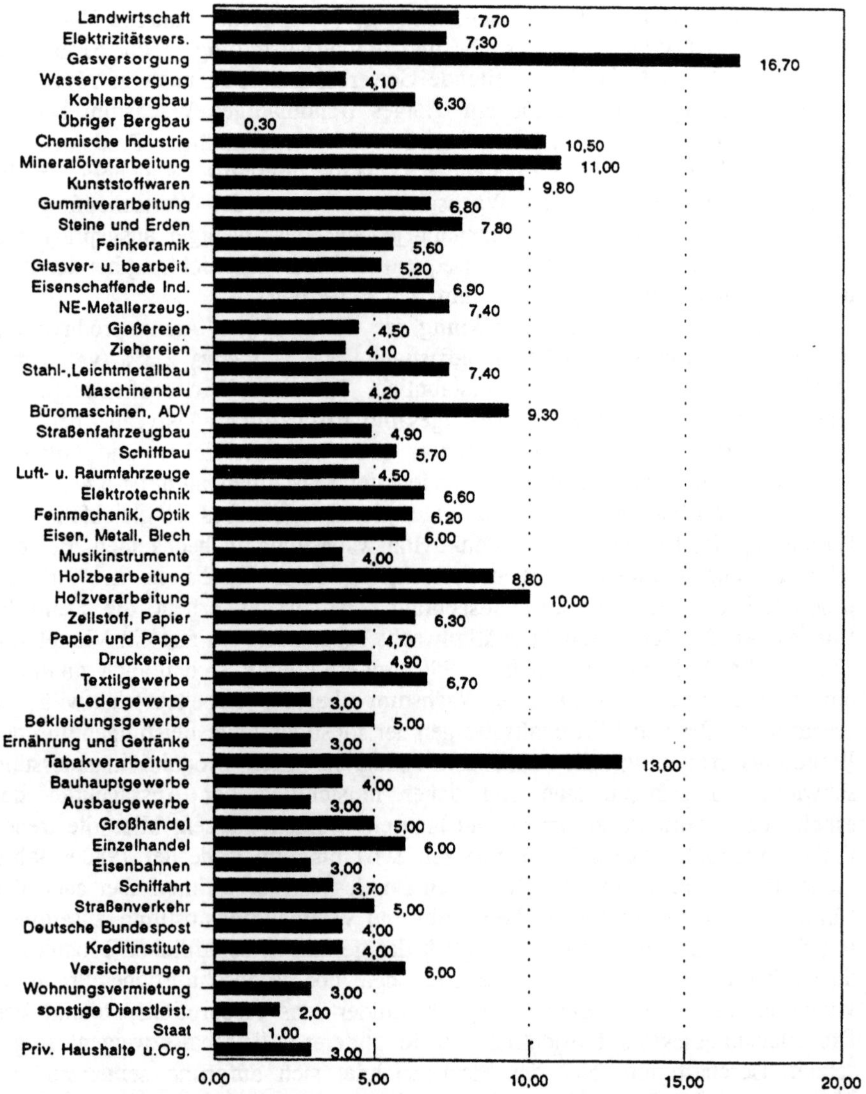

Abbildung 5: Geschätzte langfristige Wachstumsraten der Arbeitsproduktivität in der Industrie Westdeutschlands (1990)

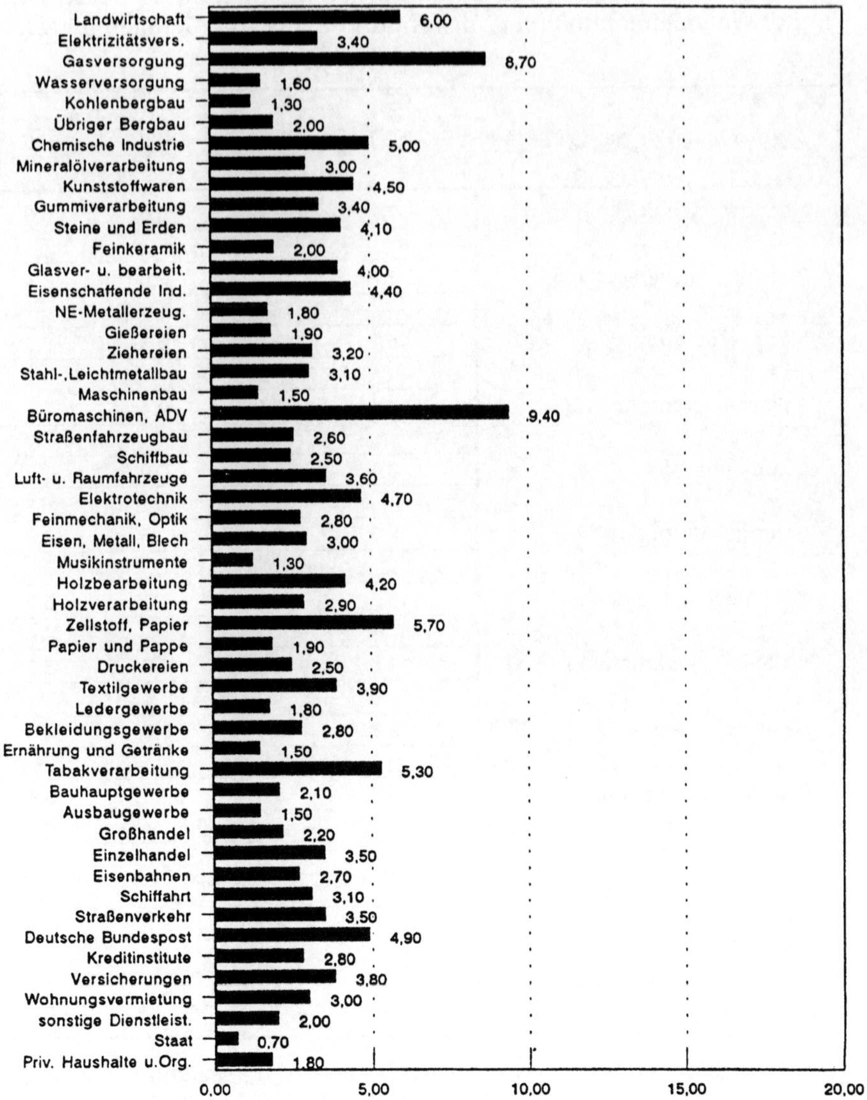

Tabelle 2–A

Schätzwerte zu den Wachstumsraten der Arbeitsproduktivität in den Wirtschaftszweigen Westdeutschlands mit Berücksichtigung von Strukturbrüchen und kont. Änderungen in der Wachstumsrate unter Verwendung der SUR– Schätzmethode *)

(1961–1990)

Wirtschaftszweige	1961	1970	1980	1990
1 Landwirtschaft	7.7	7.1	6.6	6.0
2 Elektrizitätsversorgung	7.3	6.0	5.6	3.4
3 Gasversorgung	16.7	13.9	10.3	8.7
4 Wasserversorgung	4.1	3.2	2.4	1.6
5 Kohlenbergbau	6.3	4.5	2.9	1.3
6 Übriger Bergbau	0.3	0.9	1.5	2.0
7 Chemische Industrie	10.5	8.7	7.0	5.0
8 Mineralölverarbeitung	11.0	8.2	5.6	3.0
9 Kunststoffwaren	9.8	8.1	6.0	4.5
10 Gummiverarbeitung	6.8	5.6	4.5	3.4
11 Steine und Erden	7.8	6.5	5.3	4.1
12 Feinkeramik	5.6	4.3	3.2	2.0
13 Glasver– und bearbeitung	5.2	4.8	4.4	4.0

*) Regressionsmodell: ln(lp(i)) = alpha(i) + beta(i) * t + theta(i) * t^2 + psi(i) * D74.84 + phi(i) * D85.90 .

Quelle: eigene Berechnungen.

Tabelle 2–B

Schätzwerte zu den Wachstumsraten der Arbeitsproduktivität
in den Wirtschaftszweigen Westdeutschlands
mit Berücksichtigung von Strukturbrüchen und kont. Änderungen
in der Wachstumsrate unter Verwendung der SUR– Schätzmethode *)
(1961–1990)

Wirtschaftszweige	1961	1970	1980	1990
14 Eisenschaffende Industrie	6.9	6.0	5.2	4.4
15 NE–Metallerzeugung	7.4	5.4	5.5	1.8
16 Gießereien	4.5	3.6	2.7	1.9
17 Ziehereien	4.1	3.8	3.5	3.2
18 Stahl– und Leichtmetallbau	7.4	5.9	4.5	3.1
19 Maschinenbau	4.2	3.3	2.4	1.5
20 Büromaschinen, ADV	9.3	9.3	9.4	9.4
21 Straßenfahrzeugbau	4.9	4.1	3.3	2.6
22 Schiffbau	5.7	4.6	3.3	2.5
23 Luft– und Raumfahrzeugbau	4.5	4.2	3.9	3.6
24 Elektrotechnik	6.6	5.9	5.3	4.7
25 Feinmechanik, Optik	6.2	5.0	3.9	2.8

Tabelle 2–C

Schätzwerte zu den Wachstumsraten der Arbeitsproduktivität in den in den Wirtschaftszweigen Westdeutschlands mit Berücksichtigung von Strukturbrüchen und kont. Änderungen in der Wachstumsrate unter Verwendung der SUR– Schätzmethode *)

(1961–1990)

Wirtschaftszweige	1961	1970	1980	1990
26 Eisen, Metall, Blech	6.0	5.0	3.6	3.0
27 Musikinstrumente	4.0	3.1	1.9	1.3
28 Holzbearbeitung	8.8	7.2	4.9	4.2
29 Holzverarbeitung	10.0	7.5	5.2	2.9
30 Zellstoff, Papier	6.3	6.1	5.9	5.7
31 Papier und Pappe	4.7	3.7	2.8	1.9
32 Druckereien	4.9	4.3	3.7	2.5
33 Textilgewerbe	6.7	5.7	4.8	3.9
34 Ledergewerbe	3.0	2.3	2.0	1.8
35 Bekleidungsgewerbe	5.0	4.2	3.5	2.8
36 Ernährung und Getränke	3.0	2.5	2.0	1.5
37 Tabakverarbeitung	13.0	10.3	7.8	5.3
38 Bauhauptgewerbe	4.0	3.3	2.7	2.1
39 Ausbaugewerbe	3.0	2.5	2.0	1.5

Tabelle 2–D

Schätzwerte zu den Wachstumsraten der Arbeitsproduktivität in den in den Wirtschaftszweigen Westdeutschlands mit Berücksichtigung von Strukturbrüchen und kont. Änderungen in der Wachstumsrate unter Verwendung der SUR– Schätzmethode *)

(1961–1990)

Wirtschaftszweige	1961	1970	1980	1990
40 Großhandel	5.0	4.0	3.0	2.2
41 Einzelhandel	6.0	5.1	4.3	3.5
42 Eisenbahnen	3.0	2.9	2.8	2.7
43 Schiffahrt	3.7	3.5	3.3	3.1
44 Straßenverkehr	5.0	4.5	4.0	3.5
45 Deutsche Bundespost	4.0	4.3	4.6	4.9
46 Kreditinstitute	4.0	3.6	3.2	2.8
47 Versicherungen	6.0	5.2	4.2	3.8
48 Wohnungsvermietung	3.0	3.0	3.0	3.0
49 sonstige Dienstleistungen	2.0	2.0	2.0	2.0
50 Staat einschließlich Sozialver-versicherungen	1.0	0.9	0.8	0.7
51 Private Haushalte und private Organisationen ohne Erw.	3.0	2.6	2.2	1.8

4.4 Trends bei der Beschäftigungsentwicklung in den Wirtschaftszweigen

Wie bereits im vorangegangenen Abschnitt erwähnt wurde, folgt die trendmäßige Entwicklung der Zahl der Erwerbstätigen dem durch das Wertschöpfungs- und das Arbeitsproduktivitätswachstum vorgegebenen definitorischen Rahmen (vgl. auch Abschnitt 5.3). Übersteigt das Produktivitätswachstum das Wertschöpfungswachstum auf der Grundlage der von uns hier gewählten definitorischen Meßkonzepte, so sinkt die Zahl der Erwerbstätigen. Die Schrumpfungsrate folgt dabei exakt aus der Differenz zwischen den Wachstumsraten der Wertschöpfung und der Arbeitsproduktivität. In den folgenden beiden Abbildungen 6 und 7 sind die Ergebnisse hinsichtlich der langfristigen Trends bei der Entwicklung der Zahl der Erwerbstätigen dargestellt.

Im Bereich der Landwirtschaft ist ein sich abschwächender Schrumpfungsprozeß bei der Zahl der Erwerbstätigen zu konstatieren. Sank deren Zahl trendmäßig im Jahr 1961 um 5,7%, so verlangsamte sich der Abbau von Beschäftigten auf eine trendmäßige Rate von 3,8% im Jahr 1990.

Im Bereich der Energieversorgung fand bei der Elektrizitätsversorgung ein trendmäßiger Beschäftigungszuwachs von 3,1% im Jahr 1961 statt, der sich im Jahr 1990 auf 1,6% verringerte. Bei der Gasversorgung schrumpfte zunächst bis Anfang der 1980er Jahre die Zahl der Erwerbstätigen. Zu Beginn lag die trendmäßige Rate sogar bei 3,2%. Danach stieg im Jahr 1990 die Zahl der Erwerbstätigen in diesem Wirtschaftszweig jedoch mit einer trendmäßigen Rate von 1,1%. Im Bereich der Wasserversorgung wurde zunächst bis in die 1980er Jahre hinein die Zahl der Erwerbstätigen ausgeweitet. Jedoch fand im Jahr 1990 eine Wende statt, indem die trendmäßige Rate bei deren Entwicklung für die in diesem Wirtschaftszweig Erwerbstätigen auf -0,1% zurückging.

Im Bergbau fand generell ein Abbau der Beschäftigung bereits seit Beginn der 1960er Jahre statt. Jedoch ist die Rate des Beschäftigungsabbaus in den folgenden Jahren rückläufig. Am Ende der 1980er Jahre war sie nur noch etwa halb so hoch wie zu Beginn der 1960er Jahre.

Im Verarbeitenden Gewerbe ist das Bild der Beschäftigungsentwicklung recht uneinheitlich. Etwa die Hälfte der Wirtschaftszweige (fünfzehn von einunddreißig) verzeichneten im Zeitraum 1961 bis 1990 einen trendmäßigen Beschäftigungsabbau. Hierzu zählen die Wirtschaftszweige Steine und Erden, Feinkeramik, Eisenschaffende Industrie, Gießereien, Ziehereien, Stahl- und Leichtmetallbau, Schiffbau, Eisen-, Blech-, Metallbearbeitung, Musikinstrumente, Holzbe- und Holzverarbeitung, Zellstoff- und Papierherstellung, das Textil-, Leder- und Bekleidungsgewerbe sowie die Tabakverarbeitung. In acht von diesen Sektoren ist eine Beschleunigung, bei den anderen sieben eine Verlangsamung des trendmäßigen Beschäftigungsabbaus festzustellen. In drei weiteren Wirtschaftszweigen des Verarbeitenden Gewerbes war im Jahr 1990 die trendmäßige Rate bei der Beschäftigungsentwicklung ebenfalls negativ. Dies sind die Glasbe- und -verarbeitung, die NE-Metallerzeugung sowie der Bereich Ernährung und Getränke. Die verbleibenden dreizehn Wirtschaftszweige des Verarbeitenden Gewerbes konnten hingegen einen trendmäßigen Zuwachs bei der Beschäftigung von 1961 bis 1990 verzeichnen. Spitzenreiter beim Beschäftigungswachstum war im Jahr 1961 die Herstellung von Kunststoffwaren mit 6,3% gefolgt von den Wirtschaftszweigen Büromaschinen, ADV mit 5,7% und Luft- und Raumfahrttechnik mit 5,6%. Diese drei Wirtschaftszweige nahmen zusammen mit dem Straßenfahrzeugbau im Jahr 1990 erneut die Spitzenpositionen ein. Spitzenreiter war nun jedoch der Luft- und Raumfahrzeugbau mit 4,1% vor der Kunststoffverarbeitung mit 3,6% und dem Straßenfahrzeugbau mit 2,4% sowie der Herstellung von Büromaschinen, ADV mit 2,3%. Mit der weiteren Ausnahme der Mineralölverarbeitung mit 1,1% liegen alle übrigen Wirtschaftszweige mit ihrer Wachstumsrate bei der Zahl der Erwerbstätigen deutlich unter der 1% Schwelle. Nur vier weitere Wirtschaftszweige erreichen noch die bereits äußerst niedrige langfristige gesamtwirtschaftliche Wachstumsrate der Beschäftigung von 0,5%. Dies sind die Chemische Industrie, die Gummiverarbeitung, die Elektrotechnik, die Papier- und Pappeherstellung.

Beim Baugewerbe zeigt das Bauhauptgewerbe keine trendmäßige Veränderung bei der Zahl der Erwerbstätigen an. Im Ausbaugewerbe steigt die Beschäftigung noch an. Die trendmäßige Wachstumsrate ist jedoch rückläufig und betrug im Jahr 1990 nur noch 1,1%.

Im Handel, beim Großhandel über den gesamten Zeitraum (siehe auch Tabelle 3B), verlief die Entwicklung uneinheitlich und zeigte einen trendmäßig schwachen Zuwachs beim Einzelhandel mit 0,2% im Jahr 1990.

Bei den anderen Wirtschaftszweigen des Dienstleistungsbereichs weisen die Verkehrsbereiche mit Ausnahme des Straßenverkehrs, der Bundesbahn und der Schiffahrt einen trendmäßigen Beschäftigungsabbau aus, der sich zum Ende der 1980er Jahre beschleunigte. Umgekehrt konnte der Straßenverkehr den Beschäftigungszuwachs steigern, so daß sich seine trendmäßige Wachstumsrate von 0,5% im Jahr 1961 auf 1,2% im Jahr 1990 erhöhte. Nur die sonstigen Dienstleistungen und der Bereich der privaten Haushalte und privaten Organisationen ohne Erwerbszweck konnten einen rascheren Beschäftigungszuwachs erzielen bzw. sogar eine Trendwende vom Abbau zum Zuwachs herbeiführen. Alle übrigen Dienstleistungszweige verzeichneten eine Abschwächung beim trendmäßigen Wachstum der Zahl der Erwerbstätigen. Besonders die hinsichtlich der Entwicklung der Zahl der Erwerbstätigen wachstumsstarken Wirtschaftszweige zu Beginn der 1960er Jahre, die Kreditinstitute, die Versicherungen und der Staat einschließlich der Sozialversicherungen halbierten ihre trendmäßigen Wachstumsraten bei der Beschäftigungsentwicklung. Damit nehmen sie zwar immer noch Spitzenplätze beim Beschäftigungswachstum im Bereich der Dienstleistungen ein, jedoch sind sie deutlich an die wachstumsschwächeren Bereiche herangerückt. Auch bei der Deutschen Bundespost ist ein trendmäßiger Rückgang bereits seit Anfang der 1960er zu beobachten.

Fassen wir die Ergebnisse hinsichtlich der ermittelten trendmäßigen Beschäftigungsentwicklung zusammen, so wird auch hier deutlich, daß der Abbau in einer Vielzahl von Wirtschaftszweigen bereits erheblich vor einem absehbaren Ende des Wachstumsprozesses bei der Wertschöpfung einsetzt. Auch wenn ein Wirtschaftswachstum während eines Industrielebenszyklus noch stattfindet, erzeugt die asynchrone Entwicklung bei der Arbeitsproduktivität einen

Freisetzungsprozeß. Des weiteren ist zwar die Zahl der Wirtschaftszweige, die ein trendmäßiges Beschäftigungswachstum erzeugen, nicht deutlich gesunken, jedoch ist deren Potential aufgrund deutlich gesunkener Wachstumsraten, insbesondere auch im Bereich der Dienstleistungen, rückläufig gewesen, um damit noch ausreichend neue Beschäftigungsmöglichkeiten zur Verfügung zu stellen, so daß ein deutlicher Anstieg der Arbeitslosenzahl vermieden worden wäre. Der Übergang zur Dienstleistungsgesellschaft, wie er sich bisher abzeichnet, hat unter den gegebenen Rahmenbedingungen einer auch im Bereich der Dienstleistungen nachlassenden Wachstumsdynamik und einer nicht synchron verlaufenden Abschwächung bei der Produktivitätsentwicklung eine Beschäftigungslücke entstehen lassen.

Gleichfalls ist anzumerken, daß auch in den wachstumsstarken Bereichen des Verarbeitenden Gewerbes aufgrund eines ebenfalls entsprechend hohen Produktivitätsanstiegs der Zuwachs an Beschäftigungsmöglichkeiten gering bleibt. Dies gilt um so mehr, da die Wirtschaftszweige Büromaschinen, ADV sowie der Luft- und Raumfahrzeugbau bisher immer noch vergleichsweise kleine Sektoren innerhalb des Verarbeitenden Gewerbes darstellen. Die jüngste Krise in der deutschen Luft- und Raumfahrtindustrie unterstreicht außerdem, daß politische Schocks, wie sie durch den Zusammenbruch der Sowjetunion entstanden sind und zu einer damit verbundenen drastischen Veränderung der staatlichen Nachfrage für Militärgüter führten, die Situation eines Wirtschaftszweigs und dessen bisherige Entwicklungstrends drastisch verändern können. Vor dem Hintergrund der erheblichen Rationalisierungsanstrengungen der deutschen Industrie nach der letzten Rezession im Jahr 1993, die von der hier vorliegenden empirischen Analyse nicht mehr erfaßt wurde, dürften die Perspektiven des Beschäftigungswachstums sich noch eher deutlich verschlechtert haben, obwohl schon die hier vorliegenden Resultate keinen Anlaß zu Optimismus hinsichtlich der trendmäßigen Entwicklungen bei der Zahl der Erwerbstätigen bieten.

Abbildung 6: Geschätzte langfristige Wachstumsraten der Erwerbstätigenzahl in der Industrie Westdeutschlands (1961)

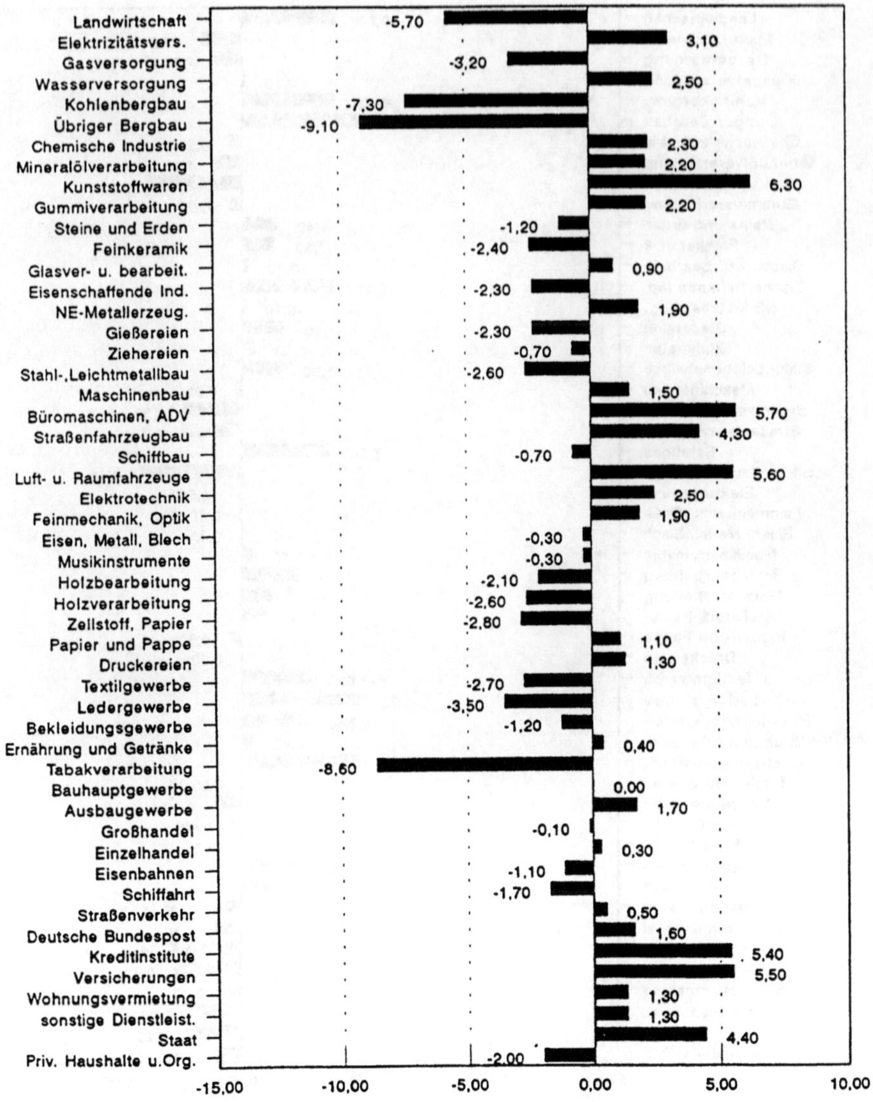

Abbildung 7: Geschätzte langfristige Wachstumsraten der Erwerbstätigenzahl in der Industrie Westdeutschlands (1990)

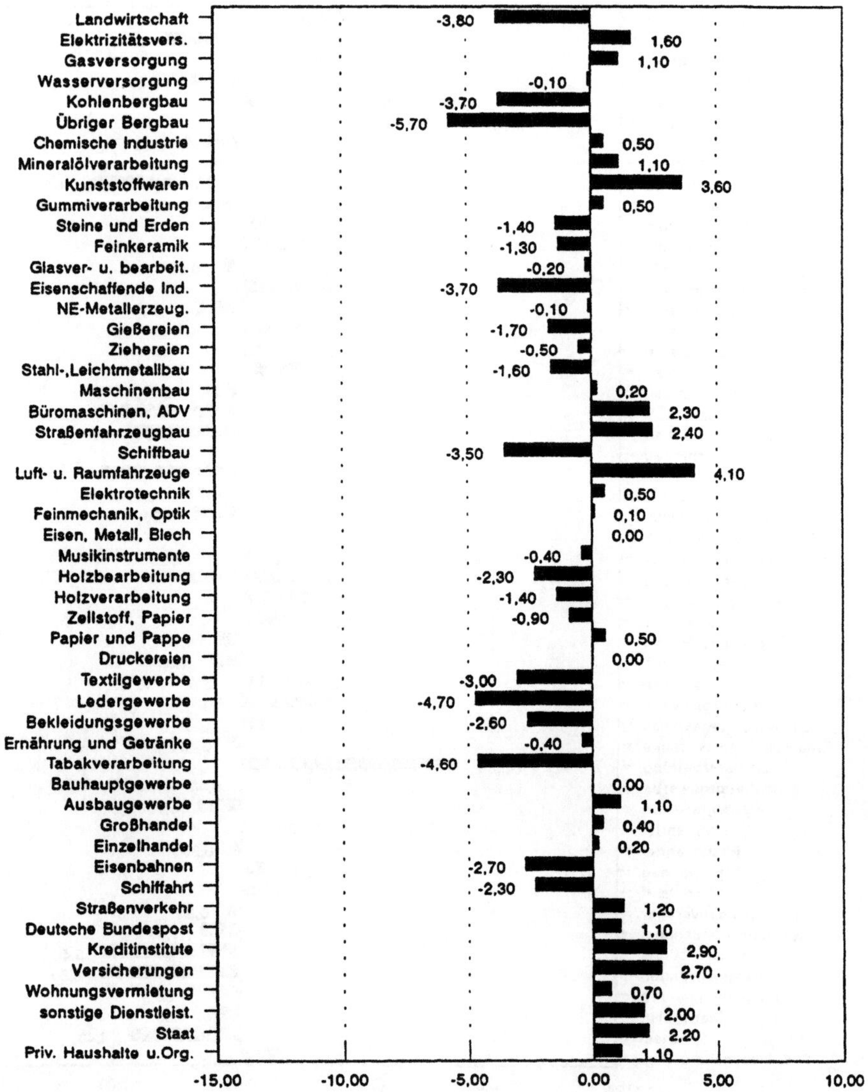

Tabelle 3–A

Schätzwerte zu den Wachstumsraten der Zahl der Erwerbstätigen in den Wirtschaftszweigen Westdeutschlands mit Berücksichtigung von Strukturbrüchen und kont. Änderungen in der Wachstumsrate unter Verwendung der SUR– Schätzmethode *)

(1961–1990)

Wirtschaftszweige	1961	1970	1980	1990
1 Landwirtschaft	−5.7	−5.1	−4.7	−3.8
2 Elektrizitätsversorgung	3.1	2.6	1.9	1.6
3 Gasversorgung	−3.2	−1.7	−0.0	1.1
4 Wasserversorgung	2.5	1.6	0.8	−0.1
5 Kohlenbergbau	−7.3	−6.0	−4.8	−3.7
6 Übriger Bergbau	−9.1	−7.9	−6.8	−5.7
7 Chemische Industrie	2.3	1.6	1.0	0.5
8 Mineralölverarbeitung	2.2	1.8	1.4	1.1
9 Kunststoffwaren	6.3	5.6	3.9	3.6
10 Gummiverarbeitung	2.2	1.6	1.0	0.5
11 Steine und Erden	−1.2	−1.2	−1.3	−1.4
12 Feinkeramik	−2.4	−2.0	−1.6	−1.3
13 Glasver– und bearbeitung	0.9	0.6	0.2	−0.2

*) Regressionsmodell: ln(EMP(i)) = alpha(i) + beta(i) * t + theta(i) * t^2 + psi(i) * D74.84 + phi(i) * D85.90 .

Quelle: eigene Berechnungen.

Tabelle 3–B

Schätzwerte zu den Wachstumsraten der Zahl der Erwerbstätigen in den Wirtschaftszweigen Westdeutschlands mit Berücksichtigung von Strukturbrüchen und kont. Änderungen in der Wachstumsrate unter Verwendung der SUR– Schätzmethode *)

(1961–1990)

Wirtschaftszweige	1961	1970	1980	1990
14 Eisenschaffende Industrie	−2.3	−2.8	−3.2	−3.7
15 NE–Metallerzeugung	1.9	1.2	−0.6	−0.1
16 Gießereien	−2.3	−2.1	−1.9	−1.7
17 Ziehereien	−0.7	−0.6	−0.5	−0.5
18 Stahl– und Leichtmetallbau	−2.6	−2.3	−1.9	−1.6
19 Maschinenbau	1.5	1.1	0.6	0.2
20 Büromaschinen, ADV	5.7	4.5	3.4	2.3
21 Straßenfahrzeugbau	4.3	3.6	3.0	2.4
22 Schiffbau	−0.7	−1.7	−1.9	−3.5
23 Luft– und Raumfahrzeugbau	5.6	5.1	4.6	4.1
24 Elektrotechnik	2.5	1.8	1.1	0.5
25 Feinmechanik, Optik	1.9	1.3	0.7	0.1

*) Regressionsmodell: ln(EMP(i)) = alpha(i) + beta(i) * t + theta(i) * t^2 + psi(i) * D74.84 + phi(i) * D85.90 .

Quelle: eigene Berechnungen.

Tabelle 3–C

Schätzwerte zu den Wachstumsraten der Zahl der Erwerbstätigen in den Wirtschaftszweigen Westdeutschlands mit Berücksichtigung von Strukturbrüchen und kont. Änderungen in der Wachstumsrate unter Verwendung der SUR– Schätzmethode *)

(1961–1990)

Wirtschaftszweige	1961	1970	1980	1990
26 Eisen, Metall, Blech	−0.3	−0.2	−0.9	0.0
27 Musikinstrumente	−0.3	−0.4	−0.8	−0.4
28 Holzbearbeitung	−2.1	−2.2	−2.6	−2.3
29 Holzverarbeitung	−2.6	−2.2	−1.8	−1.4
30 Zellstoff, Papier	−2.8	−2.1	−1.5	−0.9
31 Papier und Pappe	1.1	0.9	0.7	0.5
32 Druckereien	1.3	0.8	0.4	−0.0
33 Textilgewerbe	−2.7	−2.8	−2.9	−3.0
34 Ledergewerbe	−3.5	−3.5	−4.3	−4.7
35 Bekleidungsgewerbe	−1.2	−1.7	−2.2	−2.6
36 Ernährung und Getränke	0.4	0.1	−0.1	−0.4
37 Tabakverarbeitung	−8.6	−7.2	−5.9	−4.6
38 Bauhauptgewerbe	−0.0	−0.0	−0.0	−0.0
39 Ausbaugewerbe	1.7	1.5	1.3	1.1

Tabelle 3–D

Schätzwerte zu den Wachstumsraten der Zahl der Erwerbstätigen in den Wirtschaftszweigen Westdeutschlands mit Berücksichtigung von Strukturbrüchen und kont. Änderungen in der Wachstumsrate unter Verwendung der SUR– Schätzmethode *)

(1961–1990)

Wirtschaftszweige	1961	1970	1980	1990
40 Großhandel	–0.1	0.1	–0.2	0.4
41 Einzelhandel	0.3	0.3	0.2	0.2
42 Eisenbahnen	–1.1	–1.7	–2.2	–2.7
43 Schiffahrt	–1.7	–1.9	–2.1	–2.3
44 Straßenverkehr	0.5	0.8	1.0	1.2
45 Deutsche Bundespost	1.6	1.4	1.2	1.1
46 Kreditinstitute	5.4	4.5	3.7	2.9
47 Versicherungen	5.5	4.5	2.8	2.7
48 Wohnungsvermietung	1.3	1.1	0.9	0.7
49 sonstige Dienstleistungen	1.3	1.6	1.6	2.0
50 Staat einschließlich Sozialversicherungen	4.4	3.6	2.9	2.2
51 Private Haushalte und private Organisationen ohne Erw.	–2.0	–0.9	0.1	1.1

4.5 Der Verdoorn-Zusammenhang in den Wirtschaftszweigen

Nachdem wir in den vorangegangenen Abschnitten die zeitliche Entwicklung von Wertschöpfungs-, Arbeitsproduktivitäts- und dem Wachstum der Erwerbstätigen nach 51 Wirtschaftszweigen untersucht haben, soll jetzt der Zusammenhang von Wertschöpfungs- und Arbeitsproduktivitätswachstum bzw. dem Beschäftigungswachstum empirisch anhand des sogenannten Verdoorn-Zusammenhangs bzw. dem Verdoornschen Gesetz analysiert werden. Der *Verdoorn-Zusammenhang* postuliert im Gegensatz zu einer Trendanalyse über die Zeit, daß die Veränderungsraten des Outputs, hier gemessen durch die reale Bruttowertschöpfung auf der Preisbasis von 1985, der Arbeitsproduktivität und des Beschäftigungsvolumens durch eine lineare Beziehung zueinander relativ zuverlässig approximiert werden können. Verdoorn (1949) untersuchte diesen Zusammenhang auf der Ebene des gesamten Verarbeitenden Gewerbes Italiens und erhielt aus seinen ökonometrischen Schätzungen eine konstante Beschäftigungselastizität von 0,5. Später in den 1960er Jahren wurde der Verdoorn-Zusammenhang in zahlreichen weiteren Untersuchungen - von denen die Kaldors (1966) und Rowthorns (1975) die bekanntesten sind - erneut aufgegriffen. Auch in der empirischen Analyse der letzten Jahre wurde er erneut untersucht (vgl. z.B. Klauder 1990, Hof 1994, Erber 1994c, 1995a). Dabei beschränkten sich die bisherigen Untersuchungen jedoch darauf, diesen Zusammenhang nur auf Daten für die Gesamtwirtschaft oder das gesamte Verarbeitende Gewerbe anzuwenden. Eine nach Wirtschaftszweigen detaillierte Analyse fand dabei nicht statt.

Im folgenden sollen die Ergebnisse der ökonometrischen Schätzungen der Verdoorn-Elastizitäten der Erwerbstätigen und der Arbeitsproduktivität vorgestellt und hinsichtlich der Unterschiede nach Wirtschaftszweigen miteinander verglichen werden. In den folgenden Abbildungen 9 und 10 werden die Ergebnisse im einzelnen dargestellt (die detaillierten Schätzergebnisse und methodischen Erläuterungen finden sich im Anhang zu diesem Kapitel).
Grundsätzlich ist zu beachten, daß sich beide Elastizitäten aufgrund des definitorischen Zusammenhangs zu Eins addieren. Dies führt jedoch nicht immer dazu, daß beide Elastizitäten nur Werte zwischen Null und Eins annehmen können. Diese Elastizitäten besagen vereinfacht gesprochen, daß ein 1%-iges Wachstum des Outputs ein x%-iges Wachstum der Arbeitsproduktivität bzw. eine y%-ige Veränderung der Zahl der Erwerbstätigen induziert (wobei der jeweilige Wert der Elastizität den prozentualen Anstieg bei der Arbeitsproduktivität bzw. der Zahl der Erwerbstätigen angibt). Hierbei sollte jedoch beachtet werden, daß damit häufig implizit eine Kausalitätsannahme hinsichtlich der Wirkungsrichtung vom Wirtschaftswachstum auf Produktivität und Beschäftigung gemacht wird. Das Wirtschaftswachstum wird als quasi autonom von den beiden anderen Größen vorgegeben betrachtet. Diese Betrachtung ist aus der Sicht der ökonomischen Theorie problematisch, wie bereits im Kapitel zur Wachstumstheorie deutlich geworden ist. In der neoklassischen Wachstumstheorie wird gerade der technische Fortschritt, der ein wesentlicher Faktor für das Wachstum der Arbeitsproduktivität und des Outputs darstellt, als exogen gegeben betrachtet.

Nur in der neueren Wachstumstheorie wird er als endogene Größe eingeführt. Der Kausalzusammenhang liefe aus Sicht der Neoklassik genau umgekehrt vom technischen Fortschritt bzw. der Arbeitsproduktivität zum Wirtschaftswachstum. Empirische Untersuchungen (Erber 1995b), die die Kausalitätsannahme testeten, kommen dabei zum Ergebnis, daß ein Kausalzusammenhang zwischen Arbeitsproduktivitäts- und Wirtschaftswachstum bzw. vice versa im Sinne von Granger-Kausalitäten nicht nachweisbar ist. Der Verdoorn-Zusammenhang schrumpft aus Sicht dieser Ergebnisse zu einer empirischen Relation, die jedoch nicht kausal gedeutet werden darf.

Wenden wir uns nun den Ergebnissen im einzelnen zu, so läßt sich mit einigen Ausnahmen bei den Gießereien, der Elektrotechnik, dem Textil- und Bekleidungsgewerbe sowie dem Staat und den privaten Haushalten und Organisationen ohne Erwerbszweck feststellen, daß die Produktivitätselastizitäten immer mindestens so hoch sind wie die Beschäftigungselastizitäten. Für einige Wirtschaftszweige, den übrigen Bergbau, die Tabakverarbeitung, die Eisenbahnen und die Wohnungsvermietung sind die Beschäftigungselastizitäten sogar negativ. In den übrigen Wirtschaftszweigen liegen die Produktivitäts- und Beschäftigungselastizitäten zwischen Null und Eins, d.h. dort führt Wirtschaftswachstum sowohl zu einem Anstieg der Arbeitsproduktivität als auch der Beschäftigung. Das damit jedoch vorgegebene Muster deutet darauf hin, daß Wirtschaftswachstum in sehr viel ausgeprägterem Maße mit einem Anstieg der Arbeitsproduktivität verbunden ist, d.h. produktivitätsgetrieben ist, als durch einen erhöhten Einsatz des Faktors Arbeit, d.h. beschäftigungsgetrieben. In zahlreichen Wirtschaftszweigen liegt die Produktivitätselastizität bei mindestens 0,9, so daß der beschäftigungswirksame Effekt des Wachstums in einem Wirtschaftszweig ausgesprochen gering ausfällt. Relativ hohe Beschäftigungselastizitäten finden sich in den Wirtschaftszweigen Wasserversorgung, Kunststoffwaren, Gummiverarbeitung, den Gießereien, der Elektrotechnik, der Eisen-, Blech-, Metallverarbeitung, beim Textil- und Bekleidungsgewerbe, beim Bauhauptgewerbe, beim Staat und den privaten Haushalten und Organisationen ohne Erwerbszweck. Kaum einer dieser Wirtschaftszweige mit der Ausnahme der Kunststoffwaren weist jedoch auch gleichzeitig eine hohe trendmäßige Wachstumsrate zu Beginn der 1990er Jahre aus. Da die vorliegenden Verdoorn-Elastizitäten symmetrisch interpretiert werden müssen, impliziert gleichfalls ein Rückgang im Wirtschaftswachstum des Wirtschaftszweigs einen relativ hohen Freisetzungseffekt bei den Erwerbstätigen. Auch zeigt sich, daß die Strukturverhältnisse in der westdeutschen Wirtschaft keine kräftigen positiven Beschäftigungswirkungen hervorbringen konnten. Eine gesamtwirtschaftliche Verlangsamung des Wirtschaftswachstums wurde durch die Strukturverhältnisse in den Wirtschaftszweigen hinsichtlich ihrer jeweiligen Wachstumspotentiale bei der Wertschöpfung und Beschäftigung noch verstärkt. Die Wachstums- und Beschäftigungsschwäche der gesamten Wirtschaft ist so einerseits Ausdruck der Strukturschwäche hinsichtlich der jeweiligen Wachstums- und Beschäftigungspotentiale in den einzelnen Wirtschaftszweigen. Selbst Wirtschaftszweige mit immer noch relativ hohem Wachstumspotential weisen kein überdurchschnittliches Potential bei der Schaffung von Beschäftigung auf. Die Zahl der wachstumsstarken Wirtschaftszweige ist in den zurückliegenden Jahrzehnten insgesamt drastisch gesunken und die vorhandenen Wachstumspotentiale im Bereich der Dienstleistungen reichen nicht aus, um die während und nach Rezessionen stattfindenden Freisetzungswellen insbesondere im Verarbeitenden Gewerbe auszugleichen. Der damit einhergehende wellenartige Anstieg der Zahl von Arbeitslosen konnte daher anschließend nicht mehr kompensiert werden.

Abbildung 8: Verdoorn-Elastizitäten der Erwerbstätigenzahl in der Industrie Westdeutschlands (1961-1990)

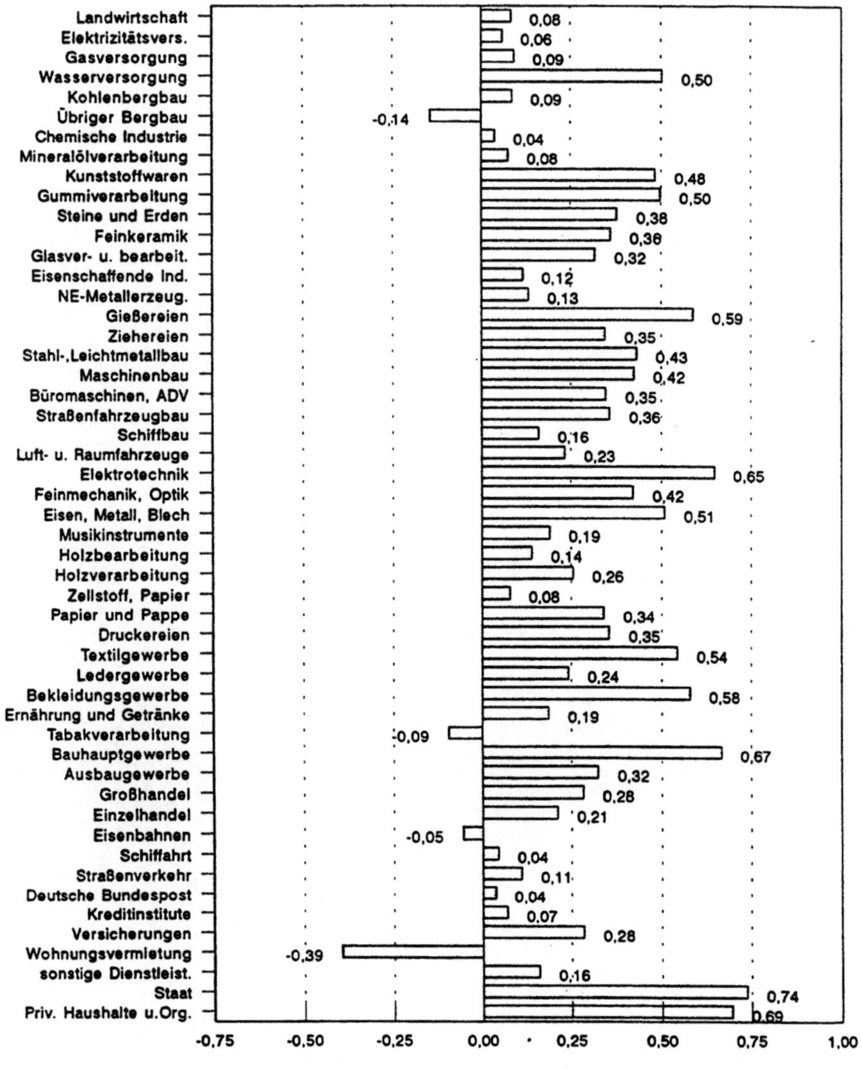

Abbildung 9: Verdoorn-Elastizitäten der Arbeitsproduktivität in der Industrie Westdeutschlands (1961-1990)

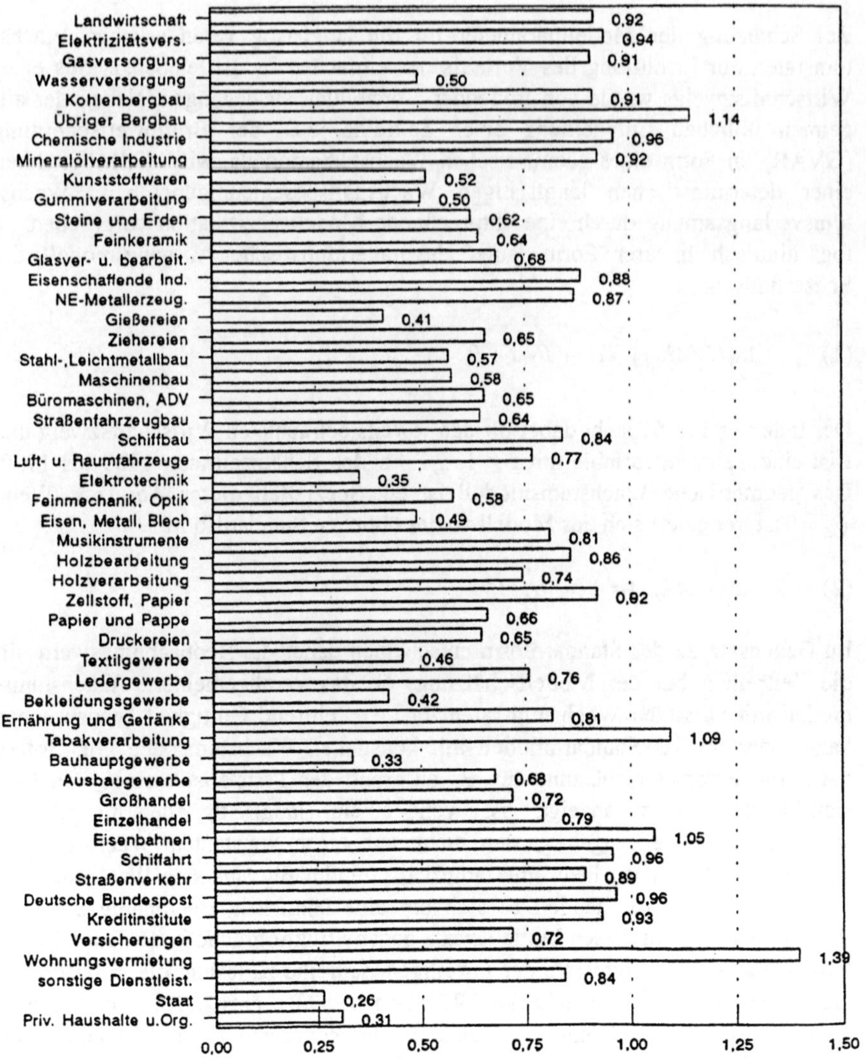

Anhang zu Kapitel 4:

Modelle und Methoden zur Schätzung der veränderlichen langfristigen Wachstumsraten sowie des Verdoorn Zusammenhangs

Bei Schätzung der Modellparameter für die langfristig veränderlichen Wachstumsraten zur Ermittlung des Verlaufs des einfachen Industrielebenszyklus eines Wirtschaftszweigs wurde von folgender Vorstellung ausgegangen. Neben der allgemein üblichen Entwicklung einer Zeitreihe, z.B. der Bruttowertschöpfung (GVAR), in Form eines geometrischen Wachstumsmodells, wird die Möglichkeit einer determinstischen langfristigen Wachstumsbeschleunigung bzw. Wachstumsverlangsamung durch eine entprechende Modellspezifikation vorgesehen. In logarithmisch linearer Form lautet das deterministische Ausgangsmodell der Schätzfunktion:

(1) $$\ln\left(GVAR_{i,t}\right) = \alpha_i + \beta_i \cdot t + \theta_i \cdot t^2$$

Der Index i =1,...,51 steht dabei für den jeweils betrachteten Wirtschaftszweig und t ist eine Zeittrendvariable mit t = 1,...,T für den Schätzzeitraum 1960 bis 1990. Das geometrische Wachstumsmodell ist ein Spezialfall dieses Ansatzes. Wenn $\theta_i = 0$ ist, reduziert sich das Modell zu der üblichen Standardform:

(2) $$\ln\left(GVAR_{i,t}\right) = \alpha_i + \beta_i \cdot t$$

Im Gegensatz zu der Standardform entscheiden daher die Beobachtungswerte für die Zeitreihen bei der Modellschätzung, ob das verallgemeinerte Wachstumsmodell mit variablen Wachstumsraten für den Zeittrend Gültigkeit beanspruchen kann, oder ob das Standardmodell mit konstanten Wachstumsraten gilt. Sofern daher die Parameterschätzung für θ_i aufgrund der Teststatistik einen von Null signifikanten Wert anzeigt, ist von einem langfristig deterministischen Wachstumstrend auszugehen, der nicht auf einer konstanten Wachstumsrate basiert. Falls θ_i >0 ist, liegt eine langfristig trendmäßig sinkende Wachstumsrate vor. Falls θ_i <0 ist, handelt es sich um eine langfristig trendmäßig sinkende Wachstumsrate. Um diesen Modellansatz gegen Strukturbrüche in der langfristigen trendmäßigen Wachstumsrate der jeweiligen Zeitreihe zu testen, die insbesondere durch die beiden Ölpreisschocks 1974 und 1980/81 entstanden sein könnten, wurde mittels zweier Dummyvariablen für die Zeiträume 1974-1984 und 1985-1990 die Möglichkeit eines entsprechden Strukturbruchs eingeführt. Hiermit soll geprüft werden, ob anstelle einer sich langfristig trendmäßig beschleunigenden oder verlangsamenden Wachstumsrate ein Strukturbruch für die Periode 1974-1984 zur Erklärung einer Schwankung der langfristigen trendmäßigen Wachstumsrate aufgrund des Ölpreisschocks dienen kann. Die determinstische Form des Modells lautet dann:

(3) $$\ln\left(GVAR_{i,t}\right) = \alpha_i + \beta_i \cdot t + \theta_i \cdot t^2 + \psi_i \cdot D7484 + \phi_i \cdot D8590$$

$$D7478, D8590 = 0 \quad \textit{für} \quad t \neq [1974;1984],[1985,1990]$$

und

$$D7478, D8590 = 1 \quad \textit{für} \quad t = [1974;1984],[1985,1990]$$

Wenn die beiden Parameter ψ_i , ϕ_i nicht signifikant von Null verschieden sind, existiert kein Strukturbruch in der langfristigen trendmäßigen Wachstumsrate und vice versa. Durch die Hinzufügung eines stochastischen, normalverteilten Störterms $u_{i,t}$ *mit* $u_{i,t} \sim N(0;\sigma_i^2)$ erhält man einen ökonometrischen Ansatz für die Modellierung der Zeitreihe, der mit den entsprechenden Schätzfunktionen, wie der Methode der Kleinsten Quadrate (OLS - Ordinary Least Squares), geschätzt werden kann. In unserem Fall wurde jedoch nicht ein einfacher OLS-Schätzer für die Parameter verwandt, sondern es wurde zur Erhöhung der Effizienz der Schätzung eine simultane Schätzung für alle Sektoren mit der Methode der Seemingly Unrelated Regression (SUR) herangezogen. Die Effizienz der Schätzung, d.h. geringere Varianzen der Schätzfunktion im Vergleich zur OLS-Schätzung, wird dabei gesteigert, indem mögliche Kovarianzen, die zwischen den einzelnen Störtermen existieren, nicht wie wie dies bei einer OLS-Schätzung explizit mit Null festgesetzt werden, sondern vielmehr soll $\sigma_{ij} \neq 0$ gelten. Die Kovarianzen zwischen den Störtermen aller Wirtschaftszweige werden als weitere Information genutzt, um die Effizienz der Parameterschätzung zu steigern. Für den Fall signifikanter Kovarianzen zwischen den Störtermen, die in unserem Fall von makroökonomischen Schocks herrühren könnten, die alle Wirtschaftszweige gleichzeitig treffen, wird die Effizienz der Schätzung gesteigert, indem kleinere Standardabweichungen für den Parameterschätzwert entstehen als nach der OLS-Methode. Die Parameterschätzwerte für die einzelnen Modellparameter entsprechen dann zwar weiterhin denen der OLS-Schätzung, jedoch können aufgrund anderer Standardabweichungen für die Parameterschätzwerte andere Testergebnisse hinsichtlich der Signifikanz der Parameterschätzung entstehen (vgl. Zellner 1962). Die Ergebnisse für die einzelnen Variablen, wie reale Bruttowertschöpfung, Arbeitsproduktivität und Zahl der Erwerbstätigen, sind in den Tabellen 4a-d, 5a-d und 6a-d zusammengefaßt. Neben den Parameterschätzwerten sind darin die üblichen t-Statistiken sowie das Bestimmtheitsmaß und die Durbin-Watson-Statistik enthalten. Die t-Statistik dient dabei zur Überprüfung der Hypothese, ob der entsprechende Parameterschätzwert signifikant von Null verschieden ist. Als Faustregel gilt dabei, daß, wenn der t-Wert im Absolutbetrag den Wert von 2 bei einer hinreichenden Zahl von Freiheitsgraden (hier: 26) übersteigt, von einem signifikant von Null verschiedenen Parameterwert bei einem Signifikanzniveau von α = 5% ausgegangen werden kann. Das Bestimmtheitsmaß gibt einen

Hinweis über die Anpassungsgüte der Schätzung an die Zeitreihendaten. Je näher der Wert bei 1 liegt, desto besser ist die Anpassung des Schätzmodells an die Daten. Die Durbin-Watson-Statistik dient als Maß für die möglicherweise vorhandene Autokorrelation 1. Ordnung der Störterme. Je mehr sich dieser Wert vom Idealwert 2, d.h. dem Fall vollständiger Unkorreliertheit entfernt, desto stärker ist die in den Residuen vorhandene Autokorrelation. Liegt der Wert der Durbin-Watson Statstik über dem Wert 2, handelt es sich um eine negative ansonsten um eine positive Autokorrelation. Bei 31 Beobachtungen und fünf Parametern liegt die Signifikanzschwelle für positive Autokorrelation bei [1,06;1,76] und für negative Autokorrelation bei [3,06;3,76]. Nur wenn der Wert der Durbin-Watson-Statstik die obere Intervallgrenze bei negativer und die untere bei positiver Autokorrelation übersteigt bzw. unterschreitet, kann von einer signifikanten Autokorrelation 1. Ordnung der Residuen der Schätzung ausgegangen werden Die Parameterschätzungen sind dann verzerrt. Innerhalb des Intervalls herrscht Indifferenz hinsichtlich der Entscheidung über Autokorrelation, da weder das eine noch das andere aufgrund der approximativen Ermittlung der Verteilung der Durbin-Watson-Statistik ausgesagt werden kann. Das Signifikanzniveau beträgt auch hier $\alpha = 5\%$. Wie aus den Ergbnissen der Tabellen 4a-d, 5a-d und 6a-d ersichtlich ist, liefert der Modellansatz in der Regel befriedigende Ergebnisse.

Die in den Tabellen 1a-d, 2a-d und 3a-d ausgewiesenen Ergebnisse hinsichtlich der langfristigen trendmäßigen Wachstumsraten können aufgrgund der Parameterschätzungen aus den aus dem deterministen Modellteil ableitbaren Wachstumsraten, d. h.

$$(4) \qquad \hat{g}_{GVAR_{i,t}} = \ln(GVAR_{i,t}) - \ln(GVAR_{i,t-1}) \quad mit$$

$$(5) \qquad \ln\left(GVAR_{i,t}\right) = \hat{\alpha}_i + \hat{\beta}_i \cdot t + \hat{\theta}_i \cdot t^2 + \hat{\psi}_i \cdot D7484 + \hat{\phi}_i \cdot D8590\,.$$

ermittelt werden.

Bei der Modellschätzung des Verdoorn-Zusammenhangs für die einzelnen Wirtschaftszweige wurde abweichend von der Standardform

$$(6) \qquad d\left(\ln\left(lp_{i,t}\right) - \ln\left(lp_{i,t-1}\right)\right) = \kappa_i + \lambda_i \cdot d\left(\ln\left(GVAR_{i,t}\right) - \ln\left(GVAR_{i,t-1}\right)\right)$$

noch ein Zeittrend hinzugefügt, um trendmäßige Veränderungen in der Wachstumsrate der Arbeitsproduktivität mitzuberücksichtigen:

$$(7) \qquad d\left(\ln\left(lp_{i,t}\right) - \ln\left(lp_{i,t-1}\right)\right) = \kappa_i + \lambda_i \cdot d\left(\ln\left(GVAR_{i,t}\right) - \ln\left(GVAR_{i,t-1}\right)\right) + \delta_i \cdot t$$

Die Wachstumsraten der Arbeitsproduktivität und der Bruttowertschöpfung werden über einen linearen Zusammenhang dargestellt. Sofern die

Wachstumsrate der Arbeitsproduktivität unabhängig von der Wachstumsrate der Bruttowertschöpfung eine trendmäßige Veränderung erfährt, wird dies durch den Zeittrend erfaßt. Diese Form der Spezifikation des Modells entspringt der Vorstellung, daß der in allen Industrieländern zu beobachtende Rückgang in der Produktivitätsentwicklung seit dem Ende des 2. Weltkriegs (productivity slowdown) quasi autonome Ursachen hat und nicht auf eine Wachstumsschwäche der Wirtschaftszweige zurückführbar ist. Analog zu dem Modell für die Bestimmung der langfristig veränderlichen Wachstumsraten wurde auch hier ein entsprechender Störterm $v_{i,t}$ *mit* $v_{i,t} \sim N(0;\sigma_{v_i}^2)$ hinzugefügt. Gleichfalls wurde zum Zweck der Effizienzsteigerung der Schätzung die SUR-Methode der OLS-Schätzung vorgezogen. Die Parameterwerte λ_i lassen sich ökonomisch als Elastizitäten der Arbeitsproduktivität bezgl. einer Änderung der Bruttowertschöpfung interpretieren. Die Ergebnisse sind zusammen mit den entsprechenden Teststatistiken in den Tabellen 7a-d zusammengefaßt.

Da aufgrund des definitorischen Zusammenhangs zwischen den drei Variablen Bruttowertschöpfung (GVAR), Arbeitsproduktivität (lp), und Zahl der Erwerbstätigen (EMP), deren Wachstumsraten gleichfalls miteinander linear verknüpft sind, läßt sich analog zum Verdoorn-Zusammenhang eine inverse Verdoorn-Beziehung zwischen Zahl der Erwerbstätigen und der realen Bruttowertschöpfung ableiten.

$$(8) \qquad GVAR_{i,t} = lp_{i,t} \cdot EMP_{i,t} \Rightarrow g_{GVAR_{i,t}} = g_{lp_{i,t}} + g_{EMP_{i,t}}$$

Zwischen dem Verdoorn-Zusammenhang und dem inversen Verdoorn-Zusammenhang sowie den dazugehörigen Parametern bzw. Elastizitäten bestehen daher eineindeutige Beziehungen.

$$d\left(\ln\left(EMP_{i,t}\right) - \ln\left(EMP_{i,t-1}\right)\right) = -\kappa_i + \left(1 - \lambda_i\right) \cdot d\left(\ln\left(GVAR_{i,t}\right) - \ln\left(GVAR_{i,t-1}\right)\right) - \delta_i \cdot t$$

Insofern liefern die in den Tabellen 8a-d zusammengefaßten Schätzergebnisse keine zusätzlich neue Information über den Verdoorn-Zusammenhang, jedoch sind durch die Schätzung des inversen Verdoorn-Zusammenhangs Informationen über die entsprechenden Beschäftigungselastizitäten hinsichtlich der Änderung der Wachstumsrate der realen Bruttowertschöpfung vorhanden. Die Ergebnisse des normalen und des inversen Verdoorn-Zusammenhangs sind in entsprechenden Grafiken im Text dargestellt.

Die Daten für die Zeitreihen der einzelnen Wirtschaftszweige stammen aus der Fachserie 18 des Statistischen Bundesamtes. Um lange, in sich konsistente Zeitreihen zu erhalten, sind diese durch eigene Berechnungen ergänzt worden, die am Deutschen Institut für Wirtschaftsforschung durchgeführt wurden.

Tabelle 4–A

Schätzwerte zur Bruttowertschöpfung in den Wirtschaftszweigen mit Berücksichtigung von Strukturbrüchen und kont. Änderungen unter Verwendung der SUR– Schätzmethode *)

(1961–1990)

Wirtschaftszweige	alpha t–Werte	beta t–Werte	theta t–Werte	phi t–Werte	psi t–Werte	R^2 DW
1 Landwirtschaft	9.93	0.02	0.0001	–0.0021	–0.0040	0.93
	344.66	4.12	0.37	–0.86	–1.12	1.84
2 Elektrizitätsversorgung	9.01	0.10	–0.0018	0.0063	0.0073	0.99
	266.94	18.39	–7.24	2.20	1.76	0.65
3 Gasversorgung	6.26	0.14	–0.0012	–0.0074	–0.0191	0.96
	69.67	8.96	–1.82	–0.97	–1.73	0.75
4 Wasserversorgung	7.59	0.07	–0.0016	0.0006	0.0032	0.91
	212.70	10.96	–6.19	0.19	0.73	1.13
5 Kohlenbergbau	10.07	–0.01	–0.0004	–0.0031	–0.0075	0.95
	237.74	–1.45	–1.42	–0.87	–1.43	1.19
6 Übriger Bergbau	9.40	–0.09	0.0017	–0.0093	–0.0007	0.88
	99.80	–5.56	2.40	–1.17	–0.06	1.12
7 Chemische Industrie	9.29	0.13	–0.0023	–0.0043	–0.0020	0.99
	248.46	20.31	–8.25	–1.36	–0.43	1.41
8 Mineralölverarbeitung	9.10	0.13	–0.0030	–0.0127	–0.0111	0.97
	273.41	23.67	–12.15	–4.49	–2.70	2.14
9 Kunststoffwaren	7.26	0.16	–0.0021	–0.0167	–0.0131	1.00
	242.55	31.95	–9.78	–6.59	–3.55	1.60
10 Gummiverarbeitung	7.99	0.09	–0.0016	–0.0150	–0.0100	0.94
	214.98	14.30	–5.95	–4.78	–2.18	1.36
11 Steine und Erden	9.02	0.07	–0.0013	–0.0059	–0.0084	0.91
	238.64	10.40	–4.51	–1.86	–1.81	0.76
12 Feinkeramik	7.63	0.03	–0.0008	–0.0043	–0.0055	0.75
	281.08	7.03	–4.06	–1.85	–1.65	1.64
13 Glasver– und bearbeitung	7.55	0.06	–0.0007	–0.0092	–0.0069	0.96
	220.03	10.71	–2.92	–3.18	–1.63	1.13

*) Regressionsmodell: ln(GVAR(i)) = alpha(i) + beta(i) * t + theta(i) * t^2 + psi(i) * D74.84 + phi(i) * D85.90 .

Quelle: eigene Berechnungen.

Tabelle 4–B

Schätzwerte zur Bruttowertschöpfung in den Wirtschaftszweigen mit Berücksichtigung von Strukturbrüchen und kont. Änderungen unter Verwendung der SUR– Schätzmethode *)

(1961–1990)

Wirtschaftszweige	alpha t–Wert	beta t–Wert	theta t–Wert	phi t–Wert	psi t–Werte	R^2 DW
14 Eisenschaffende Industrie	9.24	0.05	–0.0013	0.0028	0.0053	0.78
	217.70	6.50	–4.10	0.78	1.02	1.22
15 NE–Metallerzeugung	7.70	0.09	–0.0025	0.0081	0.0164	0.89
	114.14	8.21	–4.97	1.41	1.97	0.91
16 Gießereien	8.61	0.02	–0.0006	–0.0001	–0.0006	0.32
	186.71	2.81	–1.91	–0.02	–0.11	1.08
17 Ziehereien	9.13	0.03	–0.0002	–0.0086	–0.0071	0.91
	291.18	6.55	–1.05	–3.24	–1.82	1.26
18 Stahl– und Leichtmetallbau	8.72	0.05	–0.0011	0.0014	–0.0011	0.77
	162.57	5.33	–2.68	0.32	–0.17	0.75
19 Maschinenbau	10.53	0.06	–0.0013	–0.0027	0.0008	0.91
	322.35	10.54	–5.42	–0.98	0.20	1.05
20 Büromaschinen, ADV	6.22	0.15	–0.0010	–0.0113	–0.0072	0.99
	124.17	17.78	–2.82	–2.67	–1.16	1.27
21 Straßenfahrzeugbau	9.82	0.09	–0.0014	–0.0050	–0.0048	0.98
	284.39	15.87	–5.36	–1.71	–1.12	1.29
22 Schiffbau	7.69	0.05	–0.0020	0.0044	0.0031	0.71
	117.45	4.59	–4.08	0.79	0.39	1.01
23 Luft– und Raumfahrzeugbau	6.62	0.10	–0.0008	–0.0098	–0.0131	0.95
	86.80	7.93	–1.46	–1.52	–1.39	1.08
24 Elektrotechnik	9.70	0.09	–0.0013	–0.0013	0.0018	0.99
	307.03	17.11	–5.45	–0.50	0.46	0.92
25 Feinmechanik, Optik	8.27	0.08	–0.0017	0.0063	0.0079	0.98
	243.54	14.37	–6.84	2.20	1.88	1.02

Tabelle 4–C

Schätzwerte zur Bruttowertschöpfung in den Wirtschaftszweigen mit Berücksichtigung von Strukturbrüchen und kont. Änderungen unter Verwendung der SUR– Schätzmethode *)

(1961–1990)

Wirtschaftszweige	alpha t–Werte	beta t–Werte	theta t–Werte	phi t–Werte	psi t–Werte	R^2 DW
26 Eisen, Metall, Blech	9.21	0.06	–0.0008	–0.0121	–0.0091	0.91
	252.30	9.60	–3.10	–3.90	–2.00	0.92
27 Musikinstrumente	8.17	0.04	–0.0009	–0.0070	–0.0029	0.43
	169.80	4.50	–2.50	–1.70	–0.50	0.84
28 Holzbearbeitung	7.29	0.07	–0.0015	–0.0110	–0.0029	0.80
	164.10	8.80	–4.60	–2.90	–0.50	0.81
29 Holzverarbeitung	9.04	0.08	–0.0019	–0.0031	–0.0041	0.89
	221.90	11.30	–6.40	–0.90	–0.80	0.49
30 Zellstoff, Papier	7.75	0.03	0.0004	–0.0097	–0.0105	0.96
	253.60	5.90	1.70	–3.70	–2.80	2.17
31 Papier und Pappe	8.32	0.06	–0.0011	–0.0110	–0.0073	0.85
	223.12	9.30	–4.00	–3.50	–1.60	1.26
32 Druckereien	8.84	0.06	–0.0011	–0.0082	–0.0058	0.97
	400.55	16.60	–6.60	–4.40	–2.10	1.61
33 Textilgewerbe	9.26	0.04	–0.0010	–0.0079	–0.0045	0.79
	383.84	9.80	–5.70	–3.80	–1.50	1.14
34 Ledergewerbe	8.84	–0.00	–0.0007	–0.0058	–0.0053	0.99
	382.40	–1.20	–3.90	–3.00	–1.90	1.15
35 Bekleidungsgewerbe	9.12	0.03	–0.0011	–0.0067	–0.0036	0.88
	392.54	8.80	–6.50	–3.40	–1.20	1.20
36 Ernährung und Getränke	10.30	0.04	–0.0007	–0.0011	–0.0029	0.97
	762.40	16.40	–7.00	–1.00	–1.70	1.24
37 Tabakverarbeitung	9.18	0.05	–0.0012	–0.0010	0.0004	0.91
	376.60	11.80	–6.70	–0.50	0.10	1.43
38 Bauhauptgewerbe	10.70	0.04	–0.0006	–0.0091	–0.0111	0.87
	487.06	10.20	–3.60	–4.90	–4.10	1.06
39 Ausbaugewerbe	10.10	0.05	–0.0007	–0.0082	–0.0091	0.90
	363.58	9.90	–3.50	–3.50	–2.70	0.70

Tabelle 4–D

Schätzwerte zur Bruttowertschöpfung in den Wirtschaftszweigen mit Berücksichtigung von Strukturbrüchen und kont. Änderungen unter Verwendung der SUR– Schätzmethode *)

(1961–1990)

Wirtschaftszweige	alpha t–Werte	beta t–Werte	theta t–Werte	phi t–Werte	psi t–Werte	R^2 DW
40 Großhandel	10.57	0.05	–0.0007	–0.0056	–0.0044	0.98
	486.76	14.40	–4.50	–3.10	–1.60	1.00
41 Einzelhandel	10.34	0.06	–0.0009	–0.0006	–0.0007	0.98
	444.50	15.20	–5.00	–0.30	–0.20	0.49
42 Eisenbahnen	9.48	0.02	–0.0006	–0.0061	–0.0036	0.60
	330.20	4.40	–2.80	–2.50	–1.00	1.67
43 Schiffahrt	8.17	0.05	–0.0005	0.0115	0.0046	0.84
	192.50	0.02	–1.50	3.20	0.90	1.14
44 Straßenverkehr	9.48	0.06	–0.0003	–0.0029	–0.0046	0.99
	364.10	13.80	–1.60	–1.30	–1.40	0.72
45 Deutsche Bundespost	9.10	0.06	0.0001	–0.0008	–0.0048	1.00
	462.08	17.70	1.00	–0.50	–2.00	0.84
46 Kreditinstitute	9.64	0.10	–0.0011	–0.0046	–0.0045	1.00
	508.30	30.90	–8.10	–2.90	–1.90	0.72
47 Versicherungen	8.41	0.12	–0.0016	–0.0121	–0.0099	0.98
	206.50	17.40	–5.40	–3.50	–2.00	0.54
48 Wohnungsvermietung	10.81	0.04	–0.0002	0.0040	0.0033	0.95
	1784.30	39.20	–5.10	7.90	4.40	1.00
49 sonstige Dienstleistungen	11.46	0.04	0.0002	–0.0015	–0.0013	1.00
	1019.70	18.70	2.70	–1.50	–1.00	0.65
50 Staat einschließlich Sozialversicherung	11.37	0.06	–0.0009	0.0019	0.0018	1.00
	1472.90	42.40	–15.50	2.90	1.90	0.67
51 Private Haushalte und private Organisation ohne Erw.	9.99	0.01	0.0006	0.0053	0.0032	0.99
	560.90	2.20	4.50	3.50	1.40	0.90

Tabelle 5–A

Schätzwerte zur Arbeitsproduktivität in den Wirtschaftszweigen mit Berücksichtigung von Strukturbrüchen und kont. Änderungen unter Verwendung der SUR– Schätzmethode *)

(1961–1990)

Wirtschaftszweige	alpha	beta	theta	phi	psi	R^2
	t–Wert	t–Wert	t–Wert	t–Wert	t–Wert	DW
1 Landwirtschaft	1.66	0.08	–0.0006	0.0007	0.0019	0.99
	50.19	13.88	–2.33	0.27	0.47	1.39
2 Elektrizitätsversorgung	3.99	0.07	–0.0013	0.0089	0.0092	0.98
	115.40	12.57	–5.10	3.05	2.17	0.67
3 Gasversorgung	3.23	0.17	–0.0026	–0.0099	–0.0179	0.95
	33.80	10.45	–3.71	–1.23	–1.52	0.65
4 Wasserversorgung	4.55	0.04	–0.0008	–0.0001	0.0018	0.89
	131.79	7.03	–3.15	–0.03	0.43	1.53
5 Kohlenbergbau	3.78	0.06	–0.0016	–0.0080	–0.0089	0.84
	101.14	10.02	–5.92	–2.52	–1.93	1.61
6 Übriger Bergbau	5.27	0.00	0.0006	–0.0156	–0.0188	0.08
	45.42	0.15	0.66	–1.59	–1.31	0.88
7 Chemische Industrie	3.01	0.10	–0.0016	–0.0019	–0.0032	0.99
	87.91	18.17	–6.53	–0.67	–0.77	1.62
8 Mineralölverarbeitung	5.42	0.11	–0.0026	0.0045	0.0087	0.95
	105.68	12.77	–6.89	1.04	1.38	1.51
9 Kunststoffwaren	2.71	0.10	–0.0015	–0.0058	–0.0047	1.00
	154.38	33.19	–11.93	–3.92	–2.19	2.01
10 Gummiverarbeitung	3.25	0.07	–0.0011	–0.0053	–0.0042	0.98
	138.07	17.10	–6.23	–2.69	–1.43	1.29
11 Steine und Erden	3.22	0.08	–0.0012	–0.0015	–0.0028	0.99
	123.83	17.79	–6.17	–0.70	–0.88	0.89
12 Feinkeramik	3.16	0.06	–0.0012	–0.0006	0.0000	0.97
	157.73	16.58	–7.86	–0.34	0.01	1.59
13 Glasver– und bearbeitung	3.03	0.05	–0.0004	–0.0019	0.0007	0.99
	139.10	14.28	–2.37	–1.01	0.27	1.68

*) Regressionsmodell: ln(lp(i)) = alpha(i) + beta(i) * t + theta(i) * t^2 + psi(i) * D74.84 + phi(i) * D85.90 .

Quelle: eigene Berechnungen.

Tabelle 5–B

Schätzwerte zur Arbeitsproduktivität in den Wirtschaftszweigen mit Berücksichtigung von Strukturbrüchen und kont. Änderungen unter Verwendung der SUR– Schätzmethode *)

(1961–1990)

Wirtschaftszweige	alpha	beta	theta	phi	psi	R^2
	t–Wert	t–Wert	t–Wert	t–Wert	t–Wert	DW
14 Eisenschaffende Industrie	2.99	0.07	–0.0008	–0.0027	–0.0000	0.96
	63.55	8.76	–2.37	–0.68	–0.00	1.06
15 NE–Metallerzeugung	3.24	0.07	–0.0018	0.0190	0.0216	0.94
	52.19	7.14	–3.99	3.61	2.81	1.16
16 Gießereien	3.39	0.04	–0.0008	0.0027	0.0015	0.96
	126.35	9.91	–4.22	1.20	0.46	1.19
17 Ziehereien	3.34	0.04	–0.0003	–0.0066	–0.0069	0.97
	153.00	11.19	–1.88	–3.55	–2.57	1.61
18 Stahl– und Leichtmetallbau	3.18	0.07	–0.0014	–0.0008	–0.0059	0.95
	82.96	11.55	–4.95	–0.24	–1.25	0.76
19 Maschinenbau	3.58	0.04	–0.0009	0.0014	0.0007	0.96
	189.32	13.34	–6.28	0.85	0.30	1.64
20 Büromaschinen, ADV	2.14	0.09	0.0000	0.0083	0.0012	0.99
	41.57	10.75	0.11	1.91	0.18	1.18
21 Straßenfahrzeugbau	3.48	0.05	–0.0007	0.0018	0.0004	0.97
	128.18	10.74	–3.73	0.80	0.12	1.57
22 Schiffbau	3.20	0.06	–0.0010	–0.0025	–0.0007	0.86
	58.53	6.22	–2.60	–0.54	–0.10	1.28
23 Luft– und Raumfahrzeugbau	3.51	0.05	–0.0003	–0.0042	–0.0076	0.85
	53.93	4.14	–0.65	–0.75	–0.94	1.23
24 Elektrotechnik	2.85	0.07	–0.0006	0.0028	0.0004	1.00
	189.97	26.23	–5.67	2.22	0.24	1.29
25 Feinmechanik, Optik	3.09	0.06	–0.0011	0.0027	0.0016	0.99
	153.12	18.43	–7.41	1.56	0.65	1.51

Tabelle 5–C

Schätzwerte zur Arbeitsproduktivität in den Wirtschaftszweigen mit Berücksichtigung von Strukturbrüchen und kont. Änderungen unter Verwendung der SUR– Schätzmethode *)

(1961–1990)

Wirtschaftszweige	alpha t–Wert	beta t–Wert	theta t–Wert	phi t–Wert	psi t–Wert	R^2 DW
26 Eisen, Metall, Blech	3.20	0.06	–0.0010	–0.0039	–0.0032	0.99
	171.20	19.70	–7.00	–2.50	–1.40	1.35
27 Musikinstrumente	3.49	0.04	–0.0009	–0.0028	0.0056	0.87
	95.30	6.40	–3.20	–0.90	1.20	1.10
28 Holzbearbeitung	2.68	0.09	–0.0015	–0.0073	–0.0014	0.96
	60.50	11.80	–4.60	–2.00	–0.30	0.78
29 Holzverarbeitung	2.79	0.10	–0.0023	–0.0025	–0.0049	0.97
	88.30	19.50	–9.90	–0.90	–1.30	0.59
30 Zellstoff, Papier	3.21	0.06	–0.0002	0.0006	–0.0031	0.99
	100.10	10.80	–1.00	0.20	–0.80	1.69
31 Papier und Pappe	3.36	0.05	–0.0009	0.0002	0.0031	0.95
	119.30	9.90	–4.20	0.10	0.90	1.46
32 Druckereien	3.32	0.05	–0.0006	0.0017	–0.0055	0.99
	173.50	15.30	–4.40	1.10	–2.30	1.52
33 Textilgewerbe	2.66	0.07	–0.0009	0.0011	0.0026	0.996
	169.30	25.30	–7.50	0.80	1.30	1.17
34 Ledergewerbe	3.17	0.03	–0.0006	0.0023	0.0061	0.96
	167.90	9.50	–4.60	1.40	2.60	1.31
35 Bekleidungsgewerbe	2.73	0.05	–0.0007	0.0029	0.0019	0.99
	169.70	17.30	–5.60	2.10	0.90	1.14
36 Ernährung und Getränke	3.47	0.03	–0.0005	0.0010	–0.0017	0.99
	279.60	16.10	–5.00	0.90	–1.10	1.31
37 Tabakverarbeitung	4.74	0.13	–0.0025	–0.0017	0.0058	0.99
	148.20	25.00	–10.50	–0.60	1.50	1.27
38 Bauhauptgewerbe	3.28	0.04	–0.0006	0.0046	0.0037	0.99
	158.80	11.00	–3.90	2.60	1.40	1.27
39 Ausbaugewerbe	3.72	0.03	–0.0005	–0.0069	–0.0077	0.84
	208.30	9.70	–3.80	–4.60	–3.50	0.77

Tabelle 5–D

Schätzwerte zur Arbeitsproduktivität in den Wirtschaftszweigen mit Berücksichtigung von Strukturbrüchen und kont. Änderungen unter Verwendung der SUR– Schätzmethode *)

(1961–1990)

Wirtschaftszweige	alpha t–Wert	beta t–Wert	theta t–Wert	phi t–Wert	psi t–Wert	R^2 DW
40 Großhandel	3.35	0.05	−0.0009	−0.0016	0.0017	0.99
	216.60	20.70	−7.90	−1.20	0.90	1.25
41 Einzelhandel	2.77	0.06	−0.0008	−0.0014	−0.0037	0.99
	181.60	22.00	−7.40	−1.10	−2.00	0.75
42 Eisenbahnen	3.23	0.03	−0.0001	−0.0110	−0.0076	0.92
	98.00	5.80	−0.30	−4.00	−1.90	1.66
43 Schiffahrt	3.42	0.04	−0.0002	0.0117	0.0125	0.98
	85.90	5.60	−0.80	3.50	2.50	1.13
44 Straßenverkehr	3.42	0.05	−0.0005	−0.0034	−0.0094	0.99
	176.30	16.80	−3.70	−2.10	−3.90	1.11
45 Deutsche Bundespost	3.13	0.04	0.0003	0.0012	−0.0037	0.99
	138.50	11.10	2.00	0.60	−1.30	0.73
46 Kreditinstitute	4.12	0.04	−0.0004	−0.0024	−0.0048	0.98
	188.00	12.00	−2.20	−1.30	−1.80	0.71
47 Versicherungen	3.66	0.06	−0.0007	−0.0038	−0.0001	0.99
	130.40	13.60	−3.50	−1.60	0.00	0.62
48 Wohnungsvermietung	6.95	0.03	0.0000	0.0050	−0.0041	0.98
	326.90	7.50	−0.20	2.80	−1.60	0.48
49 sonstige Dienstleistungen	3.90	0.02	0.0000	0.0000	−0.0058	0.99
	464.50	15.60	−0.30	−0.10	−5.60	0.94
50 Staat einschließlich Sozialversicherung	3.74	0.01	−0.0001	−0.0001	−0.0006	0.98
	825.30	14.60	−4.40	−0.20	−1.10	0.89
51 Private Haushalte und private Organisationen ohne Erw.	3.39	0.03	−0.0004	0.0020	−0.0053	0.99
	357.10	17.30	−5.80	2.50	−4.54	1.19

Tabelle 6–A

Schätzwerte zur Zahl der Erwerbstätigen in den Wirtschaftszweigen mit Berücksichtigung von Strukturbrüchen und kont. Änderungen unter Verwendung der SUR– Schätzmethode *)

(1961–1990)

Wirtschaftszweige	alpha t–Werte	beta t–Werte	theta t–Werte	phi t–Werte	psi t–Werte	R^2 DW
1 Landwirtschaft	8.27	–0.06	0.0006	–0.0028	–0.0059	1.00
	561.70	–23.08	5.96	–2.28	–3.25	0.47
2 Elektrizitätsversorgung	5.02	0.03	–0.0005	–0.0026	–0.0019	0.99
	674.98	25.00	–9.13	–4.20	–2.09	1.34
3 Gasversorgung	3.03	–0.03	0.0014	0.0026	–0.0012	0.81
	70.69	–4.48	4.42	0.70	–0.23	1.10
4 Wasserversorgung	3.05	0.02	–0.0008	0.0007	0.0014	0.47
	83.82	4.09	–3.08	0.22	0.31	1.44
5 Kohlenbergbau	6.29	–0.07	0.0012	0.0048	0.0014	0.98
	232.96	–16.15	5.96	2.11	0.42	0.76
6 Übriger Bergbau	4.13	–0.09	0.0011	0.0063	0.0181	0.98
	118.50	–15.52	4.29	2.12	4.19	0.67
7 Chemische Industrie	6.27	0.02	–0.0006	–0.0024	0.0012	0.83
	476.49	10.37	–6.42	–2.14	0.76	1.22
8 Mineralölverarbeitung	3.68	0.02	–0.0004	–0.0172	–0.0198	0.81
	79.71	2.88	–1.10	–4.40	–3.48	0.70
9 Kunststoffwaren	4.55	0.06	–0.0006	–0.0109	–0.0084	0.98
	161.88	13.32	–2.97	–4.57	–2.41	1.01
10 Gummiverarbeitung	4.75	0.02	–0.0005	–0.0097	–0.0058	0.77
	197.07	5.39	–3.10	–4.75	–1.96	1.42
11 Steine und Erden	5.80	–0.01	–0.0001	–0.0044	–0.0056	0.97
	290.33	–3.44	–0.52	–2.60	–2.27	0.73
12 Feinkeramik	4.47	–0.02	0.0003	–0.0037	–0.0056	0.98
	275.84	–8.72	2.91	–2.68	–2.78	1.23
13 Glasver– und bearbeitung	4.52	0.01	–0.0004	–0.0074	–0.0076	0.85
	153.18	1.91	–1.64	–2.94	–2.10	0.73

*) Regressionsmodell: ln(EMP(i)) = alpha(i) + beta(i) * t + theta(i) * t^2 + psi(i) * D74.84 + phi(i) * D85.90 .

Quelle: eigene Berechnungen.

Tabelle 6–B

Schätzwerte zur Zahl der Erwerbstätigen in den Wirtschaftszweigen mit Berücksichtigung von Strukturbrüchen und kont. Änderungen unter Verwendung der SUR– Schätzmethode *) (1961–1990)

Wirtschaftszweige	alpha t–Werte	beta t–Werte	theta t–Werte	phi t–Werte	psi t–Werte	R^2 DW
14 Eisenschaffende Industrie	6.25	−0.02	−0.0005	0.0055	0.0053	0.99
	327.49	−7.12	−3.27	3.41	2.27	0.96
15 NE–Metallerzeugung	4.46	0.02	−0.0006	−0.0109	−0.0051	0.87
	158.08	3.94	−3.12	−4.57	−1.47	1.28
16 Gießereien	5.22	−0.02	0.0002	−0.0028	−0.0021	0.94
	175.88	−4.60	0.85	−1.11	−0.58	1.17
17 Ziehereien	5.79	−0.01	0.0001	−0.0020	−0.0001	0.74
	282.81	−1.92	0.40	−1.17	−0.05	0.88
18 Stahl– und Leichtmetallbau	5.54	−0.03	0.0003	0.0022	0.0048	0.84
	189.28	−5.35	1.56	0.90	1.32	1.31
19 Maschinenbau	6.95	0.02	−0.0004	−0.0041	0.0001	0.47
	310.84	4.10	−2.61	−2.16	0.03	0.74
20 Büromaschinen, ADV	4.08	0.06	−0.0011	−0.0196	−0.0083	0.78
	90.48	7.49	−3.26	−5.14	−1.49	1.56
21 Straßenfahrzeugbau	6.34	0.04	−0.0006	−0.0068	−0.0052	0.96
	301.62	12.20	−3.98	−3.84	−1.99	1.07
22 Schiffbau	4.50	−0.01	−0.0009	0.0069	0.0038	0.97
	154.61	−1.35	−4.31	2.79	1.06	1.17
23 Luft– und Raumfahrzeugbau	3.11	0.06	−0.0005	−0.0056	−0.0056	0.94
	64.28	6.93	−1.42	−1.38	−0.93	0.78
24 Elektrotechnik	6.85	0.02	−0.0006	−0.0042	0.0013	0.58
	234.79	5.04	−2.98	−1.68	0.37	0.79
25 Feinmechanik, Optik	5.18	0.02	−0.0006	0.0036	0.0063	0.77
	217.58	4.87	−3.47	1.81	2.14	0.78

Tabelle 6–C

Schätzwerte zur Zahl der Erwerbstätigen in den Wirtschaftszweigen mit Berücksichtigung von Strukturbrüchen und kont. Änderungen unter Verwendung der SUR– Schätzmethode *)
(1961–1990)

Wirtschaftszweige	alpha t–Werte	beta t–Werte	theta t–Werte	phi t–Werte	psi t–Werte	R^2 DW
26 Eisen, Metall, Blech	6.00	–0.00	0.0001	–0.0083	–0.0060	0.80
	232.60	–0.80	0.70	–3.80	–1.90	0.88
27 Musikinstrumente	4.68	–0.00	–0.0000	–0.0043	–0.0086	0.93
	208.80	–0.90	–0.10	–2.30	–3.10	0.66
28 Holzbearbeitung	4.61	–0.02	–0.0001	–0.0037	–0.0015	0.99
	285.30	–8.00	–0.10	–2.70	–0.80	1.43
29 Holzverarbeitung	6.25	–0.03	0.0004	–0.0006	0.0008	0.95
	333.30	–8.30	2.80	–0.40	0.30	0.80
30 Zellstoff, Papier	4.53	–0.03	0.0006	–0.0103	–0.0074	0.97
	224.80	–8.20	4.00	–6.00	–3.00	1.24
31 Papier und Pappe	4.96	0.01	–0.0002	–0.0113	–0.0105	0.85
	177.20	2.40	–1.20	–4.80	–3.00	0.93
32 Druckereien	5.52	0.01	–0.0004	–0.0099	–0.0003	0.85
	223.20	3.00	–2.40	–4.70	–0.10	0.99
33 Textilgewerbe	6.60	–0.03	–0.0001	–0.0090	–0.0071	0.99
	352.50	–8.50	–1.00	–5.60	–3.10	1.00
34 Ledergewerbe	5.67	–0.04	–0.0000	–0.0080	–0.0114	0.99
	262.90	–9.60	–0.10	–4.40	–4.30	0.63
35 Bekleidungsgewerbe	6.39	–0.01	–0.0005	–0.0096	–0.0054	0.99
	331.20	–3.70	–3.20	–5.90	–2.30	0.96
36 Ernährung und Getränke	6.83	0.00	–0.0002	–0.0021	–0.0012	0.93
	675.80	2.10	–3.20	–2.40	–0.90	0.95
37 Tabakverarbeitung	4.44	–0.09	0.0013	0.0007	–0.0053	0.99
	219.30	–25.20	8.50	0.40	–2.10	1.04
38 Bauhauptgewerbe	7.42	–0.00	0.0000	–0.0137	–0.0148	0.94
	273.90	–0.10	0.00	–6.00	–4.40	0.94
39 Ausbaugewerbe	6.37	0.02	–0.0002	–0.0013	–0.0014	0.93
	466.80	7.40	–2.21	–1.10	–0.80	0.85

Tabelle 6–D

Schätzwerte zur Zahl der Erwerbstätigen in den Wirtschaftszweigen mit Berücksichtigung von Strukturbrüchen und kont. Änderungen unter Verwendung der SUR– Schätzmethode *)

(1961–1990)

Wirtschaftszweige	alpha t–Werte	beta t–Werte	theta t–Werte	phi t–Werte	psi t–Werte	R^2 DW
40 Großhandel	7.22	–0.00	0.0002	–0.0041	–0.0061	0.57
	519.30	–0.50	1.80	–3.40	–3.50	0.78
41 Einzelhandel	7.57	0.00	–0.0000	0.0008	0.0030	0.88
	678.20	1.50	–0.40	0.90	2.20	0.57
42 Eisenbahnen	6.25	–0.01	–0.0005	0.0050	0.0040	0.97
	289.50	–3.10	–3.20	2.70	1.50	0.44
43 Schiffahrt	4.76	–0.02	–0.0002	–0.0002	–0.0078	0.99
	323.60	–7.00	–2.10	–0.20	–4.30	1.14
44 Straßenverkehr	6.05	0.01	0.0002	0.0005	0.0048	0.97
	336.80	1.80	1.60	0.30	2.20	0.41
45 Deutsche Bundespost	5.98	0.02	–0.0002	–0.0020	–0.0011	0.95
	483.90	7.90	–1.90	–2.00	–0.70	0.64
46 Kreditinstitute	5.52	0.05	–0.0008	–0.0022	0.0004	0.99
	403.22	23.60	–7.70	–1.90	0.20	0.55
47 Versicherungen	4.75	0.06	–0.0009	–0.0084	–0.0098	0.96
	230.60	15.80	–5.90	–4.80	–3.80	0.80
48 Wohnungsvermietung	3.85	0.01	–0.0002	–0.0009	0.0073	0.94
	212.80	4.30	–1.50	–0.60	3.30	0.95
49 sonstige Dienstleistungen	7.56	0.01	0.0002	–0.0014	0.0013	1.00
	1060.10	11.00	4.60	–2.30	0.37	0.64
50 Staat einschließlich Sozialversicherung	7.63	0.04	–0.0007	0.0020	0.0024	1.00
	964.90	33.10	–12.60	3.00	2.50	0.61
51 Private Haushalte und private Organisationen ohne Erw.	6.60	–0.02	0.0010	0.0034	0.0085	0.99
	467.80	–8.70	9.60	2.80	4.90	0.76

Tabelle 7–A

Parameterschätzwerte für Verdoorns Gesetz für die Wirtschaftszweige Westdeutschlands unter Verwendung der SUR–Schätzmethode *)

(1961–1990)

Wirtschaftszweige	kappa(i) (t–Wert)	lambda(i) (t–Wert)	delta(i) (t–Wert)	R^2 DW
1 Landwirtschaft	4.87	0.92	–0.03	0.87
	5.54	42.85	–0.57	2.05
2 Elektrizitätsversorgung	–2.54	0.94	0.09	0.92
	–4.84	33.86	3.40	2.18
3 Gasversorgung	2.40	0.91	–0.17	0.68
	0.87	18.96	–1.15	2.48
4 Wasserversorgung	1.16	0.50	–0.02	0.17
	0.47	4.75	–0.17	2.53
5 Kohlenbergbau	5.88	0.91	–0.15	0.80
	4.34	22.11	–2.06	1.22
6 Übriger Bergbau	10.45	1.14	–0.37	0.82
	3.50	28.08	–2.35	2.05
7 Chemische Industrie	–1.32	0.96	0.05	0.91
	–1.51	53.24	1.17	1.71
8 Mineralölverarbeitung	–1.25	0.92	0.19	0.59
	–0.47	14.41	1.33	1.44
9 Kunststoffwaren	1.81	0.52	–0.11	0.67
	1.56	23.79	–1.78	1.79
10 Gummiverarbeitung	2.27	0.50	–0.05	0.63
	2.08	19.08	–0.88	2.10
11 Steine und Erden	3.37	0.62	–0.05	0.80
	4.30	30.10	–1.24	1.68
12 Feinkeramik	3.27	0.64	–0.09	0.79
	4.17	23.54	–2.23	1.73
13 Glasver– und bearbeitung	1.56	0.68	0.01	0.58
	1.34	15.71	0.19	1.57

*) Regressions: d ln(lp(i)) = kappa(i) + lambda(i) * d ln(GVA(i)) + delta(i) * ti

Quelle: eigene Berechnungen.

Tabelle 7–B

Parameterschätzwerte für Verdoorns Gesetz für die Wirtschaftszweige Westdeutschlands unter Verwendung der SUR–Schätzmethode *)

(1961–1990)

Wirtschaftszweige	kappa(i) (t–Wert)	lambda(i) (t–Wert)	delta(i) (t–Wert)	R^2 DW
14 Eisenschaffende Industrie	1.71	0.88	0.08	0.84
	1.50	29.07	1.29	1.48
15 NE–Metallerzeugung	0.67	0.87	0.02	0.87
	0.48	24.38	0.26	1.41
16 Gießereien	3.23	0.41	–0.09	0.56
	2.68	18.23	–1.43	1.66
17 Ziehereien	2.10	0.65	–0.07	0.74
	2.20	20.92	–1.47	2.03
18 Stahl– und Leichtmetallbau	4.52	0.57	–0.18	0.48
	2.73	12.36	–2.03	2.23
19 Maschinenbau	1.42	0.58	–0.06	0.67
	1.54	26.18	–1.29	1.53
20 Büromaschinen, ADV	1.03	0.65	0.06	0.45
	0.42	11.78	0.47	1.43
21 Straßenfahrzeugbau	–0.95	0.64	0.04	0.74
	–0.88	24.29	0.62	1.48
22 Schiffbau	1.85	0.84	0.08	0.81
	1.10	28.90	0.83	1.77
23 Luft– und Raumfahrzeugbau	–6.50	0.77	0.23	0.75
	–2.74	18.94	1.88	1.32
24 Elektrotechnik	3.73	0.35	–0.07	0.39
	4.05	12.09	–1.51	1.36
25 Feinmechanik, Optik	1.70	0.58	–0.06	0.56
	1.50	17.91	–0.95	2.07

Tabelle 7–C

Parameterschätzwerte für Verdoorns Gesetz für die Wirtschaftszweige Westdeutschlands unter Verwendung der SUR–Schätzmethode *)

(1961–1990)

Wirtschaftszweige	kappa(i) (t–Werte)	lambda(i) (t–Werte)	delta(i) (t–Werte)	R^2 (t–Werte)
26 Eisen, Metall, Blech	3.54	0.49	−0.13	0.66
	4.00	42.04	−2.64	1.96
27 Musikinstrumente	0.65	0.81	0.03	0.77
	0.56	75.83	0.45	1.49
28 Holzbearbeitung	2.89	0.86	−0.04	0.76
	2.51	49.86	−0.66	1.76
29 Holzverarbeitung	4.66	0.74	−0.19	0.76
	4.32	31.12	−3.25	2.04
30 Zellstoff, Papier	3.48	0.92	−0.11	0.83
	3.04	118.41	−1.87	1.10
31 Papier und Pappe	1.30	0.66	−0.02	0.60
	1.01	42.76	−0.35	1.42
32 Druckereien	2.34	0.65	−0.10	0.40
	1.47	46.06	−1.22	1.53
33 Textilgewerbe	5.15	0.46	−0.07	0.51
	6.44	12.21	−1.56	1.49
34 Ledergewerbe	2.45	0.76	0.09	0.54
	2.55	23.33	1.78	1.49
35 Bekleidungsgewerbe	3.05	0.42	−0.01	0.34
	3.20	11.92	−0.26	1.54
36 Ernährung und Getränke	0.48	0.81	0.01	0.63
	0.73	24.61	0.16	1.61
37 Tabakverarbeitung	7.43	1.09	−0.13	0.76
	6.20	47.07	−2.07	1.81
38 Bauhauptgewerbe	2.26	0.33	−0.03	0.18
	1.82	16.25	−0.43	1.43
39 Ausbaugewerbe	−0.29	0.68	−0.01	0.81
	−0.52	40.50	−0.38	2.01

Tabelle 7–D

Parameterschätzwerte für Verdoorns Gesetz für die Wirtschaftszweige Westdeutschlands unter Verwendung der SUR–Schätzmethode *)

(1961–1990)

Wirtschaftszweige	kappa(i) (t–Werte)	lambda(i) (t–Werte)	delta(i) (t–Werte)	R^2 (t–Werte)
40 Großhandel	1.41	0.72	–0.04	0.65
	2.00	29.56	–1.16	1.55
41 Einzelhandel	1.34	0.79	–0.07	0.67
	2.05	55.61	–2.13	2.00
42 Eisenbahnen	0.93	1.05	0.09	0.88
	1.09	53.42	1.91	0.59
43 Schiffahrt	1.25	0.96	0.12	0.72
	0.87	41.34	1.56	2.04
44 Straßenverkehr	1.27	0.89	–0.16	0.70
	1.38	54.68	–3.27	1.39
45 Deutsche Bundespost	–1.71	0.96	0.06	0.66
	–2.59	44.44	1.74	0.96
46 Kreditinstitute	–4.07	0.93	0.08	0.72
	–5.96	52.57	2.30	1.24
47 Versicherungen	–2.21	0.72	0.12	0.68
	–2.40	29.39	2.55	1.74
48 Wohnungsvermietung	–1.19	1.39	–0.12	0.27
	–0.90	19.48	–1.67	1.86
49 sonstige Dienstleistungen	0.15	0.84	–0.13	0.19
	0.14	30.74	–2.19	2.10
50 Staat einschließlich Sozialver-	–0.55	0.26	0.02	0.23
sicherungen	–1.94	11.08	1.39	1.80
51 Private Haushalte und private	3.56	0.31	–0.21	0.22
Organisationen ohne Erw.	3.07	7.82	–3.34	1.99

Tabelle 8–A

Schätzwerte für das Inverse Verdoorns Gesetz für die Wirtschaftszweige Westdeutschlands unter Verwendung der SUR–Schätzmethode *)

(1961–1990)

Wirtschaftszweige	–kappa(i) (t–Wert)	(1–lambda(i)) (t–Wert)	–delta(i) (t–Wert)	R^2 DW
1 Landwirtschaft	–4.87	0.08	0.03	0.08
	–5.54	3.96	0.57	2.05
2 Elektrizitätsversorgung	2.54	0.06	–0.09	0.36
	4.84	2.14	–3.40	2.18
3 Gasversorgung	–2.40	0.09	0.17	0.08
	–0.87	1.95	1.15	2.48
4 Wasserversorgung	–1.16	0.50	0.02	0.21
	–0.47	4.80	0.17	2.53
5 Kohlenbergbau	–5.88	0.09	0.15	0.11
	–4.34	2.11	2.06	1.22
6 Übriger Bergbau	–10.45	–0.14	0.37	0.12
	–3.50	–3.53	2.35	2.05
7 Chemische Industrie	1.32	0.04	–0.05	0.07
	1.51	2.06	–1.17	1.71
8 Mineralölverarbeitung	1.25	0.08	–0.19	0.10
	0.47	1.18	–1.33	1.44
9 Kunststoffwaren	–1.81	0.48	0.11	0.56
	–1.56	22.26	1.78	1.79
10 Gummiverarbeitung	–2.27	0.50	0.05	0.62
	–2.08	18.88	0.88	2.10
11 Steine und Erden	–3.37	0.38	0.05	0.54
	–4.30	18.30	1.24	1.68
12 Feinkeramik	–3.27	0.36	0.09	0.54
	–4.17	13.28	2.23	1.73
13 Glasver– und bearbeitung	–1.56	0.32	–0.01	0.37
	–1.34	7.33	–0.19	1.57

*) Regressionsmodell: d ln(emp(i)) = –kappa(i) + (1–lambda(i)) * d ln(GVA(i)) – delta(i) * time.

Quelle: eigene Berechnungen.

Tabelle 8–B

Schätzwerte für das Inverse Verdoorns Gesetz für die Wirtschaftszweige Westdeutschlands unter Verwendung der SUR–Schätzmethode *)

(1961–1990)

Wirtschaftszweige	–kappa(i) (t–Wert)	(1–lambda(i)) (t–Wert)	–delta(i) (t–Wert)	R^2 DW
14 Eisenschaffende Industrie	–1.71	0.12	–0.08	0.11
	–1.50	3.86	–1.29	1.48
15 NE–Metallerzeugung	–0.67	0.13	–0.02	0.09
	–0.48	3.72	–0.26	1.41
16 Gießereien	–3.23	0.59	0.09	0.66
	–2.68	25.92	1.43	1.66
17 Ziehereien	–2.10	0.35	0.07	0.42
	–2.20	11.03	1.47	2.03
18 Stahl– und Leichtmetallbau	–4.52	0.43	0.18	0.46
	–2.73	9.40	2.03	2.23
19 Maschinenbau	–1.42	0.42	0.06	0.51
	–1.54	19.32	1.29	1.53
20 Büromaschinen, ADV	–1.03	0.35	–0.06	0.24
	–0.42	6.27	–0.47	1.43
21 Straßenfahrzeugbau	0.95	0.36	–0.04	0.46
	0.88	13.52	–0.62	1.48
22 Schiffbau	–1.85	0.16	–0.08	0.15
	–1.10	5.55	–0.83	1.77
23 Luft– und Raumfahrzeugbau	6.50	0.23	–0.23	0.30
	2.74	5.76	–1.88	1.32
24 Elektrotechnik	–3.73	0.65	0.07	0.69
	–4.05	22.09	1.51	1.36
25 Feinmechanik, Optik	–1.70	0.42	0.06	0.44
	–1.50	13.04	0.95	2.07

Tabelle 8−C

Schätzwerte für das Inverse Verdoorns Gesetz für die Wirtschaftszweige Westdeutschlands unter Verwendung der SUR−Schätzmethode *)

(1961−1990)

Wirtschaftszweige	−kappa(i)	(1−lambda(i))	−delta(i)	R^2
	(t−Wert)	(t−Wert)	(t−Wert)	DW
26 Eisen, Metall, Blech	−3.54	0.51	0.13	0.63
	−4.00	43.42	2.64	1.96
27 Musikinstrumente	−0.65	0.19	−0.03	0.22
	−0.56	17.89	−0.45	1.49
28 Holzbearbeitung	−2.89	0.14	0.04	0.06
	−2.51	8.22	0.66	1.76
29 Holzverarbeitung	−4.66	0.26	0.19	0.25
	−4.32	10.71	3.25	2.04
30 Zellstoff, Papier	−3.48	0.08	0.11	0.15
	−3.04	10.10	1.87	1.10
31 Papier und Pappe	−1.30	0.34	0.02	0.32
	−1.01	22.05	0.35	1.42
32 Druckereien	−2.34	0.35	0.10	0.16
	−1.47	25.32	1.22	1.53
33 Textilgewerbe	−5.15	0.54	0.07	0.52
	−6.44	14.47	1.56	1.49
34 Ledergewerbe	−2.45	0.24	−0.09	0.30
	−2.55	7.45	−1.78	1.49
35 Bekleidungsgewerbe	−3.05	0.58	0.01	0.54
	−3.20	16.27	0.26	1.54
36 Ernährung und Getränke	−0.48	0.19	−0.01	0.12
	−0.73	5.65	−0.16	1.61
37 Tabakverarbeitung	−7.43	−0.09	0.13	0.14
	−6.20	−4.05	2.07	1.81
38 Bauhauptgewerbe	−2.26	0.67	0.03	0.47
	−1.82	32.29	0.43	1.43
39 Ausbaugewerbe	0.29	0.32	0.01	0.52
	0.52	19.41	0.38	2.01

Tabelle 8–D

Schätzwerte für das Inverse Verdoorns Gesetz für die Wirtschaftszweige Westdeutschlands unter Verwendung der SUR–Schätzmethode *)

(1961–1990)

Wirtschaftszweige	–kappa(i) (t–Wert)	(1–lambda(i)) (t–Wert)	–delta(i) (t–Wert)	R^2 DW
40 Großhandel	–1.41	0.28	0.04	0.32
	–2.00	11.66	1.16	1.55
41 Einzelhandel	–1.34	0.21	0.07	0.17
	–2.05	14.92	2.13	2.00
42 Eisenbahnen	–0.93	–0.05	–0.09	0.11
	–1.09	–2.78	–1.91	0.59
43 Schiffahrt	–1.25	0.04	–0.12	0.08
	–0.87	1.89	–1.56	2.04
44 Straßenverkehr	–1.27	0.11	0.16	0.27
	–1.38	6.75	3.27	1.39
45 Deutsche Bundespost	1.71	0.04	–0.06	0.10
	2.59	1.66	–1.74	0.96
46 Kreditinstitute	4.07	0.07	–0.08	0.20
	5.96	3.94	–2.30	1.24
47 Versicherungen	2.21	0.28	–0.12	0.51
	2.40	11.67	–2.55	1.74
48 Wohnungsvermietung	1.19	–0.39	0.12	0.12
	0.90	–5.51	1.67	1.86
49 sonstige Dienstleistungen	–0.15	0.16	0.13	0.16
	–0.14	5.85	2.19	2.10
50 Staat einschließlich Sozialversicherungen	0.55	0.74	–0.02	0.83
	1.94	31.00	–1.39	1.80
51 Private Haushalte und private Organisationen ohne Erw.	–3.56	0.69	0.21	0.49
	–3.07	17.77	3.34	1.99

5 Wachstum, Produktivität, Strukturwandel und Beschäftigung

5.1 Theoretische Überlegungen

Die Verbindung zwischen wirtschaftlicher Dynamik und strukturellem Wandel stand im Zentrum der Analyse der ökonomischen Klassiker (wie Adam Smith und David Ricardo), deren Wachstumstheorien im Kern strukturelle Ansätze sind, da wirtschaftliches Wachstum notwendigerweise einen Wandel ökonomischer und gesellschaftlicher Strukturen impliziert. Im Falle von Smith (1776) kann die Arbeitsteilung in den verschiedenen Sektoren der Volkswirtschaft mit unterschiedlicher Rate ausgedehnt werden und somit den relevanten Beitrag jedes einzelnen Sektors zum Anstieg der gesamtwirtschaftlichen Arbeitsproduktivität und zum Volkseinkommen verändern. Bei Ricardo (1817) führt die Existenz nicht-reproduzierbarer natürlicher Ressourcen zu einer Verbindung von Wachstum und Strukturwandel, die durch abnehmende Erträge geprägt wird. In klassischen Theorieansätzen wird die Beziehung zwischen wirtschaftlicher Dynamik und struktureller Transformation verstärkt durch die Vorstellung, daß ein ökonomisches System mit konstanter Struktur dazu verurteilt ist, in eine Phase des Nullwachstums einzumünden (wie in Ricardos stationärem Endzustand).

Die moderne Wirtschaftstheorie hat weitgehend davon abgesehen, die klassischen Ansätze zur Analyse des Wirtschaftswachstums und Strukturwandels im Rahmen eines geschlossenen und logisch konsistenten Modells zu reformulieren. Stattdessen haben in der modernen Wachstumstheorie lange Zeit Ansätze dominiert, in denen alle Sektoren der Volkswirtschaft mit derselben und im Zeitablauf konstanten Rate wachsen. Diese proportionale "Dynamik" bedeutet letztlich nichts anderes als einen stationären Zustand "auf höherer Ebene", d.h. ein strukturkonstantes Wachstum. Auf der anderen Seite hat sich die empirische Forschung zwar mit strukturellem Wandel beschäftigt - durch die spezifische Selektion und Zusammenstellung von Fakten wie Hoffmanns Relation von Kapitalgütern zu Konsumgütern (1931) oder Kaldors Anteil des Verarbeitenden Gewerbes (1966) -, ohne jedoch eine allgemeine Interpretation im Rahmen eines theoretischen Modells vorzunehmen.

In jüngerer Zeit hat die ökonomische Theorie des Strukturwandels den Versuch unternommen, durch die Betrachtung einer Vielzahl von strukturellen Spezifika und stilisierten Fakten einen rigiden analytischen Modellrahmen zu formulieren. Es ist im allgemeinen jedoch vermieden worden, einen Ansatz zu entwickeln, der die komplexe Realität möglichst vollständig erfaßt. Stattdessen ist man von einer begrenzten Auswahl von Fakten zur Konstruktion analytischer Modelle vorangeschritten, die bestimmte kritische Eigenschaften struktureller Dynamik erklären können. Beispielsweise haben die Rigiditäten, die das Wachstum einer Volkswirtschaft beschränken können, die einem bestimmten Impuls (wie einer Veränderung des Arbeitsangebots bzw. der natürlichen Ressourcen oder technologischen Innovationen) ausgesetzt ist, zur Entwicklung des Konzepts der "Traverse" (Hicks 1973, Lowe 1976) geführt, das ein äußerst nützliches analytisches Instrument für die Erforschung von Engpässen (bottlenecks) und 'Mismatches' ist, die das wirtschaftliche Wachstum in historischer Zeit beeinflussen. In ähnlicher Weise haben scheinbar konsistente Zeitreihen langfristiger Transformationen (wie steigende Pro-Kopf-Einkommen aufgrund von technischem Fortschritt und eine veränderte strukturelle Zusammensetzung der Endnachfrage gemäß dem Engelschen Gesetz) die Idee hervorgerufen, daß strukturelle Dynamik ein physiologischer Prozeß ist, aufgrund der Notwendigkeit, die langfristige Kompatibilität zwischen unterschiedlichen Aspekten menschlichen Lernens zu sichern (Pasinetti 1981, 1993). Bislang existiert jedoch kein systematischer Versuch, das Zusammenspiel zwischen den Faktoren, die zu Parameteränderungen (wie Veränderungen in den Konsumgewohnheiten und in der Technologie) führen und den Faktoren, die das Tempo und die Form des strukturellen Wandels in der gesamten Volkswirtschaft beeinflussen, zu analysieren.

Will man strukturelle Veränderungen in ökonomischen Systemen erfassen, erfordert dies insbesondere eine Abkehr von den Ein-Gut-Modellen hin zu disaggregierten mehrsektoralen Modellen. Bezüglich der zugrundegelegten Produktionsstrukturen ist idealtypischer Weise insbesondere zwischen zwei theoretischen Ansätzen zu unterscheiden (vgl. Baranzini, Scazzieri 1990 und Landesmann, Scazzieri 1996):

- Lineare Produktionsmodelle, in denen mit Hilfe von Arbeit und natürlichen Ressourcen Güter produziert werden, die als Input in der nächsten Produktionsstufe verwendet werden usw. bis zur Produktion eines fertigen Gutes.
- Zirkuläre Produktionsmodelle, in denen die Güterproduktion nicht (immer) auf Arbeit und natürliche Ressourcen zurückgeführt werden kann, da es zumindest einige Güter gibt, zwischen denen zirkuläre Beziehungen bestehen, d.h. Güter, die Input in der Produktion von Gütern sind, die wiederum als Input in der eigenen Produktion notwendig sind.

Bezieht man zudem noch Ansätze mit ein, die sowohl lineare als auch zirkuläre Elemente beinhalten, dann entsteht eine Vielzahl von alternativen Disaggregationsmöglichkeiten, mit denen ökonomische Systeme dargestellt werden können. Auf dieser Basis läßt sich auch Strukturwandel, d.h. eine Veränderung in der Produktionsstruktur auf gesamtwirtschaftlicher Ebene untersuchen. Je nach Theorieansatz lassen sich Aussagen z.B. über die Wirkungen des technischen Fortschritts oder über die notwendige Transformation einer Volkswirtschaft für eine (künftige) störungsfreie Entwicklung (z.B. Vollbeschäftigung der Arbeit) ableiten. Ein Vergleich der alternativen Theorieansätze soll zeigen, inwieweit die Ergebnisse ähnlich oder kontrovers sind.

Auch in den Grundmodellen der Neuen Wachstumstheorie bleibt das Problem der technologischen Arbeitslosigkeit weitgehend unberücksichtigt. Der Arbeitsmarkt ist immer im Gleichgewicht bzw. es werden nur Situationen betrachtet, die diese Bedingung erfüllen. Neben der Zerstörung von Arbeitsplätzen durch technische Neuerungen können aber auch neue, wettbewerbsfähige Branchen entstehen. Technischer Fortschritt und Strukturwandel sind eng miteinander verbunden. Kaum ein anderer ökonomischer Sachverhalt ist so eindeutig wie die Tatsache, daß wirtschaftliches Wachstum nicht unter der Bedingung der Strukturkonstanz erfolgt, sondern durch andauernde Veränderungen der Wirtschaftsstruktur charakterisiert ist. Obwohl empirische Studien diesen Sachverhalt zweifelsfrei belegen, wie er am bekanntesten in der Drei-Sektoren-Hypothese erfaßt wird, die einen systematischen Zusammenhang zwischen der Entwicklung des Pro-Kopf-Einkommens und den Anteilen des primären, sekundären und tertiären Sektors postuliert, stand in der modernen Wachstumstheorie lange Zeit ein strukturkonstantes Wachstum im Zentrum.

Dies hat sich durch Pasinettis jüngere Studien zur strukturellen wirtschaftlichen Dynamik entscheidend verändert. Der Autor konzentriert sich dabei auf die Herausarbeitung der (äußerst restriktiven) Bedingungen, die erfüllt sein müssen, damit eine Volkswirtschaft bei vollausgelasteten Produktionskapazitäten und Aufrechterhaltung der Vollbeschäftigung wächst, wenn sie dynamischen Impulsen wie technologischem Wandel, einer wachsenden Bevölkerung (Veränderungen in der Erwerbsquote oder in der Arbeitszeit) sowie Veränderungen der Konsumpräferenzen gemäß dem Engelschen Gesetz unterliegt. Der gleichgewichtige Wachstumspfad ist kein 'steady state' mit konstanten Strukturen sondern einer, bei dem fortlaufend Veränderungen in grundlegenden Größen wie dem Volkseinkommen, Konsum, Investitionen oder dem gesamtwirtschaftlichen Beschäftigungsniveau mit Veränderungen ihrer strukturellen Zusammensetzung verbunden sind. Die dynamischen Veränderungen der Produktivität, des Arbeitsangebots und der Nachfragestruktur werden als Wesensmerkmale dynamischer Industriegesellschaften verstanden.

Über die Zeit unterliegen die verschiedenen (vertikal integrierten) Sektoren einer strukturellen Dynamik sowohl auf der Produktions- wie der Kostenseite (Gleichgewichtspreise), die bedeutende Konsequenzen für die Entwicklung der Arbeitsnachfrage hat. Die strukturelle Dynamik der Beschäftigungsentwicklung läßt sich im Kern folgendermaßen formulieren. Wenn bei konstantem Arbeitsangebot die Arbeitsproduktivität im Sektor i mit der Rate δ_i und die Güternachfrage nach dem im selben Sektor erzeugten Gut i mit der Rate r_i wächst, bliebe die sektorale Arbeitsnachfrage nur in dem speziellen, aber unwahrscheinlichen Fall $r_i=\delta_i$ konstant. Wenn r_i größer (kleiner) ist als δ_i erhöht (senkt) Sektor i die Arbeitsnachfrage. Bei unterschiedlichen Wachstumsraten der Arbeitsproduktivität und unterschiedlichen Wachstumsraten der sektoralen Nachfrage ist eine Reallokation der Arbeit zwischen den Sektoren unvermeidbar, abgesehen vom extremen Spezialfall, bei dem in jedem Sektor die Wachstumsrate der Nachfrage mit derjenigen der Arbeitsproduktivität übereinstimmt. Ein hohes Beschäftigungsniveau kann dann nur bei fortlaufender angemessener Mobilität der Arbeit zwischen den Sektoren (und Regionen) aufrechterhalten werden. Pasinettis theoretischer Rahmen erlaubt nicht nur die Betrachtung wachsender sondern auch die Analyse schrumpfender Industriezweige im Prozeß strukturellen Wandels. Wenn in einigen Sektoren die Einführung neuer Technologien hohe Raten des Produktivitätswachstums zur Folge hat, die nicht durch einen entsprechenden Anstieg der Nachfrage aufgefangen werden können, weil bereits eine gewisse Sättigung erreicht ist, kann in diesen Sektoren ein Rückgang der Beschäftigung nicht vermieden werden.

Bei wachsender Bevölkerung muß die gesamtwirtschaftliche Produktionskapazität kontinuierlich erweitert werden, wobei in jedem Sektor eine eindeutige Beziehung zwischen der Wachstumsrate der Nachfrage und der Höhe neuer Investitionen gelten muß. Um Vollbeschäftigung über die Zeit aufrechtzuerhalten, müssen eine effektive Nachfragebedingung *und* eine Kapitalakkumulationsbedingung erfüllt sein. Es ist daher äußerst wahrscheinlich - selbst dann, wenn die Volkswirtschaft aus einer Gleichgewichtsposition mit Vollbeschäftigung und Vollauslastung der Produktionskapazitäten heraus startet -, daß die strukturelle Dynamik, die jene Position verändert, nicht zur Aufrechterhaltung der Vollbeschäftigung durch die endogenen Mechanismen marktwirtschaftlicher Systeme führt. Pasinetti (1981, S. 90) kommt daher zu dem Schluß, daß die Strukturdynamik nahezu unvermeidlich zur Generierung technologischer Arbeitslosigkeit führt. Gleichzeitig produziere dieselbe strukturelle Dynamik entgegengesetzt wirkende Entwicklungen - jedoch nicht automatisch. Es gebe nichts in der strukturellen Evolution technischer Koeffizienten einerseits, der Entwicklung der Pro-Kopf-Nachfrage andererseits, die die Aufrechterhaltung der Vollbeschäftigung garantiere. Um Vollbeschäftigung aufrechtzuerhalten, müsse diese aktiv als explizites Ziel staatlicher Wirtschaftspolitik verfolgt werden. Dabei habe die Gesellschaft zwischen einer der folgenden Strategien bzw. einer Kombination daraus zu wählen:

- einer keynesianischen Politik, die die Pro-Kopf-Nachfrage für existierende Produkte erhöhe;
- einer Förderung der Forschung und Entwicklung neuer Güter. Da der technische Fortschritt nicht nur zu einem Anstieg der Produktivität sondern auch zu Produktinnovationen mit einem großen Potential des Nachfrage-, Investitions- und Beschäftigungswachstums führe, zielt eine stärker angebotsorientierte Politik *dieses* Typs auf eine Verstärkung der letzteren Tendenz zur Kompensation der erstgenannten;
- einer Politik der Arbeitszeitverkürzung oder Reduzierung der Erwerbsquote. Innerhalb bestimmter Grenzen gibt der technischer Fortschritt der Gesellschaft die Option zwischen der Produktion mehr und besserer Güter und mehr Freizeit zu wählen.

Es ist das Verdienst von Pasinettis Untersuchungen klar aufgezeigt zu haben, daß die Vollbeschäftigung nur aufrechterhalten werden kann, wenn die Volkswirtschaft in der Lage ist, einen kontinuierlichen Prozeß struktureller Reallokation der Arbeit zwischen den Sektoren zu implementieren, der in Übereinstimmung mit der doppelten Wirkung des technischen Fortschritts auf die Arbeitsproduktivität und die Nachfrageentwicklung steht. Die Strukturdynamik der Beschäftigung ruft gravierende Anpassungsprobleme für Unternehmer wie Arbeitnehmer hervor, da sie ein spezielles Entwicklungsmuster des Investitions verhaltens und der Qualifizierung sowie Mobilität zwischen Sektoren (und Regionen) erfordert.

Die Integration der Nachfrageaspekte technologischen Wandels in die theoretische Analyse ist ein weiterer Vorteil von Pasinettis Untersuchung strukturellen Wandels. Derjenige Faktor, der letztlich für Strukturwandel verantwortlich ist, ist der technische Fortschritt als das Ergebnis von Lernprozessen. Steigerungen der Produktivität führen zu Wachstum im Pro-Kopf-Einkommen. Bei einem Realeinkommensanstieg erweitern die Konsumenten ihre Nachfrage nach den vorhandenen Produkten im allgemeinen nicht proportional. Darüber hinaus führt der technische Fortschritt zu Produktinnovationen. Diese Verallgemeinerung von Engels empirischen Gesetz, d.h. die Integration der strukturellen Dynamik der Nachfrage, spielt eine wichtige Rolle in der Analyse Pasinettis, der betont, daß langfristig das Niveau des Realeinkommens - und nicht die Preisstruktur - die entscheidende Variable sei. Es ist eine von Pasinettis innovativen Hauptverdiensten, den Doppelcharakter technischen Fortschritts auf der Angebots- *und* der Nachfrageseite sowie die Interdependenzen beider Aspekte klar aufgezeigt zu haben. Pasinettis Analyse untermauert damit, auf einer eher abstrakt-theoretischen Ebene, die in Kapitel 4 diskutierten Überlegungen von Kodama zur modernen Technologiepolitik, die die vielfältigen Rückkopplungen der Nachfrageseite mit der Angebotsseite der technologischen Entwicklung berücksichtigen müsse.

5.2 Freisetzungs- und Kompensationseffekte des technischen Fortschritts

Die Janusköpfigkeit des technologischen Wandels, der zugleich alte Arbeitsplätze vernichtet und neue schafft, bildet die Grundlage für die Kontroverse zwischen einem Freisetzungspessimismus und einem Kompensationsoptimismus. In der grundlegenden Frage, ob marktwirtschaftliche Systeme über *endogene* Mechanismen verfügen, durch technologischen Wandel hervorgerufene Freisetzungen von Arbeitskräften in relativ kurzer Frist zu absorbieren, sind von den Vertretern der Kompensationstheorie - angefangen von Ricardos Zeitgenossen Say und McCulloch bis zu jüngeren Äußerungen des Sachverständigenrates zur Begutachtung der gesamtwirtschaftlichen Entwicklung, der Bundesregierung und der OECD - immer wieder *fünf Kompensationseffekte* hervorgehoben worden:

(1) Produktinnovationen,
(2) das Kaufkraftkompensationstheorem,
(3) das Maschinenherstellungsargument,
(4) eine steigende Exportnachfrage aufgrund einer erhöhten internationalen Wettbewerbsfähigkeit,
(5) die Faktorsubstitutionsthese.

Im nachfolgenden sollen diese fünf Kompensationsargumente kritisch überprüft werden.[1]

ad (1)
Die positiven Beschäftigungseffekte *endnachfrageerweiternder Produktinnovationen* sind unbestritten. Es ist aber zu betonen, daß die Beschäftigungseffekte nur bei *additiven*, nicht jedoch *substitutiven* Produktinnovationen uneingeschränkt positiv sind. Da neue Produkte häufig mit bisher vorhandenen in Substitutionskonkurrenz treten (z.B. Farbfernseh- und Schwarzweißfernsehgeräte), müssen den positiven Effekten, die sich aus der Nachfrage nach neuen Produkten ergeben, die negativen Effekte aus der Verdrängung bisher produzierter Güter gegenübergestellt werden.

ad (2)
Die Anwendung neuer, effizienterer Produktionsverfahren führt zu Kostensenkungen, die sich in Preissenkungen und/oder Extraprofiten niederschlagen. Gemäß dem *Kaufkraftkompensationstheorem*, welches sich am besten für eine Wettbewerbswirtschaft verdeutlichen läßt, in der Kostensenkungen unmittelbar und in voller Höhe an die Nachfrager weitergegeben werden, kommt es zu einer Anregung der effektiven Gesamtnachfrage und damit zu positiven Beschäftigungseffekten. Die Kaufkraft gegebener Kassenbestände und Geldeinkommen steigt im Umfang der Verringerung der Preisindizes der klassenspezifischen Warenkörbe. In diesem Sinne gereichen die neuen Produktionsverfahren allen Klassen zum Vorteil, d.h. stellen sie ein öffentliches Gut dar, wie es Ricardos ursprünglicher These vom allseits vorteilhaften Charakter technologischer Innovationen entspricht. Die Einkommenselastizitäten der Nachfrage nach den verschiedenen Produkten bestimmen den (die) Sektor(en), in dem (denen) die Kompensation stattfindet.

- Bei $E_N = 1$ erfolgt die Wiederbeschäftigung der Freigesetzten in demselben Sektor, in dem die neuen Produktionsverfahren angewandt werden.

- Bei $E_N < 1$ bleibt zwar die Nachfrageerhöhung hinter der Preissenkung zurück, jedoch verbleibt den Nachfragern zusätzliche Kaufkraft, die sie für Produkte anderer Sektoren verausgaben können. Die Kompensation findet dann teilweise in solchen Sektoren statt, die vom technischen Fortschritt direkt nicht betroffen werden.

- Bei $E_N > 1$ erhöht sich die Nachfrage überproportional zur Preissenkung, so daß bei einer Anpassung der Produktionsstruktur an die Nach-

[1] Die Kompensationsargumente sind nahezu ausschließlich auf eine *Produktionsausweitung* ausgerichtet, obwohl auch in der Vergangenheit ein beträchtlicher Teil des Produktivitätsfortschritts für *Arbeitszeitverkürzungen* genutzt wurde (siehe auch Kapitel 6).

fragestruktur in den betreffenden Sektoren sogar eine Überkompensation der Freisetzung stattfindet (bei Abzug kaufkräftiger Nachfrage aus anderen Sektoren!).

Von dem Kaufkraftkompensationstheorem gibt es auch zwei moderne Varianten:
- Bei einer produktivitätsorientierten Lohnpolitik wird der technologische Wandel in Form höherer Lohnsätze an die Beschäftigten weitergegeben und führt bei diesen zu einer Erhöhung der Konsumgüternachfrage, die kompensatorisch wirkt.
- Werden die durch die Anwendung effizienterer Produktionsverfahren bewirkten Kostensenkungen weder in Form von Preissenkungen noch von Lohnerhöhungen weitergegeben, verbleiben sie als Pioniergewinne in den innovierenden Unternehmen. Eine dadurch ausgelöste Erhöhung der Investitionsnachfrage (bzw. des Unternehmerkonsums) wirkt kompensierend.

Eine entscheidende Schwäche des Kaufkraftkompensationstheorems, welches den Nachfrageaspekt und die Dominanz statisch-allokationstheoretischer Überlegungen in den Vordergrund rückt, liegt in der einseitigen Konzentration auf den Zirkulationsprozeß und der nahezu vollständigen Ausblendung des Produktionsprozesses. So wird insbesondere von allen Problemen abstrahiert, die aus der Heterogenität der Kapitalgüter und der Arbeit resultieren. Mills vierter Lehrsatz, Nachfrage nach Gütern sei keineswegs gleichbedeutend mit Nachfrage nach Arbeitskräften, stellt die direkte Antithese zum Kaufkraftkompensationstheorem dar, welches unterstellt, daß Nachfrage nach Gütern gleichbedeutend mit Nachfrage nach Arbeit ist.

Der optimistischen Sichtweise, daß sich in einer funktionsfähigen Marktwirtschaft Produktionskraft und Kaufkraft *langfristig* nicht auseinanderentwickeln können, wird von Kritikern des Kaufkraftkompensationstheorems entgegengehalten, daß die neuen, effizienteren Technologien *unmittelbar* nur das *Produktionspotential* einer Volkswirtschaft, nicht jedoch die *Gesamtkaufkraft* erhöhen. Die Nachfragestimulierung aufgrund der fortschrittsbedingten Preissenkungen verhindere lediglich das Entstehen einer sekundären Arbeitslosigkeit, indem sie den Nachfrageausfall der Freigesetzten kompensiere. Zwar steige die Kaufkraft der Pionierunternehmer und/ oder einzelner Konsumenten, gesamtwirtschaftlich finde zunächst aber nur eine *Umverteilung* der Kaufkraft statt. Eine Erhöhung der Gesamtnachfrage sei an eine Reihe von Bedingungen geknüpft, die keine notwendige Folge der Einführung neuer Technologien sind, insbesondere setze sie eine zusätzliche Kapitalakkumulation voraus, die den Freigesetzten (oder bisher unbeschäftigten Arbeitern) neue Beschäftigungs- und Einkommensmöglichkeiten eröffnet.

In jüngerer Zeit ist der Millsche Einwand unter Hinweis auf die weitverbreitete Existenz der Arbeitslosenversicherung relativiert worden, die einen automatischen Kompensationsmechanismus darstelle und bewirke, daß es auf seiten der freigesetzten Arbeiter nur zu einem teilweisen Nachfrageausfall komme (vgl. z.B. Blattner 1981). Die Stichhaltigkeit dieses Arguments läßt sich schwerlich bestreiten, jedoch muß mit Blick auf die drastischen Sparmaßnahmen im Bereich der Arbeitslosenversicherung - gerade in Zeiten hoher Arbeitslosigkeit - zugleich festgestellt werden, daß dieser Kompensationsfaktor erheblich geschwächt worden ist.

Bereits die Klassiker begriffen den technischen Fortschritt als systematisch erzeugtes Ergebnis der Konkurrenz. Die neuen Produktionsverfahren werden vor allem deshalb eingeführt, um die Profitabilität des Kapitaleinsatzes zu erhöhen (bzw. einem Absinken entgegenzuwirken). Soweit die fortschrittsbedingten Kostensenkungen nicht in Preissenkungen weitergegeben werden, erhöhen sie (zunächst bei den Pionierunternehmen) die Gewinne, deren Verwendung über eine schnelle Absorption der Freigesetzten entscheidet. Hinsichtlich der positiven Beschäftigungswirkungen aufgrund einer Stimulierung der Akkumulationstätigkeit durch den Gewinnanstieg ist zu ergänzen, daß ein Aufgehen der Gleichung "Investitionserhöhung = Beschäftigungssteigerung" auch bestimmte Bedingungen bezüglich der Investitions*struktur* erfordert. Je stärker sich das Gewicht von Erweiterungs- auf Rationalisierungsinvestitionen verlagert, um so eher ist die Verbesserung der Beschäftigungssituation längerfristig gefährdet.

ad (3)

Eine weitere bedeutsame These, die seit Say und McCulloch von den Vertretern der Kompensationstheorie immer wieder hervorgehoben wird, ist das *Maschinenherstellungsargument.* In diesem Argument wird zwar akzeptiert, daß die einzelwirtschaftliche Anwendung arbeitsparender Maschinerie mit negativen Beschäftigungseffekten verbunden ist, zugleich jedoch auf die positiven Beschäftigungseffekte verwiesen, die daraus resultieren, daß die Maschinen, die die neuen Technologien inkorporieren, zunächst einmal in den Investitionsgüterindustrien hergestellt werden müssen.

Das Maschinenherstellungsargument ist bereits von Marx heftig kritisiert worden, der betonte, daß die These von der vollständigen Kompensation einen Widerspruch enthalte, da eine völlige Absorption der freigesetzten Arbeiter mit der Nichtexistenz von technischem Fortschritt identisch sei.

Deutliche Anklänge an das Maschinenherstellungsargument finden sich in der bundesdeutschen Debatte über Rationalisierungsinvestitionen u.a. im Jahresgutachten 1976/77 des Sachverständigenrates, dem die nachfolgende Passage entstammt:

> "Neu installierte Maschinen reduzieren zwar in der Regel den Bedarf an Arbeitskräften für eine gegebene Produktionsmenge ... Sie müssen jedoch ihrerseits unter Einsatz von Arbeitskräften hergestellt werden, ebenso die Vorprodukte für den Bau der Maschinen und so fort ... Eine Freisetzung von Arbeitskräften wird durch den Produktionsumweg gesamtwirtschaftlich gesehen nicht bewirkt." (Z. 298)

Zweifellos enthält das Maschinenherstellungsargument einen richtigen Kern: Technologischer Wandel ist in der Regel an den Einsatz neuer Kapitalgüter gebunden. Das führt zu positiven Beschäftigungseffekten in den Branchen, die diese Kapitalgüter erzeugen. Dem stehen allerdings negative Beschäftigungseffekte in jenen Branchen gegenüber, die die jetzt veralteten Kapitalgüter herstellen. Kommt es zu einer schnellen Modernisierung des Kapitalstocks und verbunden damit zu einer beschleunigten Obsoleszenz der zuvor eingesetzten Kapitalgüter, dann ist netto eher mit positiven Beschäftigungseffekten in den Kapitalgüterindustrien zu rechnen. Zu bedenken ist jedoch weiterhin, daß es sich hierbei um einen auf die "Konstruktionsphase" der Kapitalgüter beschränkten Effekt handelt, dem ein negativer Beschäftigungseffekt in der gesamten "Nutzungsphase" gegenübersteht. M.a.W.: Beim Maschinenherstellungsargument wird ein *kurzfristiger* Effekt (Mehrbeschäftigung in den Investitionsgüterindustrien während der Konstruktionsphase neuer Maschinen) gegen einen *langfristigen* Effekt (Freisetzung während der gesamten Nutzungsphase der neuen Maschinen) aufgerechnet. Dies bedeutet, daß der Freisetzungseffekt kurzfristig kompensiert oder bei einer Beschleunigung des Wachstumsprozesses sogar überkompensiert werden kann, die langfristigen Beschäftigungsprobleme aber um so gravierender ausfallen, wenn die Ausweitung der Investitionstätigkeit und damit der Endnachfrage nur transitorischer Natur ist. Es resultiert auch aus beschäftigungspolitischen Gründen (bei konstanter Arbeitszeit!) ein Zwang zu permanenter Akkumulation, vor allem zu einer Zunahme der Erweiterungsinvestitionen. Damit sind wir bei Neissers "offenem Wettrennen" zwischen der Freisetzung von Arbeit durch technischen Fortschritt und der Wiederbeschäftigung der Freigesetzten durch den kapitalistischen Akkumulationsprozeß. Das Maschinenherstellungsargument verliert weiter an Gewicht, wenn der technologische Wandel kapitalsparend ist, d.h. der Kapitalbedarf pro Outputeinheit sinkt. Jüngere Untersuchungen haben gezeigt, daß die mikroelektronikbasierten Technologien nicht nur arbeit- sondern auch kapitalsparend sind.

ad (4)

Eine weitere Möglichkeit zur Kompensation technologiebedingter Freisetzungen von Arbeitskräften bietet der Außenhandel. Technologisch voranschreitende Anbieter erhöhen ihre internationale (Preis- wie Qualitäts-) Wettbewerbsfähigkeit, wodurch es zu einer *steigenden Exportnachfrage* kommt. Dies ist die ausdrückliche Zielsetzung einer "weltmarktorientierten Vorwärtsstrategie". Für eine "offensive außenwirtschaftliche Anpassung", die darauf abzielt, über eine konsequent auf Produktivitäts- und Innovationsförderung gerichtete Politik die Arbeitslosigkeit abzubauen, plädierte der Sachverständigenrat bereits Anfang der achtziger Jahre, als die Arbeitslosigkeit im Gefolge von OPEC II stark zunahm, so u.a. in seinem Jahresgutachten 1981/82 (S. 199f.). Dieses Plädoyer für eine Modernisierung der Wirtschaft mit dem Ziel der Lösung der außenwirtschaftlichen Anpassungsprobleme wurde von der Bundesregierung sofort aufgenommen, die in ihrem Jahreswirtschaftsbericht 1982 (Tz. 45) betonte, "daß sie sich einer pauschalen Kritik an technischem Fortschritt und Produktivitätswachstum nicht anschließen kann. Die Risiken für bestehende Arbeitsplätze werden nach ihrer Auffassung mehr als kompensiert durch die längerfristigen Chancen für Wachstum und Beschäftigung, die der technische Fortschritt auch über eine Stärkung der internationalen Wettbewerbsfähigkeit eröffnet".

Klar ist, daß Verzögerungen beim Einsatz neuer Technologien zur Folge haben, daß sich die internationale Konkurrenzfähigkeit der Exportindustrien verschlechtert. Die Kosten einer aus Freisetzungsängsten hervorgerufenen technologischen Abkopplungsstrategie, die aus Beschäftigungsverlusten als Folge von Kapitalexporten sowie aus Realeinkommensverlusten in Verbindung mit Verschlechterungen der Terms of Trade bestehen, werden daher seit Ricardo von Freisetzungstheoretikern anerkannt. Insbesondere für eine offene Volkswirtschaft wie die Bundesrepublik Deutschland gilt, daß Maßnahmen zur Beschränkung des technischen Fortschritts kontraintentional wirken, d.h. das Beschäftigungsproblem verschärfen, statt es zu lindern. Dies gilt auch in einem System flexibler Wechselkurse, in dem die Preiswettbewerbsfähigkeit sich zwar über kontinuierliche Abwertungen herstellen ließe (Kehrseite: importierte Inflation), Beschränkungen in der Anwendung neuer Technologien aber die Qualitätswettbewerbsfähigkeit beeinträchtigen würden, auf deren Erhalt die deutsche Industrie als starker Exporteur von Investitionsgütern angewiesen ist.

Auch die Aufrechterhaltung eines im internationalen Vergleich hohen Lohnniveaus verlangt den Einsatz neuer Technologien, zumal im Bereich älterer und standardisierter Produkte ständig Wettbewerbsvorteile an Schwellenländer verlorengehen. Angesichts der von der Produktzyklushypothese konstatierten Veränderungen der komparativen Standortvorteile im Zeitablauf ist die Produktion neuartiger und qualitativ hochwertiger Güter erforderlich. Länder wie Deutschland können dem "Wettbewerb von unten", d.h. einer Gewichtsverlagerung auf den Preiswettbewerb, nur durch ständige Innovationen ausweichen. Für hochindustrialisierte Länder mit relativ hohem Lohnniveau werden somit Strukturanpassungen gerade auch unter beschäftigungspolitischen Gesichtspunkten zu einer Daueraufgabe.

Dennoch müssen die mit einer forcierten "Modernisierung der Wirtschaft" vielfach verbundenen beschäftigungspolitischen Erwartungen eher skeptisch beurteilt werden. Angesichts der in die gleiche Richtung zielenden Anstrengungen anderer Nationen ist davon auszugehen, daß nur einige wenige technologisch führende Länder durch umfangreiche Exporte mikroelektronikintensiver Produkte positive Beschäftigungseffekte erzielen können.

Zum gegenwärtigen Zeitpunkt erscheint offen, ob die deutsche Wirtschaft, die im Hochtechnologiebereich vor allem zwischen dem Innovationswettbewerb mit den USA und dem Produktivitätswettbewerb mit Japan steht, auch in Zukunft zu den Exportgewinnern gehören wird. Zwar nimmt sie bei technologieintensiven Produkten immer noch eine führende Position ein, allerdings weist sie bei der Anwendung der Basisinnovation Mikroelektronik vor allem gegenüber den USA, aber auch gegenüber Japan deutliche Rückstände auf.

Die zahlreichen Befürworter einer weltmarktorientierten Vorwärtsstrategie versäumen es in der Regel, die genauen Bedingungen aufzuzeigen, unter denen die beschleunigte Entwicklung und Anwendung neuer Technologien zur Lösung der Beschäftigungsprobleme führt. Die Analyse der Kompensationseffekte liefert zudem keinerlei Garantie dafür, daß die positiven Beschäftigungseffekte, die durch fortschrittsbedingte Preissenkungen, Realeinkommensteigerungen, Produktinnovationen und zusätzliche Maschinenherstellung ermöglicht werden, auch tatsächlich in dem Land oder der Region auftreten, wo der technische Fortschritt zur Freisetzung von Arbeitskräften geführt hat. Technologischer Wandel, sei es in der Form von Produkt- oder von Prozeßinnovationen, geht häufig mit *Standortinnovationen* einher bzw. hat diese ausdrücklich zum Ziel. Es gibt Anzeichen dafür, daß die Entwicklung im Bereich der Mikroelektronik dazu führt, daß das Vorhandensein ungelernter, billiger Arbeitskräfte als Standortdeterminante an Bedeutung verliert.

Zahlreiche Untersuchungen haben zum Ergebnis, daß Hochtechnologiebranchen überdurchschnittlich günstige Wachstumsperspektiven besitzen (bei allerdings noch vergleichsweise geringem Anteil an der Gesamtwirtschaft). So weist z.B. im Bereich der Elektronik der substitutive Effekt ein deutlich geringeres Gewicht auf als der additive Effekt. Die Chancen, die in der Entwicklung neuer Produkte und Dienstleistungen durch gezielten Einsatz der Mikroelektronik liegen, sollten daher nicht übersehen werden. Da jedoch die Stärkung der internationalen Wettbewerbsfähigkeit auch auf eine Intensivierung der Rationalisierungsanstrengungen hinausläuft, sollte vor übertriebenen beschäftigungspolitischen Erwartungen gewarnt werden.

Befremden muß der unverhüllt nationalistische Zungenschlag, der vielfach bei der Betonung der positiven Beschäftigungseffekte einer zur Exportausweitung führenden Modernisierungspolitik anklingt. Der weltmarktgerichtete Kompensationsoptimismus, der auf der Stärkung der internationalen Konkurrenzfähigkeit infolge des Einsatzes neuer Technologien basiert, ist zudem keineswegs neu, so daß auch von einem technologischen Merkantilismus gesprochen werden kann. Die in die gleiche Richtung zielenden Anstrengungen anderer Länder lassen den Erfolg einer modernen "beggar-my-neighbour"-Politik jedoch fragwürdig erscheinen. Zumindest gilt dies unter dem Gesichtspunkt der Zahlungsbilanzen, bei denen weltweit ein Nullsummenspiel vorliegt. Differenziertere kompensationsoptimistische Studien wie die OECD-Reports (1982, 1994) heben jedoch in Analogie zur Entwicklung in den 50er und 60er Jahren hervor, daß der Welthandel kein Nullsummen- sondern ein Positivsummenspiel darstellt, d.h. daß von gemeinsamen Modernisierungsanstrengungen aller Länder insgesamt positive Impulse für Wachstum und Beschäftigung ausgehen.

ad (5)

Neoklassische Ökonomen haben stets die positiven Beschäftigungswirkungen sinkender Reallöhne hervorgehoben. Wicksell (1913) hat in seiner Auseinandersetzung mit Ricardo als erster die marginalistischen Kompensationsvorstellungen präzisiert und betont, daß die durch die Einführung der Maschinerie freigesetzten Arbeitskräfte infolge des fallenden Lohnsatzes wieder absorbiert werden, da die Unternehmer nun in allen Sektoren der Volkswirtschaft Kapital durch Arbeit substituieren werden. Je schneller sich der Lohnsatz an das neue markträumende Niveau anpasse, desto reibungsloser werde der technologische Wandel bewältigt.

Gemäß dieser neoklassischen Sichtweise impliziert eine *Flexibilität der Faktorpreise*, die Knappheitsindizes bzw. optimale Allokatoren sind, im Zusammenspiel mit ausreichenden *technischen Substitutionsmöglichkeiten* in der Produktion, daß es immer Faktoreinsatzkombinationen und damit verbundene Faktorpreisrelationen gibt, die einen vollen Einsatz aller Faktoren gewährleisten. Kann es demnach bei hinreichend flexiblen Lohnsätzen allenfalls friktionelle Arbeitslosigkeit geben, so ist andererseits jede länger anhaltende Arbeitslosigkeit die Folge eines zu hohen Reallohnniveaus. Zu einem Anstieg der lohnbedingten Arbeitslosigkeit kann es bereits kommen, wenn in einzelnen Segmenten des Arbeitsmarktes an "zu hohen" Löhnen festgehalten wird (Verzerrung der Lohnstruktur). Es verwundert nicht, daß technologische Arbeitslosigkeit bei diesem Verständnis zu einer Variante der Mindestlohnarbeitslosigkeit wird:

> "Viel plausibler ist die Hypothese, daß bei falscher Lohn-Zins-Relation aus den Optionen, die das neue technische Wissen offeriert, vornehmlich jene ausgewählt werden, die besonders viel Arbeit einsparen - zuviel an Arbeit und zuwenig, wenn überhaupt, an Kapital. Dies gilt wohl vor allem für Prozeßinnovationen: Überhöhte Löhne und gedrückte Zinsen locken aus der Schatzkammer des neuen Wissens nicht die Kapitalsparer an, sondern die Job-Killer. Das Ergebnis ist technologische Arbeitslosigkeit, eine klassische Arbeitslosigkeit dritten Grades." (Giersch 1983. S. 10)[2]

Jegliche Arbeitslosigkeit (außer der saisonalen und friktionellen) ist gemäß dieser Sichtweise Folge zu hoher Löhne, trägt also "(neo-)klassische" Züge. Überhöhte und starre Reallöhne wirken sich kurz-, mittel- wie langfristig negativ auf das Beschäftigungsniveau aus:

- *kurzfristig* durch Substitution von Arbeit durch Kapital entlang gegebener Produktionsfunktionen (Kapitalintensivierung);
- *mittelfristig* beeinträchtige der Druck der überhöhten Lohnkosten die Rentabilität des Kapitaleinsatzes und damit die Investitionstätigkeit (*Kapitalmangel-Arbeitslosigkeit* alias *klassische Arbeitslosigkeit* zweiten Grades);
- *langfristig* durch die Stimulierung arbeitsparenden technischen Fortschritts (*technologische Arbeitslosigkeit* alias *klassische Arbeitslosigkeit dritten Grades*).

2 Auch der Wissenschaftliche Beirat beim Bundesministerium für Wirtschaft betrachtet die Lohnkosten als entscheidendes Rationalisierungsmotiv: "Unter Beschäftigungsgesichtspunkten ist vor allem die Verteuerung des Faktors Arbeit im Verhältnis zum Faktor Kapital ein wichtiger Grund für Rationalisierungsinvestitionen. ... So verursachte Verschiebungen der Faktorpreisrelationen können zu einer verstärkten Substitution von Arbeit durch Kapital führen. Die damit verbundene Kostensenkung wird dann dadurch bewirkt, daß der Arbeitsplatz im Durchschnitt mit mehr Kapital ausgestattet wird." (1977, S. 724).

Bereits in der Weimarer Lohndebatte sind z.B. von Kähler, Lederer und Neisser im Gegensatz zu der seit Wicksell von marginalistischen Ökonomen in den Vordergrund gerückten Vorstellung einer kompensatorisch wirkenden Lohnsenkung die engen Grenzen betont worden, die für die Wiederbeschäftigung der durch die Einführung neuer Technologien freigesetzten Arbeiter durch Lohnsenkungen gelten. Die großen technischen Neuerungen seien nicht unter dem Druck eines gewerkschaftlich überhöhten Lohnniveaus entstanden. So hätte z.B. die Einführung des mechanischen Webstuhls durch Lohnsenkungen nicht dauerhaft verhindert werden können. Ebensowenig wie vor einigen Jahren die Arbeitsplatzgefährdung der Setzer infolge der neuen Technologien in der Druckindustrie durch Lohnsenkungen hätte verhindert werden können, ist z.B. die Einfuhrung von Textverarbeitungsautomaten - selbst bei einer Halbierung der Lohnsätze für Schreibkräfte - dauerhaft aufzuhalten. Da die Rentabilität der meisten Rationalisierungsinvestitionen so hoch ist, daß sie auch bei zurückhaltender Lohnpolitik realisiert würden, erscheinen Lohnsenkungen weniger als ein Allheilmittel gegen jegliche Form dauerhafter Arbeitslosigkeit, sondern gemäß Leontief (1982) als eine Medizin, die allenfalls für eine kurzfristige Linderung sorgt. "Eine drastische Lohnkürzung auf breiter Front kann die Einführung einer arbeitssparenden Technik zwar vorübergehend aufhalten, doch über kurz oder lang werden besonders leistungsfähige oder hochentwickelte Maschinen die menschliche Arbeitskraft in den Kosten unterbieten - allen Lohnsenkungen zum Trotz." (S. 149)

Das kompensationsoptimistische Resultat der Neoklassik beruht im wesentlichen auf zwei Annahmen. Substitutionsmöglichkeiten auf der technischen Seite, Flexibilität der Faktorpreise auf der ökonomischen sind die Voraussetzungen zur Vermeidung technologischer Arbeitslosigkeit. Der extreme Spezialfall der neoklassischen Ein-Gut-Parabelwelt, in der wegen der Verformbarkeitseigenschaften des Allzweckgutes ("Gelee") eine zeit- und kostenlose Anpassung erfolgt, führt sogar zur Vorstellung einer quasi-automatischen Kompensation. Im Gegensatz dazu wird im Fall der von den Klassikern unterstellten fixen Produktionskoeffizienten die Kapitalakkumulation zur conditio sine qua non der Zeit wie Kosten erfordernden Kompensation, ist zugleich jedoch auch Quelle neuer Instabilitäten.

Häufig wird hervorgehoben, daß eine Lohnsenkung vor allem zu einer Nachfragesteigerung nach arbeitsintensiven Produkten, insbesondere Dienstleistungen führe. Dem ist entgegenzuhalten, daß angesichts des Doppelcharakters des Lohnes, einerseits eine Kostengröße darzustellen, andererseits die effektive Nachfrage zu beeinflussen, es durchaus fraglich ist, ob es im Fall einer *allgemeinen* Lohnsenkung zu einer nennenswerten Mehrnachfrage nach Dienstleistungen kommt. Die (neo-) klassische Vorstellung, man könne immer, wenn Arbeitslosigkeit herrsche, durch Herabsetzung der Löhne das Beschäftigungsniveau erhöhen, ist bekanntlich bereits von Keynes - allerdings im Rahmen einer kurzfristigen, den technologischen Wandel nicht berücksichtigenden Analyse - heftig kritisiert worden (vgl. Hagemann 1988). Die Berücksichtigung der Rückwirkungen von Lohnsenkungen über Einkommens- und Nachfrageeffekte auf das gesamtwirtschaftliche Produktions- und

Beschäftigungsvolumen veranlaßten Keynes zu einer geharnischten Kritik an den Arbeitsmarktaussagen einer partialanalytisch argumentierenden Neoklassik. Wie jüngere Arbeiten von Frank Hahn zur Keynesschen Thematik zeigen, können die eindeutigen Ergebnisse einer Partialanalyse im Rahmen der Allgemeinen Gleichgewichtstheorie häufig nicht bestätigt werden. Die Vorstellung, daß es mittels einer ausreichenden Lohnsenkung möglich sein muß, Arbeitslosigkeit (einschließlich der technologisch bedingten) zu beseitigen, wird damit keineswegs nur von Keynesianern in Frage gestellt. Es kann weder kurz- noch langfristig von einer systemimmanenten Tendenz zur Vollbeschäftigung der Arbeit und Vollauslastung des Kapitalstocks ausgegangen werden. Vielmehr stellt sich sowohl kurz- als auch langfristig das Problem der effektiven Nachfrage, demzufolge die gesamtwirtschaftliche Nachfrage zu gering sein kann, um alle verfügbaren produktiven Ressourcen mit normaler Intensität zu nutzen. Die ausführliche Diskussion der Kontroversen um die Einschätzung der direkten und vor allem der indirekten kompensatorischen Beschäftigungseffekte neuer Technologien hat die zentrale Rolle verdeutlicht, die der Entwicklung von Niveau und Struktur der gesamtwirtschaftlichen Endnachfrage im Hinblick auf eine erfolgreiche Kompensation der Freigesetzten zukommt. Immerhin treten drei der vier Nachfragekomponenten, die in der Volkswirtschaftlichen Gesamtrechnung unterschieden werden - nämlich privater Konsum, Investitionsgüternachfrage und Exportnachfrage - als Kompensationskandidaten in Erscheinung. Um die Auswirkungen des technologischen Wandels auf die Entwicklung der verschiedenen Komponenten der Endnachfrage beurteilen zu können, muß in geeigneter Weise eine Endogenisierung dieser Größen vorgenommen werden. Die außerordentlichen Schwierigkeiten dieser Aufgabe werden jedoch klar, wenn man bedenkt, daß es keineswegs ausreicht, die Entwicklung makroökonomischer Aggregatgrößen zuverlässig zu prognostizieren, da es sich jeweils um Vektoren handelt, und daß vom technologischen Wandel selbst Rückwirkungen auf den Endnachfragevektor und seine einzelnen Komponenten ausgehen. Die dadurch ausgelösten Veränderungen in der strukturellen Zusammensetzung der Gesamtnachfrage führen zu Informations- und Antizipationsproblemen auf seiten der Produzenten, die einen raschen und erfolgreichen Kompensationsprozeß zusätzlich erschweren können. Diese Probleme lassen es als verständlich erscheinen, daß in Studien, die die Beschäftigungswirkungen neuer Technologien auf der Grundlage der Input - Output - Analyse untersuchen, bisher nur allererste und partielle Schritte in Richtung auf eine derartige Endogenisierung unternommen worden sind.

Die Überprüfung der Plausibilität der verschiedenen endogenen Kompensationseffekte sowie ihrer Vereinbarkeit ist Aufgabe der theoretischen Analyse, die Abschätzung ihrer quantitativen Bedeutung Aufgabe der empirischen Forschung, eine Aufgabe, die angesichts der Probleme bei der Quantifizierung der indirekten Beschäftigungseffekte nur schwer zu lösen ist. Es zeigt sich, daß es außerordentlich schwierig, wenn nicht gar unmöglich ist, den Anteil an der gesamten Arbeitslosigkeit zu bestimmen, der auf technologische Ursachen zurückzuführen ist.

Unter *technologischer Arbeitslosigkeit* verstehen wir dabei denjenigen Teil der Arbeitslosigkeit, der sich aus einer Veränderung im technologischen Wandel ergibt, wobei es gleichgültig ist, ob dafür eine Beschleunigung des Produktivitätsfortschritts oder aber eine Abschwächung endogener Kompensationseffekte verantwortlich ist (vgl. Hagemann und Kalmbach 1985, S. 73-78). Die Frage, ob vom technologischen Wandel ein negativer Beschäftigungseffekt ausgeht, kann nicht allein mit Blick auf die Wachstumsrate der Arbeitsproduktivität entschieden werden, da er auch andere Größen, vor allem die Wachstumsrate der realen Produktion beeinflußt. Die Existenz tatsächlicher Arbeitslosigkeit sollte dabei notwendige Voraussetzung für technologische Arbeitslosigkeit sein, bei der es sich um eine Untermenge der gesamten Arbeitslosigkeit handeln muß. Ohne Arbeitslosigkeit gibt es folglich auch keine technologische Arbeitslosigkeit. Dies ist insofern eine notwendige Ergänzung, als vielfach von technologischer Arbeitslosigkeit bereits gesprochen wird, wenn die endogenen Kompensationseffekte hinter den Freisetzungseffekten neuer Technologien zurückbleiben. Tatsächlich liegt in diesem Fall eine *Nettofreisetzung* vor, die jedoch mit Vollbeschäftigung vereinbar sein kann, wenn genügend starke exogene Kompensationseffekte vorliegen. Die exogene Kompensation kann z.B. durch eine aktive staatliche Beschäftigungspolitik oder eine Politik der Arbeitszeitverkürzung zustande kommen, die beide darauf abzielen, eine mangelnde endogene Kompensation zu therapieren, sie kann aber auch z.B. Folge einer Abnahme der Erwerbsbevölkerung aus demographischen Gründen sein. Zu einer technologisch bedingten Arbeitslosigkeit kann es folglich nur kommen, wenn eine positive Nettofreisetzung vorliegt und darüber hinaus das Auftreten von Arbeitslosigkeit durch exogene Kompensationseffekte nicht verhindert wird. Dies bedeutet allerdings auch, daß es keineswegs ausschließlich technologische Ursachen sind, die für die Existenz einer entsprechenden Arbeitslosigkeit verantwortlich zeichnen. Tatsächlich ist immer eine Ausdehnung der Endnachfrage vorstellbar, die das Auftreten bzw. die Zunahme der Arbeitslosigkeit verhindert. Die entscheidende Frage ist jedoch, ob die bei der Anwendung neuer Technologien zur Aufrechterhaltung des Beschäftigungsniveaus erforderliche Ausweitung der Endnachfrage allein durch die Wirksamkeit endogener Kompensationsmechanismen erzeugt wird. Indem die Freisetzungstheorie dies bestreitet, verweist sie auf die Notwendigkeit, durch geeignete wirtschaftspolitische Maßnahmen den unzureichenden Prozeß der Kompensation zu ergänzen. Bei empirischen Untersuchungen sollte zudem die Frage nach den zeitlichen Profilen der Freisetzungs- und Kompensationseffekte nicht vernachlässigt werden. So können z.B. die tatsächlichen Kompensationseffekte dann überschätzt werden, wenn die Einführung produktivitätssteigernder neuer Technologien über einen bestimmten Zeitraum mit einer starken Erhöhung der Investitionen und damit der Endnachfrage verbunden ist, diese jedoch lediglich transitorischer Natur ist.

5.3 Zur Entwicklung der Produktions-Produktivitäts-Schere in der Bundesrepublik Deutschland

In der Bundesrepublik Deutschland sind nach dem Zweiten Weltkrieg die Freisetzungseffekte infolge der lange Zeit herrschenden hohen Wachstumsraten des realen Sozialprodukts durch Erweiterungsinvestitionen bzw. positive Beschäftigungseffekte in anderen Bereichen kompensiert worden. Beides ist aber gegenwärtig und in der absehbaren Zukunft angesichts der Rationalisierungsanstrengungen der der internationalen Konkurrenz ausgesetzten Unternehmen nicht a priori vorauszusetzen. Hinzu kommt, daß das geeinte Deutschland reichlicher mit Arbeit ausgestattet ist, zugleich aber in den neuen Bundesländern einen weitgehend obsoleten Kapitalstock übernommen hat, der auf mittlere Frist Kapitalmangelarbeitslosigkeit impliziert. Die im Zentrum von der Traversenanalyse von Hicks (1973) und Lowe (1976) stehende Notwendigkeit zusätzlicher Realkapitalbildung zur Realisierung des Vollbeschäftigungsziels stellt sich daher im wiedervereinigten Deutschland der neunziger Jahre in doppelter Weise: zur Absorption eines stark gestiegenen Arbeitsangebots wie zur Kompensation der produktivitätssteigernden Wirkungen des technischen Fortschritts.

Abbildung 10: Entwicklung des Bruttoinlandsprodukts, der Arbeitsproduktivität, des Arbeitsvolumens und der Erwerbstätigenzahl 1960-1990

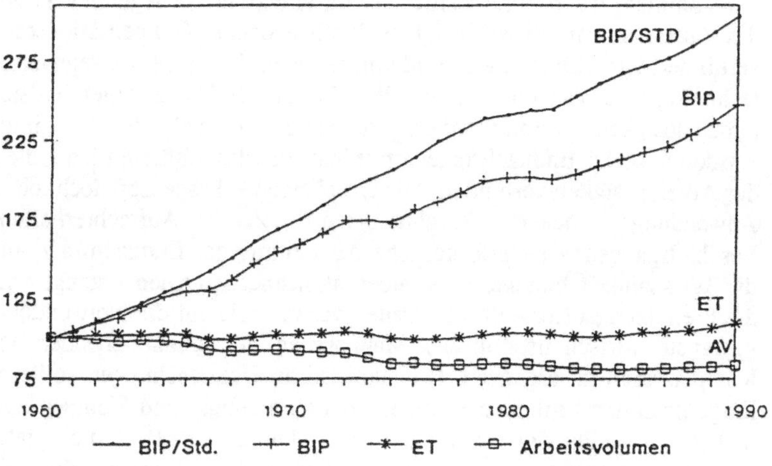

Quelle: SVR 1991, IAB 1988 und 1990

Trotz erheblicher Schwierigkeiten der empirischen Identifikation technologischer Arbeitslosigkeit besteht jedoch ein weitgehender Konsens darüber, daß die seit Mitte der siebziger Jahre in der Bundesrepublik Deutschland bestehende hohe Arbeitslosigkeit weniger technologisch bedingt als das Ergebnis einer

Wachstumsschwäche ist, wie es in Kapitel 4 für die einzelnen Wirtschaftszweige näher aufgezeigt wurde. Bereits seit Mitte der sechziger Jahre ist ein deutliches Zurückbleiben des Produktionswachstums hinter dem Wachstum der Arbeitsproduktivität zu verzeichnen (vgl. Abb. 10). Wie die Entwicklung bis 1973/74 zeigt, in der das sinkende Arbeitsvolumen mit einer annähernd gleich großen Verkürzung der jährlichen Arbeitszeit pro Beschäftigten einherging, muß eine solche *Produktions-Produktivitäts-Schere* aber nicht zwangsläufig zu einer Zunahme der Arbeitslosigkeit führen. Erst die weitere Öffnung dieser Schere im Gefolge von OPEC I und II bei gleichzeitiger Verlangsamung des Tempos der Arbeitszeitverkürzung und einer deutlichen Zunahme der Erwerbspersonen seit den späten siebziger Jahren hat zu einer starken Zunahme der Arbeitslosenquote geführt.

Die angesprochenen gesamtwirtschaftlichen Entwicklungen lassen sich aus dem tautologischen Zusammenhang zwischen den Größen in einfacher Form illustrieren. Die Anzahl der nachgefragten Arbeitsstunden ergibt sich als Quotient von realem Bruttoinlandsprodukt (BIP = q) und der Arbeitsstundenproduktivität (BIP/Std. = π), also $L = q/\pi$. Daraus folgt

$$\hat{L} = \hat{q} - \hat{\pi}$$

Steigt die Arbeitsproduktivität je Erwerbstätigenstunde stärker als das reale Produkt, so bedeutet das notwendigerweise eine Reduktion des Arbeitsvolumens. (Das Dach über einer Größe bezeichnet deren Wachstumsrate.) Eine Scherenentwicklung zwischen Produktions- und Produktivitätsentwicklung, wie seit Mitte der sechziger Jahre in der Bundesrepublik Deutschland erkennbar, führt also unvermeidlich zu einer Reduktion des Arbeitsvolumens. Mit einer solchen Produktions-Produktivitäts-Schere muß aber nicht zwingend eine Erhöhung der Arbeitslosigkeit einhergehen. Das sinkende Arbeitsvolumen, das sich damit verbindet, ist mit Vollbeschäftigung verträglich, wenn sich der Prozeß mit entsprechender Verkürzung der jährlichen Arbeitszeit und/oder abnehmender Erwerbspersonenzahl vollzieht. Dieses war zwischen 1960 und 1973 der Fall. Die Erwerbspersonenzahl nahm in diesem Zeitraum zwar leicht zu, aber mit einer durchschnittlichen Arbeitszeitverkürzung von 1% pro Jahr war es dennoch möglich, die Scherenentwicklung ohne steigende Arbeitslosenzahlen zu verkraften. Danach war das nicht mehr der Fall. Die Produktions-Produktivitäts-Schere blieb nicht nur erhalten, sondern klaffte weiter auf, was nunmehr mit einem drastischen Anwachsen der Arbeitslosigkeit verbunden war.

Auch diese Konstellation auf dem Arbeitsmarkt läßt sich anhand der definitorischen Zusammenhänge darstellen. Der Anzahl der nachgefragten Arbeitsstunden L steht die Zahl angebotener Arbeitsstunden L_A gegenüber, die man als Produkt aus den Erwerbspersonen E und der durchschnittlichen Arbeitsstundenzahl h auffassen kann, also

$$L_A = E \cdot h$$

Ist $L_A > L$, so werden im Umfang $L_A - L$ Arbeitsstunden nicht nachgefragt und es existiert Arbeitslosigkeit in Höhe von $(L_A - L)/h$.

Diese Überlegung läßt sich nun auf die Veränderungsraten der relevanten Größen übertragen. Damit ein Zustand der Vollbeschäftigung aufrechterhalten werden kann ($L = L_A$), muß $\hat{L} = \hat{L}_A$ gelten und damit

$$\hat{E} + \hat{h} = \hat{q} - \hat{\pi}, \qquad bzw. \qquad \hat{E} = \hat{q} - \hat{\pi} - \hat{h}$$

Arbeitslosigkeit tritt auf bzw. nimmt zu, wenn

$$\hat{E} > \hat{q} - \hat{\pi} - \hat{h}$$

Nimmt man die durchschnittliche Arbeitszeit zunächst als fest gegeben an (und damit $\hat{h} = 0$), so kann Arbeitslosigkeit auftreten bzw. zunehmen,

a) weil die Zuwachsrate der Erwerbspersonen gestiegen ist,
b) weil die Zuwachsrate des realen Sozialprodukts abgenommen hat oder
c) weil die Wachstumsrate der Arbeitsproduktivität angestiegen ist.

Da zwischen den Größen jedoch Wechselbeziehungen bestehen, stellt sich der empirischen Analyse die dornige Aufgabe, zwischen Ursachen und Wirkungen der Veränderungen zu unterscheiden. Der enge definitorische Zusammenhang zwischen Wirtschaftswachstum, Produktivitäts- und Beschäftigungswachstum wurde auch bei der Diskussion der Entwicklung in den einzelnen Wirtschaftszweigen in Kapitel 4 deutlich. Die Erfahrungen in den meisten Industrieländern der OECD zeigen, daß das Zusammenspiel von Produktions- und Produktivitätsentwicklung häufig mit einem unausgeglichenen Arbeitsmarkt einhergeht. Die Zahl der Arbeitslosen stieg ab Mitte der 1970er Jahre von etwa 10 Millionen auf etwa 38 Millionen im Jahr 1997 an. Wachstumsschwäche und nachlassendes Produktivitätswachstum verliefen in den meisten OECD-Ländern nicht synchron, so daß sich insbesondere während der weltweiten Rezessionsphasen zu Beginn der 1980er und 1990er Jahre die Zahl der Arbeitslosen drastisch erhöhte (vgl. Erber 1994c). Westeuropa war von diesem Anstieg der Arbeitslosigkeit besonders betroffen. Da jedoch rascheres Produktivitätswachstum als der Produktivitätsführer USA, bei nicht entsprechend höherem Wirtschaftswachstum, das Beschäftigungswachstum limitiert, hat der *catching-up*-Prozeß auch eine arbeitsmarktpolitische Dimension. Ein produktivitätsorientiertes Wachstum in den westeuropäischen OECD-Ländern, das zu dem beobachteten Ergebnis einer deutlichen Schließung der Produktivitätslücke zu den USA führte, hatte Konsequenzen hinsichtlich des Beschäftigungspotentials. Am Beispiel Westdeutschlands und der USA kann dies verdeutlicht werden (vgl. Abbildung 11). Beide Länder erzielten während des Zeitraums 1960-1993 die gleiche jahresdurchschnittliche Wachstumsrate beim Bruttoinlandsprodukt von 2,7%. Während jedoch in den USA der jahresdurchschnittliche Produktivitätsanstieg bei 0,7% lag war er in Westdeutschland mehr als dreimal so hoch mit 2,5%. Entsprechend sehen umgekehrt die gesamtwirtschaftlichen Wachstumsraten bei der Beschäftigung aus. In den USA lag der jahresdurchschnittliche Anstieg bei 2% in Westdeutschland lag er hingegen bei nur 0,2%. Es besteht zwischen Wirtschaftswachstum und Produktivitätswachstum offensichtlich kein Kausalzusammenhang dergestalt, daß einer bestimmten langfristigen Wachstumsrate des Bruttoinlandsprodukts eine entsprechende Wachstumsrate der Produktivität zugeordnet werden könnte. Statt dessen zeigt sich ein breites Spektrum von Möglichkeiten, die durch die spezifischen sozialen Bedingungen in den einzelnen Ländern bestimmt sein müssen.

Abbildung 11: Wachstumsraten des Bruttoinlandsprodukts, der Arbeitsproduktivität und der Erwerbstätigenzahl in den USA und der Bundesrepublik Deutschland 1960-1993

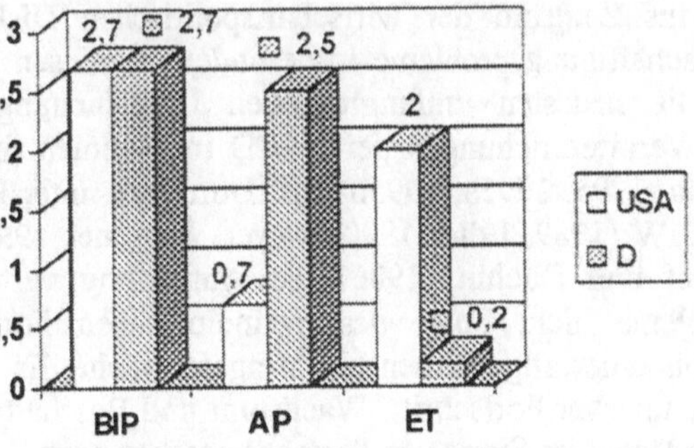

Quelle: Erber 1994c

Dieser empirische Befund wiederum ermöglicht es, die Frage nach der wirtschaftlich optimalen Trajektorie des Aufholprozesses zu einem Produktivitätsführer zu stellen, wenn die jeweils mit einem Anpassungsprozeß verbundenen beschäftigungspolitischen Konsequenzen als soziale Kosten berücksichtigt werden müssen. Offensichtlich führt ein Anpassungsprozeß, der forciert den *catching-up* Prozeß zum Produktivitätsführer in möglichst kurzer Zeit realisiert, zu Arbeitsmarktproblemen. Zwar kann hiergegen eingewandt werden, daß diese Entwicklung vermieden werden könnte, wenn das Wirtschaftswachstum sich dem Produktivitätswachstum anpassen würde, jedoch fehlt hierfür jede empirische Evidenz. Granger-Kausalitätstests hinsichtlich eines möglichen Zusammenhangs zwischen den jährlichen Wachstumsraten des Bruttoinlandsprodukts und der Arbeitsproduktivität liefern keinen Nachweis einer zeitlich klar gegliederten Kausalitätsbeziehung (Erber 1995b). Sicherlich ist es einsichtig, daß bei gegebener Vollbeschäftigung, bzw. bei Erreichen der Beschäftigungsschwelle, die Wachstumsraten des Bruttoinlandsprodukts und einer dazu passend definierten Arbeitsproduktivität identisch sein müssen. Dies impliziert jedoch nicht, daß beide Größen kurz- oder auch langfristig synchron verlaufen müssen. Der kumulative Anstieg der Arbeitslosigkeit speziell in Westeuropa, der deutlich über dem der USA, speziell seit Beginn der 1980er, liegt, zeigt dies deutlich. Sofern ein Gestaltungsspielraum beim Aufholprozeß existiert, ließe sich dieser möglicherweise auch beschäftigungswirksam nutzen. Das Delors-Weißbuch (1993) versucht hier zumindest ansatzweise, einige Hinweise zu geben. Mittelfristige Prognosen hinsichtlich der Beschäftigungsperspektiven innerhalb der EU-Länder lassen jedoch erhebliche Zweifel darüber aufkommen, ob die bisherigen Trends in der Beschäftigungsentwicklung eine deutliche Entspannung der Beschäftigungsprobleme in der EU mitsichbringen werden (vgl. ERECO 1994).

5.4 Beschäftigungsschwelle und Okunsches Gesetz

Die sich seit Mitte der 1970er Jahre in Deutschland und den anderen westeuropäischen Ländern langfristig öffnende Produktions-Produktivitäts-Schere hat erneut die Frage ins Zentrum der wirtschaftspolitischen Diskussion rücken lassen, wie die Beschäftigungsprobleme insbesondere in diesen Ländern gelöst werden können. Die neuesten umfangreichsten Untersuchungen zu diesem Thema stellen die Veröffentlichungen der OECD im Rahmen ihrer *Jobs Study* (OECD 1994, 1994a, 1995, 1995a, 1995b) dar. Dort wird unter Hinweis auf die Meta- Studie des DIW (1989, Edler 1990, Meyer- Krahmer 1992) und auf die Studie von Leontief und Duchin (1986) die Auffassung vertreten, daß die Beschäftigungsprobleme nicht Folge des technologischen Fortschritts seien, sondern ein Ergebnis einer allgemeinen Nachfrageschwäche. Es zeigt sich hier, daß der Kontext technischer Fortschritt, Wachstum und Beschäftigung in seiner Komplexität nicht adäquat im Sinne von Pasinetti gesehen wird.

Verkürzt man daher die Betrachtung auf den einfachen Zusammenhang von Wachstum und Beschäftigung, so gelangt man zu dem Konzept der *Beschäftigungsschwelle*. Diese ist als diejenige Produktionswachstumsrate definiert, bei der das vorhandene Beschäftigungsniveau gehalten werden kann, d. h. keine Änderung bei der Zahl der Beschäftigten eintritt. Unter Berücksichtigung des Zusammenhangs zwischen Produktionswachstum und Beschäftigung entspricht die Beschäftigungsschwelle dann der Wachstumsrate der Arbeitsproduktivität. Der Begriff Schwelle sollte nicht falsch verstanden werden, daß sie in irgendeiner Form ein Gleichgewicht darstellt, das aufgrund von Marktkräften als stabile Gleichgewichtslösung hergestellt wird. Die Beschäftigungsschwelle ist vielmehr als ein Punkt zu verstehen, bei dem das Produktionswachstum beschäftigungsneutral ist. Als alternative Bezeichnung für die Beschäftigungsschwelle wurde deshalb auch die ENOUGH Wachstumsrate (employment neutral output growth) vorgeschlagen (Erber, 1995a).

Wie wir auch im Detail in dieser Studie für die Wirtschaftszweige Westdeutschlands gezeigt haben, ist ein deutlicher trendmäßiger Rückgang der Wachstumsraten der Arbeitsproduktivität seit Anfang der 1960er Jahre festzustellen. Dieser Befund einer sinkenden Beschäftigungsschwelle hat auch Eingang in die wirtschaftspolitische Diskussion gefunden und gilt als wünschenswert, da diese Entwicklung den Arbeitsmarkt entlastet. Allerdings wird dabei der Kontext zwischen Produktionswachstum und Produktivitätswachstum übersehen. Der sinkenden ENOUGH rate steht eine noch stärker gesunkene Produktionswachstumsrate gegenüber. Die potentielle Entlastung des Arbeitsmarktes wird aufgrund der Wachstumsschwäche der Wirtschaft nicht effektiv.

In einer Reihe von empirischen Untersuchungen für die Bundesrepublik Deutschland (Klauder 1990, Hof 1994) wurde die Beschäftigungsschwelle jedoch nicht in dieser allgemeinen Fassung bestimmt, sondern indirekt über den Verdoorn-Zusammenhang abgeleitet. Diese Form der Bestimmung der Beschäftigungsschwelle ist problematisch und führt zu einer deutlichen Unterschätzung der Beschäftigungsschwelle (siehe insbesondere Hof 1994, Oppenländer 1994, sowie die Kritik daran Erber 1995a). Eine systematische Unterschätzung der gesamtwirtschaftlichen Beschäftigungsschwelle, wie sie in den oben angeführten Arbeiten vorgenommen wurde, führte zu einem unbegründeten Optimismus hinsichtlich der zu erwartenden Beschäftigungseffekte des effektiven Wirtschaftswachstums seit Beginn der 1990er Jahre. Eine Betrachtung, die die trendmäßige Entwicklung des Wachstums der Arbeitsproduktivität zum Ausgangspunkt nimmt, kommt dagegen zu einer angemessenen Bestimmung der ENOUGH rate.

Es muß außerdem darauf hingewiesen werden, daß die ENOUGH rate bis heute keineswegs eine reale Schranke für die Beschäftigungsentwicklung dargestellt hat. Wie bereits in Kapitel 3 festgestellt wurde, hatte Westdeutschland einen positiven Beschäftigungszuwachs zu verzeichnen. Dieser war jedoch unzureichend, da das Arbeitskräfteangebot rascher wuchs, als die durch das Wirtschaftswachstum gegebene Arbeitsnachfrage. Der kumulative Aufbau von Arbeitslosigkeit ist deshalb auch nicht als ein Problem der Unterschreitung der ENOUGH rate durch das Produktionswachstum zu verstehen, sondern eines mismatchs zwischen dem Wachstum des Arbeitskräfteangebots und dem Produktionswachstum (siehe hierzu auch Elmeskov/Pichelmann 1994). Den Zusammenhang zwischen Wirtschaftswachstum und Veränderungen in der Zahl der Arbeitslosen faßt diese Situation angemessener zusammen. Sie hat in die wissenschaftliche Literatur unter dem Namen Okunsches Gesetz (Okun 1962) Eingang gefunden.

Untersuchungen zum langfristigen Zusammenhang von der Veränderung der Rate der Arbeitslosigkeit und der des Wirtschaftswachstums für die OECD-Länder haben gezeigt, daß die Beziehung für die meisten europäischen Länder nicht symmetrisch zu interpretieren ist (vgl. Erber 1994c). Die Rate der Arbeitslosigkeit stieg in Deutschland und in vielen anderen europäischen Ländern deutlich stärker an, wenn das Wirtschaftswachstum unterhalb seiner langfristigen Wachstumsrate lag, als wenn das Wirtschaftswachstum über diese Rate stieg. Diese Ergebnisse lassen es noch zweifelhafter erscheinen, ob es bei den derzeitigen empirischen Gegebenheiten in Deutschland auf absehbare Zeit gelingen kann, durch eine Steigerung der Wachstumsrate der Wirtschaft die gravierenden Probleme hinsichtlich der Höhe der Arbeitslosigkeit zu überwinden. Hierzu bedürfte es grundlegender struktureller Veränderungen im derzeitig existierenden Wirtschaftsgefüge. Als arbeitsmarktpolitische Empfehlung hinsichtlich der asymmetrischen Reaktionen bei über- bzw. unterdurchschnittlichem Wirtschaftswachstum ist festzuhalten, daß eine Verstetigung des Wachstums, d. h. eine Vermeidungsstrategie hinsichtlich tiefer und langandauernder Rezessionsphasen, die besten Voraussetzungen für einen wachstumsgetriebenen Abbau der Arbeitslosigkeit bietet. Denn in Rezessionen bricht meist der Verdoorn-Zusammenhang zusammen, d. h. die Produktivität wird trotz rückläufigen Wirtschaftswachstums gesteigert und die Rationalisierungserfolge, die während der Rezession erzielt wurden, erweisen sich auch nach deren Überwindung als irreversibel, so daß die Verluste an Beschäftigung bei insgesamt schwachem trendmäßigen Wirtschaftswachstum nicht mehr ausgeglichen werden können.

6 Wirtschaftspolitische Handlungsempfehlungen

6.1 Vorbemerkungen

Die Bundesrepublik Deutschland steht Ende der neunziger Jahre wie die meisten anderen EU-Länder vor einer Reihe ungelöster sozialer und wirtschaftlicher Probleme. Insbesondere die hohe und tendenziell weiterhin steigende Arbeitslosigkeit bereitet der Wirtschaftspolitik zunehmend Schwierigkeiten. Hinzu kommen die leeren Staatskassen und der politische Druck, die Konvergenzkriterien des Vertrags von Maastricht aufgrund des Stabilitätspakts auch nachhaltig erfüllen zu müssen. Die aktuellen Maßnahmen der Bundesregierung konzentrieren sich derzeit weitgehend auf Versuche, die Angebotsseite für Unternehmen zu verbessern. Es besteht dabei die Erwartung, daß geringere Kosten im Sozialbereich, d.h. eine Senkung der Lohnnebenkosten, die insbesondere seit Beginn der neunziger Jahre im Zuge des Beitritts Ostdeutschlands zur Bundesrepublik deutlich angestiegen sind, zusammen mit einem wieder stärkeren Wirtschaftswachstum die hohe Arbeitslosigkeit nachhaltig abbauen können. Einen entscheidenden Beitrag dazu würde ein selbsttragender Wachstumsprozeß leisten, um mittelfristig die derzeitig hohen Transferleistungen, die zu einem erheblichen Teil über die Sozialsysteme erfolgen, zurückführen zu können. Hierzu fehlt es jedoch bisher an überzeugenden Anzeichen.

Mit der Verbesserung der Angebotsbedingungen, wie niedrigere Lohn- bzw. Lohnnebenkosten, niedrigere Unternehmensbesteuerung, Abbau von staatlichen Regulierungen, sollen Wachstumsimpulse und Investitionsanreize für die inländische private Wirtschaft geschaffen werden. Ähnliches erhofft man sich von der Öffnung bisher vom internationalen Wettbewerb geschützter Bereiche wie z.B. der Telekommunikation, der Verkehrsbereiche (Luft- und Schienenverkehr) und der Energieversorgung sowie der öffentlichen Auftragsvergabe. Trotz dieser umfangreichen Verbesserungen der Standortbedingungen ist die Schaffung neuer und auch langfristig sicherer Arbeitsplätze bisher nicht einmal in ausreichendem Maße gelungen, daß mit dem Erreichen der Beschäftigungsschwelle zumindest ein weiterer Anstieg der Arbeitslosigkeit vermieden werden konnte. Insbesondere seit der scharfen Rezession 1992-93 kommt es zu einem "Wachstum ohne Beschäftigung". Mithin greift das bisherige Maßnahmenbündel zu kurz, um nachhaltig die strukturellen Defizite zu beseitigen, die sich in der Geschichte der Bundesrepublik Deutschland einmalig hohen Arbeitslosenquote niederschlagen. Vor dem Hintergrund der fortschreitenden wirtschaftlichen Integration Europas und der Globalisierung nicht nur des Handels, sondern auch der Produktionsprozesse (Stichwort: *global sourcing)* und der damit höheren internationalen Mobilität des Kapitals ist nicht nur die relative Verbesserung der Kostenentwicklung des Inlands im Vergleich zur Vergangenheit für die Investitionshöhe ausschlaggebend. Vielmehr spielt die Summe aller Standortfaktoren in weltweit miteinander konkurrierenden Volkswirtschaften für Investitionsentscheidungen eine Rolle. Da insbesondere multinationale Unternehmen gelernt haben, diesen weltweiten Standortwettbewerb für sich zu nutzen, indem nur diejenigen Länder den Zuschlag erhalten, die für die erwartete Lebensdauer einer Investition an einem Standort die günstigsten Standortbedingungen bieten, sind die Gestaltungsspielräume der miteinander um derartige Investitionen konkurrierenden Staaten und die Verhandlungsmacht der jeweiligen nationalen Gewerkschaftsorganisationen gesunken. Sofern Regierungen durch erhebliche Subventionen für Investitionen diese im Wettbewerb miteinander anlocken, ist dies auf Dauer ein Nullsummenspiel, das letztlich zur Erosion der Steuerbasis aller Staaten führt und nachhaltig die Einkommensverteilung zugunsten der Kapitaleinkommen verschiebt. Die Subventionen müssen letztendlich durch andere Steuern und Abgaben finanziert werden. Freiwillige Selbstbeschränkungen und ein international verbindliches Regelwerk seitens der WTO oder zumindest innerhalb der EU bei der Einräumung von Subventionen und Steuernachlässen durch die internationale Staatengemeinschaft, könnten dem entgegenwirken.

Vor diesem Hintergrund stellt sich nun hier die Frage, welchen Beitrag die wirtschaftspolitischen Implikationen der Neuen Wachstumstheorie und eine den neuen Bedingungen des globalen Standortwettbewerbs Rechnung tragende Industriepolitik zur Lösung der Beschäftigungsproblematik leisten können. Offensichtlich ist das effiziente Angebot *immobiler Faktoren* entscheidend für die nachhaltige Standortsicherung geworden. Nicht die aktuell absolut niedrigsten Lohnkosten oder geringsten Unternehmenssteuern sind dabei entscheidend, wie oftmals in der politischen Debatte insbesondere von Unternehmerverbänden betont wird, sondern das effizienteste Angebot an Arbeitskräften, die die benötigten Qualifikationen besitzen, sowie die Verfügbarkeit einer leistungsfähigen Infrastruktur. Darüber hinaus beeinflussen die sog. weichen Standortfaktoren, wie sie durch institutionelle und rechtliche bzw. regulatorische Rahmenbedingungen, aber auch soziale Stabilität gegeben sind, die unternehmerische Standortentscheidung. Ein weiterer wichtiger Faktor ist die Orientierung an einer weltweiten Wettbewerbsordnung, da eine Behinderung der internationalen Kapitalmobilität aus Sicht der global operierenden Unternehmen eine nachhaltige Störung ihrer Allokationseffizienz darstellt. Erhebliche Verzerrungen, wie sie in vielen Entwicklungsländern und z.B. in der Volksrepublik China weiterhin anzutreffen sind, können dann nur durch das unerschlossene Marktpotential (mehr als eine Milliarde potentieller Verbraucher) oder entsprechend günstige Bedingungen, wie z.B. extrem niedrige Arbeitskosten, kompensiert werden. Vergleichbare Optionen stehen der Bundesrepublik Deutschland aufgrund der im internationalen Vergleich hohen Lohnkosten und der relativ gesättigten Märkte in den meisten Bereichen für traditionelle Produkte und der bereits vorhandenen breiten Präsenz transnationaler Unternehmen nicht zur Verfügung. Durch die Schaffung eines einheitlichen Wirtschafts- und Währungsraumes der EU werden jedoch im globalen Maßstab Rahmenbedingungen geschaffen, die einzigartig im Vergleich zu den anderen in der Weltwirtschaft bedeutsamen Regionen in Nordamerika bzw. Ost- sowie Südostasien sind, trotz NAFTA, APEC und ASEAN. Hierin liegt eine der wichtigsten Chancen auch für Deutschland als wirtschaftlich stärkstes

Mitglied der EU, die Herausforderungen im 21. Jahrhundert trotz aller offensichtlichen Strukturprobleme zu meistern.

Der Vergleich der industriepolitischen Konzeptionen wichtiger Industrienationen und der Europäischen Union hat gezeigt, daß die Förderung des Produktionsfaktors Humankapital sowie der Aufbau bzw. die Erhaltung moderner Infrastruktureinrichtungen zentrale Elemente der aktuellen Industriepolitik in fast allen Ländern bilden. Darüber hinaus wird der Unterstützung sog. Schlüsseltechnologien, d.h. eine spezifische Förderung der Informationstechnologien, der Biotechnologie, der Entwicklung neuer Werkstoffe oder Umwelttechnologien, allgemein eine große Bedeutung zuerkannt. Da die Bedeutung dieser Faktoren für das nachhaltige wirtschaftliche Wachstum in den Industrieländern aber auch in den NICs allgemein akzeptiert wird, geht es offensichtlich zunehmend um die jeweils konkrete Ausgestaltung, die zu Unterschieden in der Effizienz führen, da ansonsten keine komparativen Vorteile im Standortwettbewerb entstehen können. Allerdings sind die Möglichkeiten, diese Ziele im gleichen Umfang zu verfolgen, aufgrund staatlicher Budgetrestriktionen ungleich verteilt. Sofern alle Länder den gleichen Handlungsmustern folgen, die das Wirtschaftswachstum fördern, kann dies global im Vergleich zu anderen, weniger wachstumsorientierten Strategien ein höheres Wirtschaftswachstum bewirken. Insofern ist eine auf Expansion setzende Strategie global betrachtet eine Positivsummenstrategie.

Sofern diese unterschiedlich effizient umgesetzt wird, führt sie zu Gewinnern und Verlierern, da die Effizienteren die relativ Ineffizienteren zumindest relativ und teilweise auch offenbar absolut hinsichtlich der Wachstumsdynamik übertreffen. Die Ergebnisse der Neuen Wachstumstheorie im Vergleich zur traditionellen neoklassischen Wachstumstheorie begründen keinerlei Konvergenzoptimismus. Je nach Ausgangslage und Gestaltung der Rahmenbedingungen können Wirtschaftsräume zueinander konvergieren oder divergieren. Es besteht nicht mehr die alte Gewißheit des Solow-Modells, daß alle Länder in historisch vertretbaren Zeiträumen weniger Jahrzehnte ein ihrer intertemporalen Präferenzstruktur entsprechendes Einkommensniveau und allgemein gleiche Wachstumsraten erzielen werden. Während die traditionelle Wachstumstheorie keine nachhaltigen Wirkungen staatlicher Wachstumsförderung, z.B. einer höheren Spar- und Investitionsquote, begründen konnte, eröffnen die Resultate der Neuen Wachstumstheorie ein Gestaltungspotential für eine nachhaltige Wachstumsförderung, indem Ressourcen verstärkt in Bereiche gelenkt werden, die nicht dem Gesetz sinkender Skalenerträge unterliegen, wie z.B. FuE-Aufwendungen oder die Humankapitalbildung. Durch deren nachhaltige, direkte und indirekte positiven externen Effekte auf das gesamtwirtschaftliche Wachstum entstehen relativ gesehen auch zusätzliche Beschäftigungseffekte und aufgrund der höheren Faktorproduktivität entsprechende zusätzliche Faktoreinkommen, wenn die Entlohnung gemäß der Grenzproduktivitätstheorie erfolgt. Die positiven Wirkungen auf die Arbeitsnachfrage machen somit die Einhaltung neoklassischer Grundannahmen notwendig.

Diese Ergebnisse setzen implizit voraus, daß keine strukturellen Rigiditäten den erforderlichen Strukturwandel - gemessen an den potentiell erreichbaren Faktoreffizienzen - hemmen, da ansonsten die positiven externen Effekte durch Strukturrigiditäten teilweise kompensiert oder sogar vollständig überkompensiert werden können. Da gegenwärtig keine signifikante Wachstumsbeschleunigung und zugleich eine steigende strukturelle Arbeitslosigkeit in Deutschland und den meisten EU-Ländern zu beobachten ist, deutet dies auf eine außerordentliche Ineffizenz des derzeitigen Wachstumspfades hin. Offensichtlich mangelt es an der erforderlichen Flexibilität auf den Faktormärkten, die potentiell möglichen Effizienzgewinne zu realisieren. Die vorhandenen Rigiditäten müssen nicht nur hinsichtlich der Transformation von einfach qualifizierten hin zu besser qualifizierten Arbeitskräften bestehen, sondern können im Mangel an ausreichender Bereitschaft von Unternehmen liegen, vorhandenes Wissen und Technologien auch wirtschaftlich erfolgreich am Markt in neue Produkte und Dienstleistungen umzusetzen. Die Neue Wachstumstheorie setzt wie die traditionelle neoklassische Wachstumstheorie aufgrund ihres Effizienzpostulats des Faktoreinsatzes voraus, daß Ergebnisse von FuE-Prozessen, die Entwicklung neuer Technologien oder die Schaffung moderner Infrastruktureinrichtungen quasi automatisch in effizienter Form durch dynamische Unternehmer im Inland genutzt werden. Die Möglichkeit, daß ein nachhaltiger Mangel an Unternehmerkompetenzen bei der Umsetzung der Nutzungspotentiale dieser Wachstumsfaktoren in marktfähige Produkte und Dienstleistungen bestehen könnte, wird daher außer Betracht gelassen. Hier wäre die Neue Wachstumstheorie um andere theoretische Konzepte und daraus abzuleitender wirtschaftspolitischer Handlungsstrategien, die Unternehmensgründungen, deren Finanzierung und nachhaltige Etablierung am Markt bei Ausschöpfung der vorhandenen Wachstumspotentiale fördern, zu ergänzen. Zugleich ergeben sich im globalen Wettbewerb nur dann Vorteile aus einem intensiveren Einsatz von Ressourcen zur Entwicklung von neuem Wissen und neuer Technologien, wenn diese auch am Entstehungsort rascher als anderswo zur wirtschaftlichen Nutzung gelangen. Ein internationaler Wissens- und Technologietransfer, der im Ergebnis dazu führt, daß im Ausland das Wissen und die Technologien schneller und umfassender als im Inland genutzt werden, eröffnet keinerlei Vorteile hinsichtlich zusätzlicher Wachstums- und Beschäftigungspotentiale. Die Erfahrungen der USA als wichtigster Wissens- und Technologiegebernation in den zurückliegenden Jahrzehnten zeigen, daß zu einem erheblichen Teil Forschungsergebnisse und Technologien in anderen Ländern wie beispielsweise Japan, aufgrund vergleichsweise höherer Kompetenzen bei der Umsetzung derartiger Potentiale in marktfähige Produkte, Wirtschaftswachstum und zusätzliche Beschäftigung in externen Bereichen entstehen ließ, in denen prinzipiell die USA komparative Vorteile aufgrund der leistungsstarken Wissens- und Technologiebasis besaß. Dies schließt jedoch positive externe Effekte eines internationalen Wissens- und Technologietransfers keineswegs aus, da durch ein *Pooling* unterschiedlicher Wissens- und Technologiebestände ein rascherer technischer Fortschritt möglich wird (Kooperationsgewinne). Allerdings setzt sich zunehmend die Erkenntnis durch, daß ein leistungsgerechtes Wissens- und Technologietransfersystem erforderlich ist. Die anhaltenden Auseinandersetzungen über die internationale Anerkennung von Patent- und Lizenzrechten sowie die Gestaltung adäquater Systeme für *intellectual property rights* auch im Rahmen der WTO zeigen nur zu deutlich, daß ein befriedigendes regulatorisches Konzept fehlt, auf das sich Geber- und Nehmerländer einigen können. Die Verbesserung der eigenen Leistungsfähigkeit bei der wirtschaftlichen Nutzung technologischen Wissens ist einer protektionistischen Haltung beim Wissens- und Technologietransfer prinzipiell vorzuziehen.

Die Nutzung externer Effekte von Technologien und Wissensbeständen soll Wachstumspotentiale erschließen und zugleich die Wettbewerbsfähigkeit der gesamten Volkswirtschaften verbessern. Die internationale Situation ist, wie in Kapitel 1 gezeigt wurde, durch eine zunehmende Konvergenz der industriepolitischen Maßnahmen gekennzeichnet. Diese Entwicklung wird jedoch nicht unbedingt allen Volkswirtschaften gleichen Erfolg zuteil werden lassen. Konzentrieren sich alle Regierungen auf dieselben Bereiche, besteht durchaus die Gefahr von Überkapazitäten in Produktionsbereichen, die heute als sehr vielversprechend gelten. Nur gemessen am Bedarf der Weltwirtschaft sollten Kapazitäten entstehen. Wird durch zu starke staatliche Fördermaßnahmen die Nachfrageschranke ignoriert, so entsteht ein intensiver Verdrängungswettbewerb, der die Rentabilität der dort investierten Mittel reduziert. Nur bei ausreichenden Komplementaritäten, die auf die Entwicklung dauerhafter komparativer Vorteile in wissens- und technologieintensiven Produktionsbereichen achten, kann eine allgemeine Wohlfahrtssteigerung für alle Beteiligten in der Weltwirtschaft erreicht werden. Sollte es zu einer derartigen Koordination nicht kommen, besteht grundsätzlich die Tendenz, daß diejenigen Unternehmen bzw. Unternehmensverbünde mit den größten Finanzressourcen alle weniger finanzkräftigen allein aufgrund eines intensiven Preiswettbewerbs und nicht aufgrund überlegener technischer Kompetenz vom Markt verdrängen.

Zusätzlich muß beachtet werden, daß nicht alles, was ökonomisch effizient ist, auch politisch durchsetzbar ist. Die Förderung eines ausgesuchten Wirtschaftszweigs, dessen Produkte für viele andere Sektoren einen wichtigen Inputfaktor bilden, mag in ihrer Durchführung den Ergebnissen der marktlichen Logik widersprechen, wenn die hierfür erforderlichen komparativen Vorteile nicht existieren und auch nicht durch zeitlich begrenzte Förderimpulse nachhaltig zu schaffen sind. Damit würde auch kein Zustand entstehen, in dem dieser Wirtschaftszweig von einer dauerhaften staatlichen Förderung unabhängig wird. Die Konsequenz ist, daß andere Wirtschaftsbereiche dauerhaft zu Transfers über entsprechend höhere Steuern und Abgaben gezwungen werden. Aufgrund der bereits durch frühere Fördermaßnahmen entstandenen *sunk costs* in sektorspezifischen Förderprojekten fällt ein Ausstieg später dann außerordentlich schwer, wie dies eindrucksvoll am Beispiel der Kernenergie oder auch des zivilen Großflugzeugbaus im Rahmen des Airbusprogramms vorgeführt wurde. Wenn aber die politische Entscheidung getroffen wurde, sich nicht von anderen Volkswirtschaften zu sehr abhängig zu machen, muß die Bereitschaft vorhanden sein, eventuell eintretende Kosten zu tragen. Zukünftige industriepolitische Entscheidungen müssen aus diesem Grunde für die breite Öffentlichkeit transparent und fundiert sein. Ähnlich wie bei einer Kosten-Nutzen-Analyse müssen die Vor- und Nachteile von gewählten Zielen und Instrumenten diskutiert und bewertet werden. In einer demokratisch verfaßten *civil society* können erhebliche staatliche Förderungen einzelner Wirtschaftsbereiche nur aufgrund einer demokratischen Legitimation nachhaltig gesichert werden. Fehlt diese, so besteht das Risiko, daß aufgrund schnell wechselnder politischer Mehrheiten Förderungen nicht durchzuhalten sind.

6.2 Gestaltungsmöglichkeiten

Die theoretischen und empirischen Untersuchungen, die im Rahmen dieser Studie unternommen wurden, geben einige Hinweise auf verschiedene wirtschaftspolitisch bedeutsame Aktionsbereiche. Manches davon wurde in den vorigen Kapiteln schon angesprochen und diskutiert. An dieser Stelle soll erläutert werden, welche möglichen Schlußfolgerungen für industriepolitische Maßnahmen aus diesen Arbeiten gezogen werden können.

Insbesondere die Arbeiten von Porter und Reich sowie die Modelle der Neuen Wachstumstheorie sind dabei hilfreich. Zentrale Elemente zukünftiger Wachstums- und Industriepolitik, die auf diesen Erkenntnissen aufbaut, werden

- der Aufbau neuer und der Erhalt traditioneller Infrastruktureinrichtungen,
- die Förderung von Humankapitalinvestitionen,
- die Unterstützung von Forschungs- und Entwicklungsaktivitäten,
- die Beschleunigung der Diffusion von FuE-Ergebnissen,
- die Bereitstellung von relevanten Informationen für die Unternehmen,
- die Kontrolle und Garantie des Wettbewerbs zwischen den Unternehmen,
- die marktliche Ausrichtung der Forschung- und Entwicklungsanstrengungen,
- die Schaffung ausreichender Nachfrage nach neuen Produkten,
- die Aufrechterhaltung und Förderung des Strukturwandels zur Erschließung von Wachstumspotentialen,
- die Veränderung der Arbeitszeitstrukturen,
- die Evaluierung der Maßnahmen.

umfassen müssen.

Von **Infrastruktureinrichtungen** wie Informations- und Kommunikations- sowie Verkehrswegenetzen (insbesondere Straßen, Luftverkehr und Wasserstraßen, Energie- und Umweltentsorgungsystemen) gehen positive externe Effekte für Unternehmen aus, da sie Rahmenbedingungen für die Produktion und Distribution der am Standort erstellten Güter- und Dienstleistungen von Unternehmen liefern. Werden diese Leistungen effizient produziert und angeboten, so attrahieren sie Investitionen an Standorte mit komparativen Infrastrukturvorteilen. Hinzu kommen auch weiche Infrastrukturelemente, wie ein effizientes Angebot staatlicher und privater Dienstleistungen einschließlich des rechtlichen und regulatorischen Rahmens. Da die Zeiten, in denen Produktionsanlagen erstellt und in Betrieb genommen werden können, immer wichtiger für Unternehmen werden, die mittels Produktinnovationen Nachfrage bei sich verkürzenden Produktlebenszyklen auf sich ziehen wollen, ist die *Zeiteffizienz* zu einem strategischen Faktor bei Standortentscheidungen geworden. Von daher sind die Verwaltungssysteme so zu strukturieren, daß relativ zu anderen Standorten in der Weltwirtschaft trotz notwendiger komplexer Genehmigungsverfahren die Zeiteffizienz nicht leidet, damit Investitionen nicht in andere Regionen umgeleitet werden. Genehmigungsverfahren, die die nachhaltige Sicherung der Sozial- und Umweltverträglichkeit von Produkten an bestimmten Standorten sichern, werden dabei durchaus von vorausschauenden innovativen Unternehmen akzeptiert. Oftmals tragen die Genehmigungsverfahren den Bedürfnisssen der Unternehmen hinsichtlich der Zeiteffizienz nicht Rechnung.

Im Bereich administrierter Preise oder anderer, die durch staatliche Verordnungen wesentlich mitdeterminiert sind, wie dies für eine Fülle von Leistungen der Fall ist, die Unternehmen als Inputs für ihre Produktion benötigen (z.B. Energie, Wasserver- und Abwasserentsorgung, Abfallbeseitigung, Transport- und Logistikdienstleistungen), ist eine Prüfung der Kosten-Nutzen-Relation hinsichtlich der Wahrung und Gestaltung der Standortqualitäten erforderlich. Staatliche Regulierungen können nicht völlig losgelöst vom Ziel des Erhalts und der Schaffung attraktiver Standortbedingungen für Unternehmen eingeführt werden. Vielmehr sind die Kosten der Regulierung im Hinblick auf den Verlust an Standortqualität zu berücksichtigen.

Wie die Privatisierungen von Post, Telekom, der Bundesbahn und vieler anderer öffentlicher Einrichtungen gezeigt haben, befindet sich hier der Staat oftmals in einem Dilemma, da durch die Form der Marktöffnung die Höhe der Privatisierungserlöse des Staates beeinflußt wird. Auch die durch die Tarifvertragsparteien gestalteten Arbeitsmarktbedingungen sind für die Unternehmen Teile der sozialen Infrastruktur, die einen nicht unerheblichen Einfluß auf die Attraktivität der Standorte haben. Durch das System der Berufsordnungen und der beruflichen Bildung spielen sie darüber hinaus eine wichtige Rolle bei der Gestaltung und Entwicklung des Humankapitals.

Sowohl die theoretischen Modelle der Neuen Wachstumstheorie als auch die mehr auf empirischen Studien aufbauenden Überlegungen von Reich und Porter machen die ständig steigende Bedeutung des Humankapitals bzw. des Wissens als Produktionsfaktor deutlich. Während sich die neueren Entwicklungen auf dem Gebiet der Wachstumstheorie mehr auf die quantitativen Konsequenzen dieses Faktors konzentrieren, machen die beiden anderen Arbeiten die sich verändernden Anforderungen an die Qualität und Struktur der immateriellen Inputs deutlich. Staatliche Förderpolitik in diesem Bereich muß beiden Aspekten gerecht werden. Reine *Tonnenideologie,* d.h. eine globale Steigerung des Mitteleinsatzes, wird keinen wachstumsfördernden Beitrag leisten. Die Erfahrungen mit der Finanzierung einer breiten Expansion der Hochschulbildung in den 1970er Jahren, die eine damit verbundene sinkende Fördereffizienz durch unzureichende organisatorische Rahmenbedingungen zur Folge hatte, zeigen, daß - was ja gerade die zentrale Aussage der Neuen Wachstumstheorie ist - der Mitteleinsatz nachhaltig eine konstante oder sogar steigende Mittelproduktivität zu gewährleisten hat. Unterliegt die Produktion sinkenden Grenzerträgen, kann eine derartige Mittelverwendung kein endogenes Wachstum generieren. Die Wirtschaftspolitik kann sich deshalb nicht ausschließlich auf finanzielle Maßnahmen beschränken, sondern muß selbst Inhalte und Methoden bestimmen bzw. vorgeben.

Die finanzielle Unterstützung von **Humankapitalinvestitionen** kann durch direkte Transferzahlungen oder indirekt durch steuerliche Begünstigungen erfolgen. Da hochqualifizierte Arbeitskräfte in der Regel die knappste Ressource in einer Gesellschaft sind, die immer mehr durch immaterielle und wissensbasierte Produktionsprozesse gekennzeichnet ist, sind generelle Kürzungen in diesem Bereich für eine intensivere Nutzung vorhandener Wachstumspotentiale wenig hilfreich. Eine anhaltende Kürzung z.B. von BaFöG-Mitteln aber auch der Aufwendungen für die allgemeine und berufliche Bildung kann somit nicht Inhalt einer in die Zukunft gerichteten Wirtschaftspolitik sein. Dies schließt jedoch eine Reallokation von Mitteln aus Bereichen mit geringer Förderproduktivität in andere mit höherer nicht aus.

Allgemein könnte - wie dies ja bereits in der Terminologie deutlich gemacht wird - eine steuerliche Gleichstellung von Investitionen in Human- und Sachkapital angestrebt werden. Bisherige staatliche Investitionsförderung konzentriert sich vorrangig auf die Förderung von Investitionen in Sachkapital. Dies wäre nur dann sinnvoll, wenn kein Mangel an Humankapital bestünde. In diesem Zusammenhang ist die Tatsache bedeutsam, daß ein Unternehmen zwar ein Eigentum an Sachkapital hat, jedoch die Beschäftigten Besitzer und Eigentümer ihres Humankapitals sind. Da Arbeitskontrakte einseitig auch seitens der Beschäftigten in relativ kurzen Zeiträumen kündbar sind, besteht für das betroffene Unternehmen aufgrund des damit verbundenen indirekten Vermögensverlusts kein Anreiz, in seine Mitarbeiter zu investieren. An dieser Stelle setzt eine Kritik an, die eine Flexibilisierung des Arbeitsmarkts durch weniger dauerhafte Arbeitsvertragsbedingungen propagiert. Tendenziell sinkt mit dem Schrumpfen von Stammbelegschaften in Unternehmen dessen Bereitschaft, langfristig in die Ausbildung ihrer sonstigen Belegschaften zu investieren. Sofern die Arbeitnehmer diesen Mangel nicht durch eigene Bildungsinvestitionen kompensieren wollen oder können, entsteht eine Form von Marktversagen bei der Humankapitalbildung. Zwar wollen alle Unternehmen gut qualifiziertes Personal beschäftigen, es fehlt jedoch an der Bereitschaft darin rechtzeitig und in ausreichendem Umfang zu investieren. Die Bereitstellung von Aus- und Weiterbildungsmaßnahmen auf Unternehmensebene unterliegt damit der Problematik der Bereitstellung öffentlicher Güter. Die zunehmend schwieriger einzulösende Berufsausbildungsgarantie für alle jugendlichen Berufsanfänger in Deutschland, zeigt nur zu deutlich, daß die Unternehmen aufgrund kurzfristiger Gewinnorientierung am Erhalt und der Verbesserung des Humankapitalbestandes nicht mehr in ausreichendem Maße interessiert sind. Es kann daher nicht überraschen, daß aktuell die Forderung nach einer Ausbildungsabgabe für diejenigen Unternehmen diskutiert wird, die diesen Ausbildungsaufgaben nicht mehr nachkommen. Um das Risiko des Vermögensverlusts bei Ausgaben für Aus- und Weiterbildung abzusichern, wäre u.U. auch die Schaffung entsprechender Abschreibungsmöglichkeiten auf Humankapital bei Abwanderung von

Arbeitnehmern denkbar. Entsprechend könnte ein Arbeitnehmer, dessen Humankapital durch das Unternehmen finanziert wurde, bei einem freiwilligen Wechsel in ein anderes Arbeitsverhältnis zur Leistung einer Bildungsabgabe an den Staat verpflichtet werden. Damit wäre zumindest teilweise eine Gegenfinanzierung der durch Abschreibungen entstehenden Steuerausfälle gewährleistet.

Neben der allgemeinen Förderung der Humankapitalbildung besteht jedoch aufgrund eines rascheren technischen Wandels und des hiermit erforderlichen Wissens die Notwendigkeit, seitens der staatlichen und privaten Bildungsinstitutionen die Inhalte von Lehrplänen, Ausbildungsanforderungen etc. in Zusammenarbeit mit Wissenschaft, Unternehmen und Gewerkschaften den jeweiligen Arbeitsmarkterfordernissen anzupassen. Die Bundesrepublik Deutschland weist z.B. in vielen Berufen noch Ausbildungsprofile auf, die für die sechziger Jahre relevant waren, heute jedoch aufgrund technologischer Entwicklungen und einer veränderten Wirtschaftsstruktur überflüssig sind und in den Unternehmen nicht mehr vermittelt werden (können), weil hierfür kein Bedarf mehr existiert. Sie müßten durch andere Inhalte ersetzt werden, damit die Absolventen auf die aktuellen Entwicklungen vorbereitet sind. Die Starrheit in diesem Bereich ist ein typisches Beispiel für die Notwendigkeit von mehr Flexibilität und strategischer Zusammenarbeit bei den Beteiligten. Parallel zur Veränderung des Ausbildungsstoffs sollten auch methodische Fragen bei der Ausbildung eine Rolle spielen. Nicht nur das "Was" des Lernens, sondern auch das "Wie" muß neu gestaltet werden. Aufgrund eines rasch obsolet werdenden Spezialwissens sollte dieses nicht dauerhaft erlernt werden, sondern die Entwicklung der Fähigkeit im Vordergrund stehen, aktuelles Wissen rasch aufzunehmen und praktisch anwenden zu können. Die Bereitschaft überholtes Wissen aufzugeben und statt dessen neues zu erwerben, wird in unserer Gesellschaft zu einem entscheidenden Wettbewerbsfaktor. Dies wird durch den derzeit stetigen Anstieg des Durchschnittsalters der Erwerbsbevölkerung aufgrund des geänderten generativen Verhaltens zusätzlich schwieriger. Wenn sich die Anforderungen am Arbeitsplatz ständig weiterentwickeln, verlangt dies von den Betroffenen immer wieder das Erlernen neuer Sachverhalte. Ausbildungszeiten beschränken sich damit nicht auf die Zeit vor oder am Anfang der Berufstätigkeit, sondern fallen im gesamten Berufsleben an. Lerntechniken gewinnen deshalb an Bedeutung. Daraus folgt auch eine Veränderung der Zeitprofile des Bildungssystems. Während sich die primäre Grundausbildung in Schule, Berufs-, Fachhoch- und Hochschule auf die Vermittlung eines dauerhaften Grundlagenwissens und flexibler Lernstrategien von Spezialwissen konzentrieren sollte, wäre eine das aktive Berufsleben begleitende Weiter- und Fortbildung den aktuellen Bedürfnissen des Arbeitsmarktes anzupassen. Da es immer weniger Arbeitnehmern gelingen wird, in ihrem originären Beruf eine lebenslange Beschäftigung zu finden, müssen auch ausreichend Möglichkeiten geschaffen werden, einen Berufswechsel nicht erst nach Freisetzung in die Arbeitslosigkeit attraktiv zu machen. Strukturelle Rigiditäten des Arbeitsmarktes können nur dann hinsichtlich eines bedarfsgerechten Arbeitskräfteangebots besser überwunden werden, wenn die Bereitschaft zur nachhaltigen Sicherung der qualifizierten Beschäftigungsfähigkeit von Arbeitnehmern durch Finanzierungsmodelle einer Umschulung in neue marktgerechte Berufe unterstützt wird, die hohe Einkommensverluste während der Umschulung vermeidet und eine Tilgung der entstandenen Umschulungskosten erst nach Eintritt in einen neuen Beruf erfolgen läßt. Arbeitnehmer, die in Wirtschaftszweigen und Berufsfeldern tätig sind, die einem hohen oder wachsenden Beschäftigungsrisiko ausgesetzt sind, sollte die Möglichkeit einer frühzeitigen Umschulung geboten werden. Die Einführung eines MeisterBafög weist hier in die richtige Richtung. Gerade Beschäftigte mit Familien oder anderen finanziellen Verpflichtungen gegenüber Dritten können sich sonst eine berufliche Neuorientierung aufgrund finanzieller Restriktionen nicht leisten und werden dann später erst recht zu Problemfällen, wenn das Arbeitsmarktrisiko der bisherigen Tätigkeit in die Arbeitslosigkeit geführt hat.

Eng mit der Bildungspolitik ist die **Förderung von Forschung und Entwicklung** verknüpft. Die Modelle der Neuen Wachstumstheorie zeigen die Relevanz und möglichen Folgen positiver externer Effekte, die durch FuE-Aktivitäten entstehen. Die Tatsache positiver Externalitäten bei der Generierung neuen Wissens stellt allerdings keine originäre Erkenntnis der aktuellen wachstumstheoretischen Arbeiten dar. Wichtig ist neben der grundsätzlichen Erkenntnis, daß FuE-Aktivitäten endogenes Wirtschaftswachstum erzeugen können, eine Fortentwicklung dieser Überlegungen hin zu einer integrierten Theorie der Wissensproduktion für eine marktgerechte Verwertung in Gütern und Dienstleistungen. Nur ein besseres Verständnis dieser komplexen Zusammenhänge und der möglichen staatlichen Eingriffe zur Förderung einer höheren Effizienz kann zu einer leistungsfähigen Forschungspolitik führen. Aufgrund der Marktferne allgemeiner Grundlagenforschung stehen hinsichtlich der Analyse der Fördereffizienz die angewandten Forschungs- und Entwicklungstätigkeiten sowie die Frage einer marktgerechten Einführung dieser Ergebnisse im Vordergrund einer modernen, wachstumsorientierten Forschungs- und Technologiepolitik. In diesem Teil der Forschung und Entwicklung fallen im Vergleich zur allgemeinen Grundlagenforschung höhere Kosten an, wenn man von den Großanlagen der Grundlagenforschung absieht. Aufgrund dessen sind hier durch die effiziente Gestaltung der Aktivitäten die größten positiven ökonomischen Effekte zu erwarten.

Bei der Wahl einer geeigneten Schwerpunktsetzung in besonders förderungswürdige Forschungsfelder, wie dies bereits in den mittelfristig angelegten Rahmenprogrammen der EU geschieht, besteht offensichtlich ein **Informationsproblem**. Dieses Informationsproblem wird nicht vollständig gelöst werden können. Möglich ist aber eine engere Zusammenarbeit der Akteure und damit ein Informationspooling, so daß zumindest das vorhandene Wissen durch einen kritischen Dialog in die Entscheidung einfließen kann. Allerdings besteht hier das Risiko, daß Informationsmonopole aufgrund jeweiliger Interessenlagen auch mißbraucht werden. Die Einrichtung eines Technologierats durch die Bundesregierung ist ein Beitrag zur Lösung dieses Problems. Durch einen Orientierungsrahmen ist jedoch noch kein effizientes Forschungsmanagement gewährleistet. Während forschungs- und entwicklungsintensive Großunternehmen, aber auch teilweise staatlich finanzierte Forschungseinrichtungen über ein umfangreiches Wissen für das erforderliche Projektmanagement einschließlich der marktgerechten Verwertung der Ergebnisse verfügen, sind selbst kleine innovative Unternehmen und erst recht die meisten KMU hier oftmals überfordert. Die Einrichtung von Technologie- und Gründerzentren, von denen es zur Zeit etwa 200 in Deutschland mit etwa 5000 innovativen Unternehmen und etwa 200 Forschungseinrichtungen gibt, kann hier einen wichtigen Beitrag zur Überwindung entsprechender Defizite leisten. Durch die Fortentwicklung dieser Zentren zu international bedeutsamen Kompetenzzentren für eine jeweils begrenzte Anzahl von Technologiefeldern, die miteinander ein hohes Synergiepotential besitzen, könnte durch eine damit verbundene Spezialisierung ein Netzwerk innovativer Kerne entstehen. Diese sollten zugleich als **Diffusionszentren** für KMU dienen, die mehr an der Nutzung von vorhandenem technologischen Wissen und Verfahren interessiert sind, als sich bereits an eigenständige anwendungsorientierte FuE heranzuwagen. Nur so lassen sich auch die Wachstumspotentiale des in innovativen Unternehmen vorhandenen Wissens in der Volkswirtschaft umfassend nutzen. Kooperation und **Wettbewerb** zwischen Unternehmen sind dabei in dem Maße miteinander vereinbar, wie die Funktionsbereiche relativ klar voneinander abgegrenzt werden können (z.B. Forschungskooperation und Lizenzabkommen, nicht jedoch bei der Markteinführung neuer Produkte im Wettbewerb). Der Staat, die WTO und die EU haben somit die Aufgabe einen funktionsfähigen Wettbewerb auch in den technologie- und wissensintensiven Wirtschaftsbereichen zu sichern, so daß nicht durch eine zu enge Kooperation der beteiligten Unternehmen ein nachhaltiger Innovationswettbewerb ausgeschaltet wird.

Die theoretische Analyse hat gezeigt, daß die Erhaltung des Wettbewerbs zwischen den Unternehmen einen langfristig positiven Beitrag zum wirtschaftlichen Wachstum leistet. Insbesondere Porters Untersuchungen machen deutlich, wie wichtig heimischer Wettbewerb für ein erfolgreiches Abschneiden auf den Weltmärkten ist. Gleichzeitig muß für erfolgreiche Innovatoren die Chance zur Erzielung von sogenannten *Schumpeter-Renten*, d.h. überdurchschnittliche Renditen, bestehen bleiben. Die Rentabilität der Forschungs- und Entwicklungsinvestitionen muß ausreichend hoch sein, damit der Anreiz zum privaten Engagement für Neuentwicklungen bestehen bleibt. Eine erfolgreiche Forschungspolitik muß deshalb die wettbewerblichen Konsequenzen der getroffenen Maßnahmen berücksichtigen. Eine andauernde Reduzierung der Wettbewerbsintensität kann nicht Inhalt einer zukunftsgerichteten Industriepolitik sein. In der Vergangenheit hat die Wahl nationaler Technologiechampions dieses Prinzip verletzt. Die Folge war in der Regel, daß diese sich nur sehr ungenügend dem internationalen Wettbewerb stellten, da oftmals der relativ geschützte heimische Markt als ausreichend für die Rentabilität der eigenen Unternehmensaktivitäten angesehen wurde, insbesondere solange die staatliche Förderung sichergestellt war.

Dies gilt für viele Bereiche staatlicher Industriepolitik sowohl der Bundesrepublik Deutschland als auch für diejenige der Europäischen Union bzw. der anderen Mitgliedsstaaten. Vor allem bei der Förderung von Schlüsseltechnologien und staatlichen Nachfrageentscheidungen muß deshalb Wettbewerb erhalten bleiben. Der europäische Binnenmarkt schafft aufgrund seiner Größe hervorragende Voraussetzungen hierzu. Diese zentrale Aufgabe kommt der wirkungsvollen Fusions- und Wettbewerbskontrolle gerade in wissens- und technologieintensiven Wirtschaftsbereichen sowohl im Rahmen der EU als auch zunehmend auf der Ebene der WTO zu. Zur Erreichung dieses Ziels wäre eine unabhängige Wettbewerbsbehörde der EU besser geeignet als die derzeitige Lösung über die EU-Kommission, da diese weniger leicht politischem Druck ausgesetzt wäre. Insbesondere bei der Beantwortung der Frage nach dem relevanten Markt für einen funktionsfähigen Wettbewerb sind Veränderungen der nationalen und internationalen Situation zu beachten. Darüber hinaus sind verschiedene Formen des Wettbewerbs (Technologie-, Preis- und Qualitätswettbewerb) und die flexibleren Formen der Kooperation von Unternehmen zur Ausschaltung unerwünschten Wettbewerbs zu berücksichtigen. Strategische Allianzen und andere Formen, die eine stärkere Integration der beteiligten Unternehmen vermeiden, sind hinsichtlich ihrer Konsequenzen für einen funktionsfähigen Wettbewerb zu prüfen. Auch in den USA sind in letzter Zeit Bemühungen in dieser Richtung erkennbar (z.B. die erneuten Untersuchungen zum Wettbewerbsverhalten der Firmen Microsoft und Intel), da der Verdacht besteht, daß aufgrund einer nachlässigen Wettbewerbskontrolle der großen transnationalen Unternehmen amerikanischen Ursprungs, in den 1980er und 1990er Jahren ein wirkungsvoller Innovationswettbewerb zwischen Unternehmen in etlichen wissens- und technologieintensiven Bereichen nicht mehr gewährleistet ist.

Die Förderung von FuE-Aktivitäten darf nicht nur der reinen Schaffung von Wissen dienen, sondern muß vor allem auf Unternehmensebene an den **Erfordernissen des Marktes** ausgerichtet sein. In den Modellen der Neuen Wachstumstheorie ist die Generierung neuen Know-Hows eine notwendige Voraussetzung für endogenes Wachstum. Darüber hinaus ist eine zweite Bedingung zu erfüllen. Das Wissen muß auch im Produktionsprozeß eingesetzt werden. Es kann nur dann seine „Wirkung" entfalten, wenn es auch Anwendung findet. Überträgt man diesen Gedanken auf die Forschungsanstrengungen von Unternehmen, bedeutet dies, daß nur die FuE-Aktivitäten wachstumsfördernd sind, die auch in marktgängige, materielle Produkte und Dienstleistungen übertragen werden. Die Resultate des Forschungsprozesses müssen nachgefragt werden, um eventuelle Beschäftigungspotentiale realisieren zu können. Innerhalb der neoklassisch geprägten Vollbeschäftigungsmodelle der Neuen Wachstumstheorie ist diese Forderung annahmegemäß immer erfüllt. In der Realität jedoch erweist sich dies als schwierig. Die Unternehmen können sich nicht darauf verlassen, daß es ihnen gelingt, ausreichend Nachfrage für ein Produkt zu schaffen, sondern sie müssen frühzeitig die Bedürfnisse der Kunden ermitteln. Historische Beispiele, wie z.B. die Videotechnologie, zeigen die Konsequenzen falsch eingeschätzter Marktsituationen deutlich. Während die US-amerikanischen Unternehmen Marktchancen auf dem Gebiet der professionellen Studiotechnik sahen, erkannten japanische Unternehmen die Absatzmöglichkeiten bei privaten Hobbyfilmern.

Die Notwendigkeit einer marktorientierten Forschung- und Entwicklungstätigkeit gewinnt durch die aufkommende Informationsgesellschaft zusätzlich an Relevanz. Informationsgüter sind durch die Existenz steigender Skalenerträge sowohl auf der Angebots- als auch auf der Nachfrageseite gekennzeichnet. Gelingt es, auf diesen Märkten schnell ein Produkt zu plazieren und gegenüber der Konkurrenz Marktanteile auszubauen, dann können sich u.U. große Kostenvorteile bei der Produktion und große Nutzenzuwächse bei den Anwendern ergeben. Für potentielle Mitanbieter wird es dann schwierig, sich dauerhaft gegenüber dem Marktführer zu etablieren. Auf solchen Märkten können staatlichem Handeln zwei Aufgaben zugewiesen werden. Einerseits kann der **Staat mittels seiner eigenen Nachfrageentscheidungen** dafür sorgen, daß heimische Unternehmen in die Lage versetzt werden, eine führende Position zu erreichen. Andererseits muß die Wirtschaftspolitik aufgrund von Effizienzüberlegungen marktbeherrschende Unternehmen verhindern und für ein ausreichend großes Maß an Wettbewerb sorgen. Letztendlich kommt es zu einer Gratwanderung zwischen der Schaffung einer ausreichend großen Zahl von Arbeitsplätzen und der Vermeidung inflexibler Märkte.

Eng damit verbunden ist die Aufrechterhaltung des internationalen Wettbewerbs. Offene Weltmärkte sind für eine exportorientierte Volkswirtschaft von herausragender Bedeutung. Der freie Zutritt auf ausländischen Märkte bietet zum einen zusätzliche Absatzmärkte und damit die Chance, Potentiale steigender Skalenerträge zu nutzen. Zugleich bietet die Präsenz im Ausland die Gelegenheit, vom Wissen ausländischer Unternehmen, aber auch von den Konsumpräferenzen der dortigen Verbraucher zu profitieren. Letztere können unter Umständen aufgrund anderer Vorstellungen von einem bestimmten Produkt und dessen Gebrauchsfähigkeit wichtige Anregungen zur Produktgestaltung liefern, die sich auf weiteren Märkten erneut anwenden lassen. Besonders kritische Konsumenten können beispielsweise als Testkunden dienen, um Produktmängel vor einer breiteren internationalen Einführung hinsichtlich der erforderlichen Produktqualität wettbewerbsfähig zu machen (Stichwort: Elch-Test in Schweden bei PKW).

Die bisher überwiegend gewährten strukturkonservierenden Subventionen in Deutschland in den Bereichen Landwirtschaft, Kohle, Stahl oder Schiffbau könnten sinnvoller für einen **zukunftsweisenden Strukturwandel** durch die Schaffung neuer Beschäftigungsmöglichkeiten und dessen sozialer Abfederung durch die notwendige Umstrukturierung eingesetzt werden. Eine neue Industriepolitik sollte deshalb nicht nur bei der Gestaltung der neuen Wachstumsbranchen aktiv sein, sondern zugleich einen koordinierten Rückzug aus veralteten Branchen begleiten. Letztere blockieren auf lange Sicht Finanzmittel, die angesichts leerer Kassen in den öffentlichen Haushalten dringender zum Aufbau der strategischen Bereiche der sich entwickelnden Informationsgesellschaft erforderlich sind. Die Regierungen können zwar, wie auch alle anderen Akteure in der Wirtschaft, nicht mit Sicherheit wissen, welches die Märkte der Zukunft sind. Mit größerer Wahrscheinlichkeit läßt sich jedoch prognostizieren, welche der derzeitigen es nicht sein werden. Eine moderne Industriepolitik sollte den

Industrielebenszyklus von der Entstehung bis zu deren Ende mit einem für jede Lebensphase geeigneten Instrumentarium begleiten.

Wie die Analysen im 4. Kapitel gezeigt haben, ist die Wachstumsdynamik in allen untersuchten Wirtschaftszweigen seit Mitte der 1970er Jahre rückläufig. Selbst in den technologieintensiven Bereichen wie der Luft- und Raumfahrt, bei Büromaschinen, ADV, Elektrotechnik, Chemie, Straßenfahrzeug- und Maschinenbau sind nachhaltige Kompensationspotentiale für den deutlichen Beschäftigungsabbau anderer Zweige des Bergbaus und des Verarbeitenden Gewerbes nicht vorhanden. Da dort der Produktivitätsfortschritt relativ zu anderen Produktionsbereichen immer noch relativ hoch ausfällt, wird das durch das überdurchschnittliche Wirtschaftswachstum gegebene Beschäftigungspotential in engen Grenzen gehalten. Die Ursachen für dieses beschäftigungsarme Wachstum liegen in der hohen Kapital- bzw. Wissensintensität der Produktionsprozesse. Während das absolute Niveau der Produktivität durch die Kapital- bzw. Wissensmenge pro Arbeitseinheit bestimmt wird, sind die Produktivitätsfortschritte die Folge einer Zunahme dieser Einsatzverhältnisse. Parallel zu dieser Entwicklung ist der Wachstumsprozeß in den angeführten Sektoren durch eine hohe Rate arbeitsparenden technischen Fortschritts gekennzeichnet (z.B. Maschinenbau) bzw. unterliegt die Produktion steigenden Skalenerträgen statischer Art aufgrund von Massenproduktionsvorteilen und dynamischer Art aufgrund von Lerneffekten. Hieraus resultiert die Notwendigkeit recht hoher Wachstumsraten der produzierten Gütermenge, um hohe Beschäftigungspotentiale zu realisieren. Selbst in den USA sind die High-Tech-Industrien spätestens seit Mitte der 1980er Jahre keine Bereiche mehr, die das vorher vorhandene Beschäftigungsvolumen auch nur halten konnten. Mithin liegen die größten Chancen für zusätzliche Beschäftigungsmöglichkeiten in den Dienstleistungsbereichen (vgl. Krämer 1997). Aber auch hier reichen die vorhandenen, langfristig beobachtbaren Wachstumstrends nicht mehr aus, das Beschäftigungsproblem im derzeit vorhandenen Rahmen der Arbeitszeitregelungen zu lösen.

Die Ausführungen im fünften Kapitel haben gezeigt, welche Konsequenzen aus der Steigerung der Produktivität für die Beschäftigung entstehen können. Technisch effizientere Produktionsverfahren tragen einen Januskopf. Zum einen bedeutet höhere Produktivität bei gleichbleibender Produktionsmenge sinkendes Arbeitsvolumen, zum anderen wirkt steigende Effizienz bei der Herstellung von Gütern preissenkend, was zu steigender Nachfrage führen kann. Eine Aussage über den Saldo der Beschäftigungswirkungen ist somit nicht unbedingt möglich. Arbeitsplatzschaffend wirken dagegen additive Produktinnovationen, während substitutive Produktinnovationen schon vorhandene Produkte vom Markt verdrängen und damit auch negative Beschäftigungseffekte zeitigen. Die reale Entwicklung ist durch das Vorliegen aller drei Arten des technischen Fortschritts (Prozeßinnovationen, additive und substitutive Produktinnovationen) gekennzeichnet. In vielen Fälle ist eine eindeutige Trennung nicht möglich. Steigende Produktivitätsniveaus müssen nicht zwangsläufig zu einem Anstieg der Arbeitslosigkeit führen, sondern eröffnen u.U. die Möglichkeit einer engen Kombination von arbeitsmarkt- und wachstumspolitischen Maßnahmen.

In der Bundesrepublik Deutschland wurde den potentiellen Freisetzungseffekten des technischen Fortschritts sowohl durch einen Anstieg der gesamtwirtschaftlichen Produktion als auch durch eine stetige Verkürzung der effektiven Arbeitszeit entgegengewirkt. Um im Falle eines Nullwachstums des Sozialprodukts ein konstantes Beschäftigungsniveau halten zu können, müßte rein rechnerisch nur die Arbeitszeit entsprechend dem Produktivitätsanstieg gesenkt werden. Größere Beschäftigungswirkungen sind nur durch deutlichere **Arbeitszeitverkürzungen** möglich. Eine solche direkte Umverteilung des Arbeitsvolumens würde auch die staatlichen Transfersysteme entlasten, da bei niedrigerer Arbeitslosigkeit mehr Beiträge in die Kassen der Sozialsysteme fließen. Zu bedenken ist auch, daß ein höherer Beschäftigungsstand aufgrund der Entlastung der Sozialsysteme eine Senkung der Beitragssätze ermöglicht, deren Anstieg insbesondere in den 1990er Jahren das ausgezahlte Nettoeinkommen reduzierte. Eine andere Verteilung der Arbeit bedeutet daher zumindest eine teilweise Refinanzierung der Einkommensverluste beim Nettoeinkommen, wenn dadurch die Beitragssätze zur Sozialversicherung gesenkt werden können.

An diesem Punkt lassen sich nun die wirtschaftspolitischen Implikationen der Neuen Wachstumstheorie und arbeitsmarktpolitische Erfordernisse miteinander kombinieren. Sowohl die Untersuchungen zur Industriepolitik als auch die theoretische Analyse haben die zentrale Bedeutung des Faktors Wissen für erfolgreiche Wachstumsprozesse belegt. Die Schaffung eines flexiblen, hochqualifizierten Humankapitals stellt eine zentrale Voraussetzung für die zukünftige Wettbewerbsfähigkeit der bundesdeutschen Unternehmen dar. Aus diesem Grund bietet sich die *Verknüpfung von Arbeitszeitverkürzungen mit Qualifikationsmaßnahmen* an. Die Auseinandersetzung über die Reduzierung der Arbeitszeit ist bislang durch die Klärung der Frage nach einem adäquaten monetären Lohnausgleich belastet. Dabei sollten insbesondere die wenig qualifizierten Arbeitskräfte, die ja auch die höchste Risikogruppe hinsichtlich der Langzeitarbeitslosigkeit darstellen, im Vordergrund stehen. Es bedarf jedoch einer eingehenden Prüfung, welche Bildungswege für sie chancenreich sind. Insbesondere im Bereich einfacher technischer aber auch personenbezogener Dienstleistungen sind mögliche Beschäftigungspotentiale zu erschließen.

Die gewerkschaftliche Forderung nach weniger Arbeit ohne Lohneinbußen wird von Arbeitgeberseite aus Kostengründen entschieden abgelehnt. Um diesem Dilemma zu entkommen, muß somit beiden Parteien ein Anreiz geboten werden, der die Senkung des individuellen Arbeitsvolumens für sie attraktiv macht. Den Arbeitnehmern muß deshalb eine Kompensation für das entgangene Einkommen und den Unternehmen eine weitgehend gleiche Kostenbelastung gewährt werden. An die Stelle eines finanziellen Ausgleichs könnten nun Aus- und Weiterbildungsmaßnahmen treten. Eine solche Lösung hätte für beide Seiten Vorteile. Die Verbesserung der Qualifikationsstruktur der Arbeitskräfte kann die Einführung komplexer Produktionsverfahren und die Entwicklung neuer Produkte erleichtern und damit einen Beitrag zum Erhalt und Ausbau der internationalen Wettbewerbsfähigkeit leisten. Den Arbeitnehmern bieten sich durch den verbesserten Ausbildungsstand bessere Beschäftigungschancen bzw. eine erhöhte Wahrscheinlichkeit der Wiedereinstellung, falls sie arbeitslos werden. Darüber hinaus wäre aufgrund des Rückgangs der Pro-Kopf-Arbeitszeit mit zusätzlichen Beschäftigungsmöglichkeiten zu rechnen.

Die Umsetzung einer Strategie zur intensiveren Humankapitalbildung verlangt von allen Beteiligten Zugeständnisse. So muß innerhalb der Unternehmen die Arbeitszeitgestaltung ausreichend flexibel sein. Eine deutliche Reduzierung der Pro-Kopf-Arbeitszeit erfordert auch Veränderungen bei der Arbeitsorganisation. Kommt es als Folge der Arbeitszeitverkürzung zu einem Anstieg des Job-Sharing, werden innerbetriebliche Informationssysteme immer wichtiger, da ansonsten Rüstkosten die Produktivität der Arbeitskräfte reduzieren können und somit die Attraktivität der Maßnahme für die Arbeitgeberseite abnimmt. Für die Arbeitnehmer wiederum ergeben sich aufgrund des fehlenden monetären Lohnausgleichs Einkommenseinbußen. Für all die Haushalte, die bei der Verwendung ihres verfügbaren Einkommens keinen Spielraum für Sparzwecke haben, ist deshalb der Verzicht auf einen vollständigen finanziellen Ausgleich zumindest kurzfristig nicht tragbar. Dies ist ein weiterer Grund für mehr Flexibilität auf Unternehmensebene.

Selbstverständlich ist die Frage zu klären, mit welchen Mitteln die Durchführung der Qualifizierungsmaßnahmen bezahlt wird. Aufgrund der von den Arbeitgebern vorgebrachten Einwände gegen einen vollständigen monetären Lohnausgleich ist die vollständige Belastung der Unternehmen nicht realisierbar bzw. wird auf Widerstände stoßen. Auch den betroffenen Arbeitskräften können die Kosten nicht zugemutet werden, da sich ihr monetäres Einkommen verringert. Ein denkbarer Ausweg wäre die Beteiligung staatlicher Einrichtungen, deren Budgets durch den Abbau der Arbeitslosigkeit entlastet würden. An die Stelle der Finanzierung von Arbeitslosigkeit würde die Finanzierung von Beschäftigungsmöglichkeiten treten.

Den organisatorischen Umsetzungschwierigkeiten stehen auch Vorteile gegenüber. Durch die oben angesprochenen Maßnahmen würden die direkten Kosten pro Arbeitseinheit zwar nicht sinken, jedoch sind durch das steigende Qualifikationsniveau Produktivitätssteigerungen zu erwarten. Dies hätte einen positiven Effekt auf die Lohnstückkosten. In diesem Zusammenhang muß jedoch gewährleistet sein, daß die steigende Produktivität nicht die Effekte der Arbeitszeitverkürzung vollständig kompensiert. Die geringen quantitativen Beschäftigungserfolge bisheriger Reduzierungen der Arbeitszeit sind u.a. auch auf die Tatsache zurückzuführen, daß eine stufenweise Absenkung des durchschnittlichen Arbeitsvolumens durch Rationalisierungsmaßnahmen und gesteigerten Arbeitseinsatz ausgeglichen wurde. Konsequenterweise ist deshalb eine deutliche Verringerung in kurzer Zeit notwendig.

Eine Koppelung von Arbeitszeitverkürzungen ohne Lohnausgleich mit Qualifizierungsmaßnahmen bietet nicht nur den *Insidern* die Möglichkeit zur Beschäftigungssicherung, sondern verschafft auch *Outsidern* einen Wiedereinstieg in ein Arbeitsverhältnis aufgrund des möglichen Zuwachs der Arbeitsnachfrage. Hierbei werden vor allem die Arbeitslosen eine bessere Chance haben, die leicht in den Produktionsprozeß integrierbar sind. Insbesondere zur Wiederbeschäftigung von Langzeitarbeitslosen und Personen ohne adäquate Ausbildung werden weiterhin ergänzende Maßnahmen erforderlich sein. Die Strategie erfordert ein großes Maß an Solidarität der Arbeitsplatzinhaber mit den Arbeitslosen.

Die Durchführung derart gestalteter Arbeitszeitverkürzungen stellt einen ersten Schritt in Richtung von mehr Teilzeitarbeit dar, die im positiven Sinne beschäftigungswirksam wird. Beispiele in anderen Volkswirtschaften (z.B. in den Niederlanden) haben gezeigt, daß durch einen drastischen Anstieg der Teilzeitarbeitsquote Beschäftigungssicherung bzw. -zuwächse möglich sind. Ein deutliche Reduzierung der Pro-Kopf-Arbeitszeit erfordert jedoch auch ein Umdenken bzgl. der Stellung, die Arbeit im individuellen bzw. gesellschaftlichen Wertesystem einnimmt.

Ein solcher gesellschaftlicher Konsens über die Umverteilung von Arbeit bildet eine Alternative zu der vor allem in den angelsächsischen Volkswirtschaften gewählten Strategie, das Arbeitslosigkeitsproblem mit einer gestiegenen Lohnflexibilität zu lösen. Fraglich ist, ob jene Vorgehensweise zur Schaffung von mehr Beschäftigung in der Bundesrepublik Deutschland erwünscht und umsetzbar wäre, da sie primär auf einer steigenden Zahl niedrig entlohnter Arbeitsplätze aufbaut. Die Reduzierung des Reallohnniveaus in den USA hat zur Folge gehabt, daß sehr viele Arbeitnehmer gezwungen sind, zwei oder mehrere Stellen anzunehmen, um ihr Einkommen auf einem Mindestniveau zu halten. Diese Entwicklung hat eine weitere Begleiterscheinung, die z.B. von Freeman (1995) verdeutlicht wurde. Er weist auf den engen Zusammenhang zwischen der Verarmung bei den "working poor" und dem starken Anstieg der Kriminalität, vor allem bei jüngeren, gering qualifizierten Männern hin. Des weiteren zeigen Studien, daß es innerhalb der Bundesrepublik Deutschland um die Lohnflexibilität gar nicht so schlecht bestellt ist. Die Möglichkeit zur angepaßten Lohnsetzung ist damit gegeben (vgl. z.B. Franz 1995).

Aus wachstumspolitischer Sichtweise ist diese Strategie ebenfalls zu hinterfragen. Die relative Verbilligung der Arbeit kann u.U. ein Signal in die falsche Richtung sein, wenn man die mittel- bis langfristigen Wirkungen einer solchen Lohnpolitik betrachtet. Eine Reduzierung des Lohnniveaus kann zu einer Verschiebung des relativen Preises von Kapital und Arbeit führen. Aufgrund der gestiegenen relativen Kapitalkosten wird es für die Unternehmen lohnender, Arbeitskräfte einzustellen. Das kurzfristige Ziel der Beschäftigungserhöhung wird hiermit zwar erreicht, mittel- bis langfristig können sich jedoch wachstumshemmende Effekte ergeben. Die Konzentration auf arbeitsintensive Produktionsprozesse birgt die Gefahr in sich, Wachstumschancen zu verschenken, die sich bei wissens- und kapitalintensiven Produktionsweisen ergeben würden. Im Gegensatz hierzu schafft die Kombination von Arbeitszeitverkürzungen mit Qualifzierungsmaßnahmen die Voraussetzung für einen Wachstumsprozeß, der durch die Entwicklung neuer Produkte und Produktionsprozesse gekennzeichnet ist. Die Märkte der Zukunft und damit die Wachstums- und Beschäftigungschancen sind für eine Volkswirtschaft wie diejenige der Bundesrepublik Deutschland nicht bei Gütern zu suchen, deren Herstellung eines großes Volumen an niedriger und unqualifizierter Arbeit bedarf bzw. große Chancen zur Rationalisierung bietet, und die darüber hinaus international handelbar sind. Ziel muß es vielmehr sein, sich auf die Märkte zu konzentrieren, für die im internationalen Vergleich knappe Ressourcen notwendig sind und deshalb hohe Erträge erwirtschaftet werden können. Dies sind jedoch primär Produkte, die sehr humankapitalintensiv hergestellt werden.

Abschließend sei ein weiteres Problem des wirtschaftspolitischen Aktivismus angesprochen. Eine rationale, konsistenter Wirtschaftspolitik darf nicht allein aus Diagnose und Therapie bestehen. Notwendig ist auch eine **Evaluierung des Erfolgs der durchgeführten Maßnahmen**. Nur wenn überprüft wird, inwieweit die gesteckten Ziele erreicht worden sind, kann die Wirtschaftspolitik adäquat beurteilt werden. Bezogen auf die hier angesprochenen Gestaltungsmöglichkeiten bedeutet dies, daß z.B. bei der Förderung von FuE-Aktivitäten auch die Mittelverwendung und die FuE-Ergebnisse im Auge behalten werden. Bei der Durchführung der Arbeitszeitverkürzungen müßte entsprechend die Schaffung neuer Arbeitsplätze kontrolliert werden. Eine solche Vorgehensweise würde das Informationsdefizit auf Seiten staatlicher Stellen mindern und mehr Klarheit über das Ausmaß des Instrumenteneinsatzes bringen. Die Wirtschaftspolitik würde damit glaubwürdiger und die Akzeptanz einer aktiven staatlichen Rolle würde zunehmen.

6.3 Schlußwort

Insgesamt läßt sich festhalten, daß die im Rahmen dieses Projekts durchgeführten Arbeiten, die in der politischen Diskussion immer wieder aufgestellte Forderung nach dem Erhalt und der Verbesserung des Humankapitals und der Forschungs- und Entwicklungsanstrengungen bestätigen. Die Rede von Bundespräsident Herzog zur Situation des Bildungssystems im November 1997 und die kurz danach aufkommenden Studentenproteste zeigen, wie aktuell dieses Problem ist. Die zukünftige Position der bundesdeutschen Volkswirtschaft wird in großem Maße davon abhängen, inwieweit es gelingt, wissensintensive Märkte zu entwickeln und zu besetzen. Darüber hinaus wird die zukünftige Arbeitsmarktsituation auch entscheidend von der Entwicklung der personenbezogenen Dienstleistungen abhängen. Die hierfür notwendige Kaufkraft kann wiederum nur durch die hochproduktiven Sektoren erwirtschaftet werden. Letztendlich scheint Paul Romers (1997) "einfaches" Erfolgsrezept für die Zukunft große Relevanz für die Bundesrepublik Deutschland zu haben:

"Brain, not brawn."

Abbildungen

Abb. 1a: Produktivitätslücke 1993 50

Abb. 1b: Produktivitätslücke 1960 51

Abb. 2 Geschätzte langfristige Wachstumsraten der Bruttowertschöpfung in der Industrie Westdeutschlands (1961) 108

Abb. 3: Geschätzte langfristige Wachstumsraten der Bruttowertschöpfung in der Industrie Westdeutschlands (1990) 109

Abb. 4: Geschätzte langfristige Wachstumsraten der Arbeitsproduktivität in der Industrie Westdeutschlands (1961) 116

Abb. 5: Geschätzte langfristige Wachstumsraten der Arbeitsproduktivität in der Industrie Westdeutschlands (1990) 117

Abb 6: Geschätzte langfristige Wachstumsraten der Erwerbstätigenzahl in der Industrie Westdeutschlands (1961) 125

Abb 7: Geschätzte langfristige Wachstumsraten der Erwerbstätigenzahl in der Industrie Westdeutschlands (1990) 126

Abb. 8: Verdoorn-Elastizitäten der Erwerbstätigenzahl in der Industrie Westdeutschlands (1961-1990) 134

Abb 9: Verdoorn-Elastizitäten der Arbeitsproduktivität in der Industrie Westdeutschlands (1961-1990) 135

Abb 10: Entwicklung des Bruttoinlandsprodukts, der Arbeitsproduktivität, des Arbeitsvolumens und der Erwerbstätigenzahl (1960-1990) 176

Abb. 11: Wachstumsraten des Bruttoinlandsprodukts, der Arbeitsproduktivität und der Erwerbstätigenzahl in den USA und der Bundesrepublik Deutschland 1960-1993 179

Tabellen

Tab. 1a-d Schätzwerte zu den Wachstumsraten der Bruttowertschöpfung in den Wirtschaftszweigen Westdeutschlands 110-113

Tab. 2a-d: Schätzwerte zu den Wachstumsraten der Arbeitsproduktivität in den Wirtschaftszweigen Westdeutschlands 118-121

Tab. 3a-d: Schätzwerte zu den Wachstumsraten der Zahl der Erwerbstätigen in den Wirtschaftszweigen Westdeutschlands 127-130

Tab. 4a-d: Schätzwerte zur Bruttowertschöpfung in den Wirtschaftszweigen 140-143

Tab. 5a-d: Schätzwerte zur Arbeitsproduktivität in den Wirtschaftszweigen 144-147

Tab. 6a-d: Schätzwerte zur Zahl der Erwerbstätigen in den Wirtschaftszweigen 148-151

Tab. 7a-d: Parameterschätzwerte für Verdoorns Gesetz für die Wirtschaftszweige Westdeutschlands 152-155

Tab. 8a-d Schätzwerte für das Inverse Verdoorns Gesetz für die Wirtschaftszweige Westdeutschlands 156-159

Literaturverzeichnis

Abramovitz, M. (1986), Catching up, Forging Ahead, and Falling Behind, in: Journal of Economic History, 46, S. 385-406.

Aghion, P. (1994), Endogenous Growth: A Schumpeterian Approach, Papier vorgestellt auf dem Workshop "Endogenous Growth and Development" of The International School of Economic Research, Universität Siena - C.N.R., at the Certosa di Pontignano, Siena, 3.-9. Juli 1994, Vorlesungsband S. 5-45.

Aghion, P., Howitt, P. (1992a), A Model of Growth through Creative Destruction, in: Econometrica, 60, S. 323-351.

Aghion, P., Howitt, P. (1992b), The Schumpeterian Approach to Technical Change and Growth, in: Siebert, H. (Hrsg.), Economic Growth in the World Economy: Symposium 1992, Institut für Weltwirtschaft, Tübingen, S. 55-76.

Aghion, P., Howitt, P. (1996), Research and Development in Growth Processes, in: Journal of Economic Growth, 1, S. 49-73.

Ahn, D.-S. (1989a), The New Paradigm of the Economic Policy for the "Second Take-off" of the Korean Economy, in: Klenner, W. (Hrsg.), Trends of Economic Development in East Asia, Berlin, Heidelberg, S. 447-460.

Albach, H. (1993), Information, Zeit und Wettbewerb, Discussion Paper 24, Wissenschaftszentrum für Sozialforschung Berlin, Forschungsschwerpunkt Marktprozeß und Unternehmensentwicklung, September.

Amsden, A.H. (1989b), Asia's Next Giant: South Korea and Late Industrialization, New York and Oxford.

Amsden, A.H., Singh, A. (1994), The Optimal Degree of Competition and Dynamic Effiency in Japan and Korea, European Economic Review, 38, S. 941-951.

Arrow, K.J. (1962), The Economic Implications of Learning by Doing, in: Review of Economic Studies, 29, S. 155-173.

Arthur, B.W. (1994), Increasing Returns and Path Dependence in the Economy, Ann Arbor.

Aschauer, D.A. (1989), Public Investment and Productivity Growth in the Group of Seven, Economic Perspectives, Federal Reserve Bank of Chicago, September/October, S. 17-25.

Aschauer, D.A. (1991), Why is Infrastructure Important? in: Munnell, A.H. (Hrsg.), Proceedings of a Conference in June 1990, Conference Series No. 34, Federal Reserve Bank of Boston, S. 21-50.

Auty, R. M. (1994), Economic Development and Industrial Policy: Korea, Brazil, Mexico, India and China, London.

Azariadis, C. (1996), The Economics of Poverty Traps, Part One: Complete Markets, in: Journal of Economic Growth, 1, S. 449-486.

Bangemann, M. (1992), Mut zum Dialog - Wege zu einer europäischen Industriepolitik, Stuttgart.

Bangemann, M. (1993), Gibt es eine marktwirtschaftliche Industriepolitik? in: ifo-schnelldienst, Nr. 17-18, S. 26-29.

Baranzini, M., Scazzieri, R. (1990) (Hrsg.), The Economic Theory of Structure and Change, Cambridge.

Barro, R.J. (1990), Government Spending in a Simple Model of Endogenous Growth, in: Journal of Political Economy, 98, S. S103-S125.

Barro, R.J. (1991), Economic Growth in a Cross Section of Countries, in: Quarterly Journal of Economics, 106, S. 407-444.

Barro, R.J. (1996), Getting It Right. Markets and Choices in a Free Society, Cambridge/Mass.

Barro, R.J., Lee, J.-W. (1993), International Comparisons of Educational Attainment, in: Journal of Monetary Economics, 32, S. 363-394.

Barro, R.J., Mankiw, G., Sala-i-Martin, X. (1995), Capital Mobility in Neoclassical Models of Growth, in: American Economic Review, 85, S. 102-115.

Barro, R.J., Sala-i-Martin, X. (1991), Convergence across States and Regions, in: Brookings Papers on Economic Activity, No. 1, S. 107-182.

Barro, R.J., Sala-i-Martin, X. (1992a), Convergence, in: Journal of Political Economy, 100, S. 223-251.

Barro, R.J., Sala-i-Martin, X. (1992b), Public Finance in Models of Economic Growth, in: Review of Economic Studies, 59, S. 645-661.

Barro, R.J., Sala-i-Martin, X. (1995), Economic Growth, New York.

Barro, R.J., Sala-i-Martin, X. (1997), Technological Diffusion, Convergence, and Growth, in: Journal of Economic Growth, 2, S. 1-26.

Baumol, W.J. (1986), Productivity Growth, Convergence, and Welfare: What the Long-Run Data Show, in: American Economic Review, 76, S. 1072-1085.

Baumol, W.J., Blackman, A.B., Wolff, E.N. (1991), Productivity and American Leadership: The Long View, Cambridge, Mass.

Bean, C. R. (1994), European Unemployment: A Survey, Journal of Economic Literature, 32, S. 573-619.

Becker, G.S., Murphy, K.M., Tamura, R. (1990), Human Capital, Fertility, and Economic Growth, in: Journal of Political Economy, 98, S. S12-S37.

Ben-David, D., Atique-Rahman, A.K.M. (1996), Technological Convergence and International Trade, Center for Economic Policy Research, Discussion Paper Series No. 1359, London, März.

Blattner, N. (1981), Labour Displacement by Technological Change? A Preliminary Survey of the Case of Microelectronics, Rivista Internazionale di Scienze Economiche e Commerciali, 28, S. 422-448.

Bletschacher, G., Klodt, H. (1991), Braucht Europa eine neue Industriepolitik?, Kieler Diskussionsbeiträge, Nr. 177, IfW, Kiel.

BMBF (1997), Innovationen für die Wissensgesellschaft, Förderprogramm Informationstechnik des Bundesministeriums für Bildung, Wissenschaft, Forschung und Technologie, Bonn. (http://www.iid.de/it-pro/index.html)

BMWi (1993), Bericht der Bundesregierung zur Zukunftssicherung des Standortes Deutschland, Bundestagsdrucksache 12/5620, 3. September 1993, Bonn.

BMWi (1996), Info 2000 - Deutschlands Weg in die Informationsgesellschaft, Bericht der Bundesregierung, Bonn.

Bobke - v. Camen, M.H., Gerstenberger, B., Hammer-Sohns, R. (1996) (Hrsg.), Industriepolitik - Tagungsband: die EMB-Thesen in der Diskussion, Baden-Baden.

Büscher, R. (1991), Die Industriepolitik der EG, in: Clement, W. (Hrsg.), Industriepolitik in Europa, Wien: Austria Press, S. 15-21.

Canova, F., Marcet, A. (1995), The Poor Stay Poor: Nonconvergence Across Countries and Regions, Center for Economic Policy Research, Discussion Paper Series No. 1265, London, November.

Cassiers, I. (1994), Belgium's Postwar Growth and the Catch-up Hypothesis; European Economic Review, 38, S. 899-911.

Cho, L.-J., Kim, Y.H. (1991) (Hrsg.), Economic Development in the Republic of Korea: A Policy Perspective, Honolulu.

Chowdhury, A., Islam, I. (1993), The Newly Industrialising Economies of East Asia, London.

Claßen, H. (1991), Die Industriepolitik Deutschlands, in: Clement, W. (Hrsg.), Industriepolitik in Europa, Wien, S. 47-59.

Clement, W. (1991) (Hrsg.), Industriepolitik in Europa, Wien.

Colletis, G. (1990), Approche sectorielle des politiques d'aides à l'industrie, Publications Universitaires Européennes, Série V, Sciences economiques, 1225, Bern et al.

Crespy, G. (1991), Industrial Policy in an Open Economy: The French Policy, in: Clement, W. (Hrsg.), Industriepolitik in Europa, Wien, S. 35-45.

De la Fuente, A. (1995a), Catch-Up, Growth and Convergence in the OECD, Center for Economic Policy Research, Discussion Paper Series No. 1274, London, November.

De la Fuente, A. (1995b), The Empirics of Growth and Convergence: A Selective Review, Center for Economic Policy Research, Discussion Paper Series No. 1275, London.

DeLong, J.B., Summers, L.H. (1991), Equipment Investment and Economic Growth, in: Quarterly Journal of Economics, 106, S. 445-502.

DeLong, J.B., Summers, L.H. (1993), How Strongly do Developing Economies Benefit from Equipment Investment?, in: Journal of Monetary Economics, 32, S. 395-416.

Denison, E.F. (1962), The Sources of Economic Growth in the United States and the Alternatives Before Us, Supplement Paper 13, Committee for Economic Development, Washington.

Denison, E.F. (1967), Why Growth Rates Differ, Washington D.C., The Brookings Institution.

Denison, E.F. (1974), Accounting for United States Economic Growth, 1929,-1969, Washington D.C., The Brookings Institution.

Dertouzos, L., Solow, R.M. (1989), Made in America, Regaining the Productive Edge, The MIT Commission on Industrial Productivity, Cambridge/Mass.

DIW (1986), Strukturpolitische Konzeptionen für die Industrie im internationalen Vergleich. Auswirkungen auf Wirtschaftsstruktur und Außenhandel, Probleme einer kompensatorischen Subventionierung einzelner Wirtschaftszweige, 2 Bde. Schwerpunktthema im Rahmen der Strukturberichterstattung, April.

DIW (1989), Sektorale und gesamtwirtschaftliche Beschäftigungswirkungen moderner Technologien, Berlin und New York.

DIW (1995a), Technologische Leistungsfähigkeit der westdeutschen Wirtschaft trotz einzelner Schwachstellen unterschätzt, in: DIW-Wochenbericht Nr. 33/95, Bearb.: D. Schumacher, K. Hornschild, F. Straßberger, H. Trabold.

DIW (1995b), Hat Westdeutschland ein Standortproblem?, in: DIW-Wochenbericht Nr. 38/95, Bearb.: L. Lindlar.

Domar, E.D. (1946), Capital Expansion, Rate of Growth, and Employment, in: Econometrica, 14, S. 137-147.

Dornbusch, R. (1993), The End of the German Miracle, Journal of Economic Literature, 31, S.881-885.

Dowrick, S., Nguyen, D.T. (1989), OECD Comparative Economic Growth 1950-85: Catch-Up and Convergence, in: American Economic Review, 79, S. 1010-1030.

Edler, D. (1990), Ein dynamisches Input-Output-Modell zur Abschätzung der Auswirkungen ausgewählter neuer Technologien auf die Beschäftigung in der Bundesrepublik Deutschland, Berlin.

Edwards, S. (1993), Openness, Trade Liberalization, and Growth in Developing Countries, Journal of Economic Literature, 31, S. 1358-1393.

Eekhoff, J. et.al. (1994), Industriepolitik im Widerstreit mit der Wettbewerbspolitik, Schriften des Vereins für Socialpolitik, Bd. 231, Berlin.

EG (1992), Industriepolitik in einem offenen und wettbewerbsorientierten Umfeld - Ansätze für ein Gemeinschaftskonzept, KOM (90) 556 end., Brüssel.

Elmeskov, J. (1993), High and Persistent Unemployment: Assessment of the Problem and its Causes, OECD Economics Department, Working Paper, No. 132, Paris.

Elmeskov, J., Pichelmann, K. (1994), Interpreting Unemployment: The Role of Labour Force Participation, OECD Economic Studies, No. 21, S. 139-160.

Erber, G. (1993), Catching-Up or Falling Behind, Relative Differences in Productivity and Price Competitiveness between U.S. and German Industries, 1960-1985, DIW, Berlin, August.

Erber, G. (1994a), Technical Change, Economies of Scale, and Factor Augmentation: Impacts on Relative Differences in Productivity and Price Competitiveness between U.S. and German Industries, DIW Diskussionspapiere, Nr. 93.

Erber, G. (1994b), Public Infrastructure, Productivity and Competitiveness: Analysis of Relative Differences and Impacts concerning U.S. and German Industries, Papier präsentiert auf der Konferenz "Creating the Infrastructure for the Single Market: Planning and Promoting EU Investment Mega-Projects", Meeting of the Confederation of Economic Associations (CEEA), Athen, Griechenland, 20-22. Oktober.

Erber, G. (1994c), Verdoorn's or Okun's Law?, Employment and Growth Experiences in OECD Countries, 1960-1993, DIW-Diskussionspapier Nr. 98, Berlin.

Erber, G. (1995a), What's ENOUGH? Changing Growth Requirements for Sustainable Employment in OECD Countries, 1960- 1993, paper presented at the International Symposium on Economic Modelling, University of Bologna, 19 -21 July.

Erber, G. (1995b), Verdoorn's Law, Granger Causality and Cointegration, Some Implications for Debates on Current Employment Strategies, mimeo.

Erber, G., Hagemann, H., Seiter, St. (1996), Zur Industriepolitik in Europa, in: Auer, F.v., Geuenich, M. (Hrsg.), Industriepolitik für Europa - Sozialpartner im Dialog, Talheim, S. 86-115.

Erber, G., Hagemann, H., Seiter, St. (1997), Global Competitiveness: Industrial Policy in the Performance of Asia and Europe, in: Journal of Contemporary Asia, 27, S. 338-355.

ERESCO (1994), Medium Term Forecast of Employment by EU Districts and Sectors of Industry, Study on behalf of the Commission of the European Communities, European Research and Advisory Consortium, München, Oktober.

EU-Kommission (1994a), Wachstum, Wettbewerbsfähigkeit, Beschäftigung: Herausforderungen der Gegenwart und Wege ins 21. Jahrhundert, Weißbuch, Luxemburg.

EU-Kommission (1994b), Eine Politik der industriellen Wettbewerbsfähigkeit für die Europäische Union, Mitteilung der Kommission an den Rat und das Parlament sowie an den Wirtschafts- und Sozialausschuß und den Ausschuß der Regionen, Brüssel, KOM(94) 319 endg.

EU-Kommission (1995), Lehren und Lernen: auf dem Weg zur kognitiven Gesellschaft, Brüssel.

EU-Kommission (1996a), Gesamtbericht über Tätigkeiten der EU-Kommission 1995, Brüssel.

EU-Kommission (1996b), Eine Politik der industriellen Wettbewerbsfähigkeit für die europäische chemische Industrie: ein Beispiel, Mitteilung der Kommission und den Rat, das europäische Parlament und den Wirtschafts- und Sozialauschuß, Dokumente der EU-Kommision, Luxemburg H. 187 endg., S. 1a-38.

EU-Kommission (1996c), Lernen in der Informationsgesellschaft: Aktionsplan für eine europäische Initiative in der Schulbildung (1996-98), Mitteilung an das Europäische Parlament, den Rat, den Wirtschafts- und Sozialausschuß und den Ausschuß der Regionen, Brüssel.

EU-Kommission (1996d), Lernen und Arbeiten in der Informationsgesellschaft: im Vordergrund der Mensch, Brüssel, KOM(96) 389.

EU-Kommission (1997), Gesamtbericht über Tätigkeiten der EU-Kommission 1996, Brüssel.

Feldstein, M. (1994), American Economic Policy in the 1980s, in: Feldstein, M. (Hrsg.), National Bureau of Economic Research Conference Report, Chicago.

Ford, R., Poret, P. (1991), Business Investment: Recent Performance and some Implications for Policy, OECD Economic Studies, No. 16, Spring, S. 79-131.

Fourastié, J.(1954), Die große Hoffnung des zwanzigsten Jahrhunderts, Köln.

Franz, W. (1995), Die Lohnfindung in Deutschland in einer internationalen Perpsektive: Ist das deutsche System ein Auslaufmodell? Diskussionspapier aus dem Forschungsschwerpunkt "Internationale Arbeitsmarktforschung" der Universität Konstanz Nr. 24.

Franzmeyer, F. et al (1987), Industriepolitik im westlichen Ausland - Rahmenbedingungen, Strategien und Außenhandelspolitik, Deutsches Institut für Wirtschaftsforschung, Beiträge zur Strukturforschung, Heft 92, I und II.

Freeman, R. (1995), The Limits of Wage Flexibility to Curing Unemployment, in: Oxford Review of Economic Policy, 11, S. 63-72.

Galeo, O., Tsiddon, D. (1997), The Distribution of Human Capital and Economic Growth, in: Journal of Economic Growth, 2, S. 97-124.

Galor, O. (1996), Convergence? Inferences from Theoretical Models, Center for Economic Policy Research, Discussion Paper Series No. 1350, London, Februar.

Gehrke, C., Rühl, C. (1988), Verlangsamung des Produktivitätswachstums? Erklärungsansätze und empirische Befunde für die Bundesrepublik Deutschland, Bremen.

Giersch, H. (1983), Arbeit, Lohn und Produktivität, in: Weltwirtschaftliches Archiv, 119, S. 1-18.

Giersch, H., Paqué, K.-H., Schmieding, H. (1992), The Fading Miracle: Four Decades of Market Economy in Germany, Cambridge-New York, 1992.

Gieseck, A. (1995), Krisenmanagement in der Stahlindustrie - Eine theoretische und empirische Analyse der europäischen Stahlpolitik 1975 bis 1988, Schriftenreihe des Rheinisch-Westfälischen Instituts für Wirtschaftsforschung, Neue Folge, Heft 58, Berlin.

Glos, M. (1992), Brauchen wir eine strategische Industriepolitik à la MITI?, in: Wirtschaftsdienst, S. 235-238.

Goldberger, A.S., Manski, C. F. (1995), Review Article: The Bell Curve by Herrenstein and Murray, Journal of Economic Literature, 33, S. 762-776.

Graham, O. L. , Jr. (1992), Losing Time - The Industrial Policy Debate, Cambridge/ Mass..

Gramlich, E.N. (1994), Infrastructure Investment: A Review Essay, in: Journal of Economic Literature, 32, S. 1176-1196.

Grossman, G.M., Helpman, E. (1991), Innovation and Growth in the Global Economy, Cambridge/Mass.

Grossman, G.M., Helpman, E. (1994), Endogenous Innovation in the Theory of Growth, in: Journal of Economic Perspectives, 8, S. 23-44.

Gurbaxani, I. (1996), Industriepolitik in den Vereinigten Staaten: Darstellung und ordnungspolitische Bewertung, in ORDO, Jahrbuch für die Ordnung von Wirtschaft und Gesellschaft, 47, S. 353-376.

Hacche, G. (1979), The Theory of Economic Growth: an Introduction, New York.

Hagemann, H. (1985), Freisetzungs- und Kompensationseffekte neuer Technologien: Zur Gefahr einer technologischen Arbeitslosigkeit, in: F. Buttler u.a. (Hrsg.), Angebots- und Nachfragepolitik in Theorie und Praxis, Beiträge zur Arbeitsmarkt- und Berufsforschung, Band 88, Nürnberg, S. 291-335.

Hagemann, H. (1988), Lohnhöhe und Beschäftigung in Keynesscher Sicht, in: H. Hagemann, O. Steiger (Hrsg.), Keynes' General Theory nach fünfzig Jahren, Berlin, S. 183-213.

Hagemann, H. (1994), The Economy in Traverse: Growth, Technology and Structural Change, Economie Appliquée, 46, S. 37-56.

Hagemann, H. (1995), Technological Unemployment, in: P. Arestis, M. Marshall (Hrsg.), The Political Economy of Full Employment, Aldershot, S. 36-53.

Hagemann, H., Kalmbach, P. (Hrsg.) (1983), Technischer Fortschritt und Arbeitslosigkeit, Frankfurt und New York.

Hagemann, H., Kalmbach, P. (1985), Neue Technologien, Beschäftigung und Arbeitsmarkt, in: Diskurs, Band 10: Arbeit und Technik, Bremen, S. 69-109.

Hall, R. E. (1995), Lost Jobs, in: Brookings Papers on Economic Activity, No. 1, S. 221- 273.

Hansen, K. (1996), Wettbewerbs- und Industriepolitik in West und Ost: Vorfahrt für den Markt?, Dokumentation einer Veranstaltung des Bundeskartellamtes, Berlin.

Harrod, R.F. (1939), An Essay in Dynamic Theory, in: Economic Journal, 49, S. 14-33.

Harrod, R.F. (1948), Towards a Dynamic Economics, London.

Hart, J.A. (1992), Rival Capitalists: International Competitiveness in the United States, Japan, and Western Europe, Ithaca.

Hayek, F.A. (1940), Socialist Calculation: The Competitive Solution, in: Economica, N.S., Bd. 7, S. 125-149.

Hayek, F.A. (1945), The Use of Knowledge in Society, in: American Economic Review, Bd. 35, S. 519-530.

Hayek, F.A. (1974), The Pretence of Knowledge. Nobel Memorial Lecture, in: American Economic Review, Bd. 79, 1989, S. 3-7.

Hellmann, R. (1994), Europäische Industriepolitik: Zwischen Marktwirtschaft und Dirigismus, Baden-Baden.

Helpman, E. (1992), Endogenous Macroeconomic Growth Theory, in: European Economic Review, 36, S. 237-267.

Helpman, E., Krugman, P. (1989), Trade Policy and Market Structure, Cambridge/Mass.

Herrnstein, R.J., Murray, Ch. (1994), The Bell Curve: Intelligence and Class Structure in American Life, New York.

Hicks, J.R. (1973), Capital and Time, Oxford.

Hilpert, H.G. (1993), Japanische Industriepolitik - Grundlagen, Träger, Mechanismen, in: ifo-schnelldienst, Nr. 17-18, S. 7-22.

Hilpert, H.G., Ochel, W., Penzkofer, H. Rinhard, M. (1994), Wirtschafts- und Technologiepolitik und ihre Auswirkungen auf den internationalen Wettbewerb: Das Beispiel der Halbleiterindustrie, in: ifo-schnelldienst, Nr. 23, S. 8-23.

HLEG (1996), Eine europäische Informationsgesellschaft für alle, Zwischenbericht der Gruppe hochrangiger Experten, Brüssel.

HLEG (1997), Eine europäische Informationsgesellschaft für alle, Abschlußbericht der Gruppe hochrangiger Experten, Brüssel.

Hof. B. (1994), Beschäftigungsschwelle und Wachstum - was besagt die Empirie? in: ifo- Studien - Zeitschrift für empirische Wirtschaftsforschung, 40, S. 127- 144.

Hoffmann, W.G. (1931), Stadien und Typen der Industrialisierung, Jena.

Hummel, M. (1993), Industriepolitik - kontrovers, in: ifo-schnelldienst, Nr. 17-18, S. 3-6.

Immenga, U. (1995), Konzepte einer grenzüberschreitenden und international koordinierten Wettbewerbspolitik, Kieler Arbeitspapier Nr. 692, Institut für Weltwirtschaft, Kiel.

Inagawa, N. (1993), Japan's Post-War Industrial Policy (1945-1970) as a Model for East European Countries, in: Saunders, C. T. (Hrsg.), The Role of Competition in Economic Transition, Basingstoke.

Jacquemin, A. (1984), European Industry: Public Policy and Corporate Strategy, Oxford.

Jones, Ch. I. (1997), Convergence Revisited, in: Journal of Economic Growth, 2, S. 131-153.

Jones, L.E., Manuelli, R.E. (1990), A Convex Model of Equilibrium Growth: Theory and Policy Implications, in: Journal of Political Economy, 98, S. 1008-1038.

Jorgenson, D. W.; Kuroda, M. (1990), Productivity and International Competitiveness in Japan and the United States, 1960-1985, in: Hulten, C. (Hrsg.), Productivity Growth in Japan and the United States.

Kaldor, N. (1961), Capital Accumulation and Economic Growth, in: Lutz, F. A., Hague, D.C. (Hrsg.), The Theory of Capital, London und New York.

Kaldor, N. (1966), Causes of the Slow Rate of Economic Growth in the United Kingdom, Cambridge.

Kantzenbach, E. (1996), Die Wirtschaftsordnung der Europäischen Union, in: Caesar, R., Ohr, R. (Hrsg.), Maastricht und Maastricht II: Vision oder Abenteuer?, Schriften zur monetären Ökonomie, Bd. 40, Baden-Baden, S. 55-67.

Kantzenbach, E., Schmidt, I. (1996), Wettbewerbspolitik versus Industriepolitik, in: Arbeitsgemeinschaft der wirtschaftswissenschaftlichen Forschungsinstitute (Hrsg.), Maastricht II - Entwicklungschancen und Risiken der EU, Berlin, S. 43-57.

Kennedy, P. (1989), Aufstieg und Fall der großen Mächte. Ökonomischer Wandel und militärischer Konflikt von 1500 bis 2000, Frankfurt am Main.

Kennedy, P. (1993), In Vorbereitung auf das 21. Jahrhundert, Frankfurt am Main.

Kim, C. K. (1989), Evolution of Industrial Policy in Korea, in: Klenner, W. (Hrsg.), Trends of Economic Development in East Asia, Heidelberg, S. 461-473.

Kim, J. W. (1989), The Role of Education in Economic Development - The Korean Experience, in: Klenner, W. (Hrsg.), Trends of Economic Development in East Asia, Heidelberg, S. 527-541.

Kim, J.-I., Lau, L.J. (1994), The Sources of Economic Growth of the East Asian Newly Industrialized Countries, Journal of the Japanese and International Economies, 8, S. 235-271,

Kissinger, H. (1994), Diplomacy, New York, 1994.

Klauder, W. (1986), Technischer Fortschritt und Beschäftigung. Zum Zusammenhang von Technik, Strukturwandel, Wachstum und Beschäftigung, in: Mitteilungen aus der Arbeitsmarkt- und Berufsforschung, 19, S. 1-19.

Klauder, W. (1990), Zur Entwicklung von Produktivität und Beschäftigungsschwelle, Mitteilungen aus der Arbeitsmarkt- und Berufsforschung, Heft 1, S. 86-99.

Klodt, H. et al. (1994), Standort Deutschland: Strukturelle Herausforderungen im neuen Europa, 5. Hauptbericht zur Strukturberichterstattung, Kiel, September.

Klump, R. (1995), Produktivitätslücken, Konvergenzprozesse und die Rolle der Wirtschaftsordnung: Anmerkungen zur "Catching up" Hypothese, Zeitschrift für Wirtschaftspolitik, 44, Stuttgart, S. 29-44.

Kodama, F. (1995), Emerging Patterns of Innovation - Sources of Japan's Technological Edge, Cambridge/Mass.

Kokalj, L., Albach, H. (1987), Industriepolitik in der Marktwirtschaft - Ein internationaler Vergleich - , Schriften zur Mittelstandsforschung, Nr. 20 NF, Stuttgart.

König, H. (1997), Innovation und Beschäftigung, in: Vosgerau, H.J. (Hrsg.), Zentrum und Peripherie - Zur Entwicklung der Arbeitsteilung in Europa, Berlin, S. 149-176.

Kösters, W. (1992), Freihandel versus Industriepolitik, in: Wirtschaftsdienst, S. 49-56.

Krämer, H. (1997), Zur Tertiarisierung der deutschen Volkswirtschaft, in: Mangold, K. (Hrsg.), Die Zukunft der Dienstleistung, Wiesbaden, S. 171-216.

Krugman, P. (1991), History versus Expectations, in: Quarterly Journal of Economics, 106, S. 651-667.

Krugman, P. (1992), The Age of Diminished Expectations. U.S. Economic Policy in the 1990s, Cambridge/Mass.

Krugman, P. (1994a), Does Third World Growth Hurt First World Prosperity?, in: Harvard Business Review, S. 113-121.

Krugman, P. (1994b), Peddling Prosperity, Economic Sense and Nonsense in the Age of Diminished Expectations, New York.

Krugman, P. (1994c), New Trade Theories: A Look at the Empirical Evidence, Report of a conference by CEPR and Centro Studi sui Processi di Internazionalizzazione (CESPRI) at Bocconi University in Milan in May 1993, London, S. 11-31.

Krugman, P. (1995a), Dutch Tulips and Emerging Markets, in: Foreign Affairs, 74, July/August, S. 27-44.

Krugman, P. (1995b), Growing World Trade: Causes and Consequences, in: Brookings Papers on Economic Activity, No. 1, S. 327-377.

Krugman, P. (1997), Making Sense of Globalization, Munich Lectures München.

Kursch, D.B. (1993), Zur Debatte über Industriepolitik in den USA, in: ifo-schnelldienst, Nr. 17-18, S. 23-25.

Landesmann, M., Scazzieri, R. (1996) (Hrsg.), Production and Economic Dynamics, Cambridge.

Lang, A. R. (1993), Bayerische Industriepolitik, in: ifo-schnelldienst, Nr. 17-18, S. 47-54

Lau, M.-l., Wan Jr., H. (1993), On the mechanism of catching up, European Economic Review, 38, S. 952-963.

Leontief, W. (1982), Werkzeuge, Maschinen, Computer, Roboter. Die Folgen für Arbeitsplätze und Einkommensverteilung, Spektrum der Wissenschaft, Heft 11, S. 146-156.

Leontief, W., Duchin, F. (1986), The Future Impact of Automation on Workers, New York und Oxford.

Lessart, V. (1994), Endogenes Wirtschaftswachstum: Theoretische Modelle und wirtschaftspolitische Implikationen, Frankfurt a.M. u.a.

Levine, R., Renelt, D. (1992), A Sensitivity Analysis of Cross Country Growth Regressions, in: American Economic Review, 82, S. 942-963.

Lichtblau, K., Breuer, W. (1996), Industriepolitik in Japan auf dem Weg zur Normalität, Beiträge zur Wirtschafts- und Sozialpolitik, 229, Köln.

List, F. (1959), Das nationale System der politischen Ökonomie, Volksausgabe auf Grund der Ausgabe letzter Hand und Randnotizen in Lists Handexemplar, Basel/Tübingen.

Lowe, A. (1976), The Path of Economic Growth, Cambridge.

Lucas, R.E. jr. (1988), On the Mechanics of Economic Development, in: Journal of Monetary Economics, 22, S. 3-42.

Lucas, R.E. Jr. (1990), Why Doesn't Capital Flow from Rich to Poor Countries?, in: American Economic Review, 80, S. 92-96.

Lucas, R.E. jr. (1993), Making a Miracle, in: Econometrica, 2, S. 251-272.

Maddison, A. (1982), Phases of Capitalist Development, Oxford.

Maddison, A. (1991), Dynamic Forces in Capitalist Development, Oxford.

Maddison, A. (1995), Monitoring the World Economy 1820-1992, OECD, Paris.

Mankiw, N., Romer, D., Weil, D.N. (1990), A Contribution to the Empirics of Economic Growth, in: Quarterly Journal of Economics, 107, S. 407-437.

Marx, K. (1867), Das Kapital, Bd. I: Der Produktionsprozeß des Kapitals, Hamburg.

Matzner, E., Schettkat, R., Wagner, M. (1990), Labour Market Effects of New Technology, Futures, 22, S. 687-709.

Mauro, P. (1995), Corruption and Growth, in: Quarterly Journal of Economics, S. 681-712.

Mayes, D.G. (1993), The Institutions of Europe after 1992, in: Saunders, C.. T. (Hrsg.), The Role of Competition in Economic Transition, Basingstoke.

McKinsey (1993), Manufacturing Productivity, Mc Kinsey Global Institute, Washington D.C., Oktober.

Meade, J.E. (1961), A Neoclassical Theory of Economic Growth, London.

Mettelsiefen, B., Barens, I. (1987), Direkte und indirekte Beschäftigungswirkungen technologischer Innovationen, Beiträge zur Arbeitsmarkt- und Berufsforschung, Band 112, Nürnberg.

Meyer- Krahmer, F. (1992), The Effects of New Technologies on Employment, Economics of Innovation and Technological Change, Bd. 2, S. 131- 149.

Mises, L. von (1920), Die Wirtschaftsrechnung im sozialistischen Gemeinwesen, in: Archiv für Sozialwissenschaft und Sozialpolitik, Bd. 47, S. 119ff.

Modigliani, F. (1975), The Life Cycle Hypothesis of Saving Twenty Years Later, in: Parkin, M. (Hrsg.), Contemporary Issues in Economics, Manchester.

Mosdorf, S. (1994), Strategische Wettbewerbs- und Technologiepolitik in einer globalen Marktwirtschaft - Skizze für ein neues Modell Deutschland - , Reihe: "Wirtschaftspolitische Diskurse", Forschungsinstitut der Friedrich-Ebert-Stiftung Abt. Wirtschaftspolitik (Hrsg.), Nr. 61.

Muro, J. (1996), Economic Development, Growth of Human Capital, and the Dynamics of Wage Structure, in: Journal of Economic Growth, 1, S. 29-48.

Neisser, H. (1942), "Permanent" Technological Unemployment, American Economic Review, 32, S. 50-71.

Nelson, W.R. (1996), American Industrial Policy: Free Markets or Managed Markets, Basingstoke.

Neuschwander, T. (1994), Mythos MITI: Industriepolitik in Japan, Analysen zum Wandel politisch-ökonomischer Systeme, Bd. 5, Frankfurt am Main u.a.

Oberender, Peter (1994) (Hrsg.), Industriepolitik im Widerstreit mit der Wettbewerbspolitik, Schriften des Vereins für Socialpolitik, N.F., Bd. 231, Berlin.

OECD (1982), Micro-electronics, Robotics and Jobs, Paris.

OECD (1991), Technology and Productivity - The Challenge for Economic Policy, TEP - Technology Economy Programme, Paris..

OECD (1994a), The OECD Jobs Study. Facts, Analysis, Strategies, Paris.

OECD (1994b), The OECD Jobs Study. Evidence and Explanations. Teil I: Labour Market Trends and Underlying Forces of Change,insbes. Kap. 4: Technological Change and Innovation, Paris, S. 123-170. Teil II: The Adjustment Potential of the Labour Market, Paris.

OECD (1994c), Korea, OECD Economic Survey, Paris.

OECD (1995a), Education and Employment, Paris.

OECD (1995b), Learning beyond Schooling, New Forms of Supply and New Demands, Paris.

OECD (1995c), The OECD Jobs Study. Implementing the Strategy, Paris.

OECD (1996), Employment and Growth in the Knowledge-based Economy, Paris.

OECD, Industrial Policy in OECD Countries, Annual Review, diverse Jahrgänge, Paris.

Okun, A. M. (1962), Potential GNP: Its Measurement and Significance, Cowles Foundation Papers No. 190, Washington, D. C.

Olson, M. (1982), The Rise and Decline of Nations, Economic Growth, Stagflation and Social Rigidities, New Haven.

Opitz, M. (1992), Staatsbetriebe zur Unterstützung einer aktiven Strukturpolitik? - Das Beispiel Frankreich, in: Wirtschaftsdienst, IV, S. 190-195.

Oppenländer, K. (1994), Wirtschaftswachstum, Beschäftigung und Arbeitslosigkeit. Theoretische und empirische Zusammenhänge, Wirtschaft und Gesellschaft, 20, S. 361- 376.

Pack, H. (1994), Endogenous Growth Theory: Intellectual Appeal and Empirical Shortcomings, in: Journal of Economic Perspectives, 8, S. 55-72.

Paqué, K.-H. (1993), A Recipe for Prosperity? Policy Implications of the New Growth Theories, in: Siebert, H. (Hrsg.), Economic Growth in the World Economy: Symposium 1992, Institut für Weltwirtschaft, Tübingen, S. 273-285.

Pasinetti, L.L. (1981), Structural Change and Economic Growth, Cambridge.

Pasinetti, L.L. (1993), Structural Economic Dynamics. A Theory of the Economic Consequences of Human Learning, Cambridge.

Passeron, H. (1993), Die Entwicklung der französischen Industriepolitik, in: ifo-schnelldienst, Nr. 17-18, S. 30-33.

Porter, M.E. (1990), The Competitive Advantage of Nations, London.

Quah, D. T. (1996), Regional Convergence Clusters Across Europe, Center for Economic Policy Research, Discussion Paper Series No. 1286, London, Januar.

Quah, D.T. (1997), Empirics of Growth and Distribution: Stratification, Polarization, and Convergence Clubs, in: Journal of Economic Growth, 2, S. 26-59.

Rebelo, S. (1991), Long-Run Policy Analysis and Long Run Growth, in: Journal of Political Economy, 99, S. 500-521.

Reich, R. (1983), An Industrial Policy of the Right, in: Public Interest, Nr. 73, S. 3-17.

Reich, R. (1991), The Work of Nations - Preparing Ourselves for the 21st-Century-Capitalism, London.

Ricardo, D. (1951), On the Principles of Political Economy and Taxation (1st edn. 1817; 3rd edn. 1821), Vol. I of Works and Correspondence of David Ricardo, edited by P. Sraffa with the collaboration of M. Dobb, Cambridge.

Rode, R. (1993), High-Tech-Wettstreit 2000; strategische Handels- und Industriepolitik: Europa versucht's, die USA fangen an, Japan macht's vor, Frankfurt a.M..

Romer , P.M. (1986), Increasing Returns and Long-Run Growth, in: Journal of Political Economy, 94, S. 1002-1037.

Romer, P.M. (1987), Growth Based on Increasing Returns Due to Specialization, in: American Economic Review, 77, S. 56-62.

Romer, P.M. (1990), Endogenous Technological Change, in: Journal of Political Economy, 98, S. 71-102.

Romer, P.M. (1991), Increasing Returns and New Developments in Growth Theory, in: Barnett, W.A. et al. (Hrsg.), Equlibrium Theory and Applications, Cambridge, S. 83-110.

Romer, P.M. (1994), The Origins of Endogenous Growth, Journal of Economic Perspectives, 8, S. 3-22.

Romer, P.M. (1997), The Mother of Invention, in: The New Age of Discovery, TIME Special Issue, S. 132.

Rosenberg, N. (1982), Inside the Black Box, Cambridge.

Saint-Paul, G. (1992), Fiscal Policy in an Endogenous Growth Model, in: Quarterly Journal of Economics, 107, S. 1243-1259.

Sala-i-Martin, X. (1990), Lecture Notes on Economic Growth (I): Introduction to the Literature and Neoclassical Models, NBER Working Paper Nr. 3563, Boston.

Sala-i-Martin, X. (1996), The Classical Approach to Convergence Analysis, in: Economic Journal, 106, S. 1019-1036.

Sato, R. (1963), Fiscal Policy in a Neo-Classical Growth Model: An Analysis of Time Required for Equilibrating Adjustement, in: Review of Economic Studies, 30, S. 16-23.

Saunders, C. T. (1993) (Hrsg.), The Role of Competition in Economic Transition, Basingstoke.

Scherer, F. M. (1994), Competition Policies for an Integrated World Economy, The Brookings Institutions, Washington D. C., 1994.

Schettkat, R., Wagner, M. (Hrsg.) (1989), Technologischer Wandel und Beschäftigung. Fakten, Analysen, Trends, Berlin und New York.

Schmidt, I. (1992), EG-Integration: Industrie- versus Wettbewerbspolitik, Wirtschaftsdienst, Nr. 12, S. 628-633.

Schommer, K. (1993), Industriepolitik im Freistaat Sachsen - Aufgaben, Ziele und Konflikte, in: ifo-schnelldienst, Nr. 17-18, S. 39-46.

Schultz, T.P. (1993), The Role of Education and Human Capital in Economic Development: An Empirical Assessment, in: Siebert, H. (Hrsg.), Economic Growth in the World Economy: Symposium 1992, Institut für Weltwirtschaft, Tübingen, S. 145-164.

Schumpeter, J.A. (1934), Theorie der wirtschaftlichen Entwicklung. Eine Untersuchung über Unternehmensgewinne, Kapital, Kredit, Zins und den Konjunkturzyklus, 4. Aufl., Berlin.

Scott, B.R., Lodge, G.C. (Hrsg.) (1985), U.S. Competitiveness in the World Economy, Harvard.

Seiter, St. (1994), "Neue" Ansätze in der Wachstumstheorie, in: Flemmig, J. (Hrsg.), Moderne Makroökonomik: Eine kritische Bestandsaufnahme, Marburg, S. 91-133.

Seiter, St. (1995), Zur endogenen Erklärung gleichgewichtiger Wachstumsprozesse: die Neue Wachstumstheorie, in: Gerlach, K., Schettkat, R. (Hrsg.), Beiträge zur neukeynesianischen Makroökonomie, Berlin, S. 97-134.

Seiter, St. (1997), Der Beitrag Nicholas Kaldors zur Neuen Wachstumstheorie. Eine vergleichende Studie vor dem Hintergrund der Debatte über den Verdoorn-Zusammenhang, Hohenheimer Volkswirtschaftliche Schriften Bd. 27, Frankfurt a.M.

Seitz, K. (1992), Für eine Hochtechnologiepolitik der Bundesregierung, in: Wirtschaftsdienst, S. 231-235.

Seitz, K. (1994), Die japanisch-amerikanische Herausforderung - Deutschlands Hochtechnologie-Industrien kämpfen ums Überleben, 2. Aufl., Bonn Aktuell, München.

Sen, S. (1996), Growth Centres in South East Asia in the Era of Globalization, UNCTAD Discussion Papers No. 118, September.

Shaw, G.K. (1992), Policy Implications of Endogenous Growth Theory, in: Economic Journal, 102, S. 611-621.

Siebert, H. (1995), Ein Regelwerk für eine zusammenwachsende Welt, Kieler Diskussionsbeiträge Nr. 251, Kiel, Mai.

Simons, R., Westermann, K. (Hrsg.) (1994), Wirtschaftsstandort Deutschland: Wettbewerbsfähigkeit, Zukunftschancen, Verteilungsspielräume.

Smith, A. (1776), An Inquiry into the Nature and Causes of the Wealth of Nations, Bd. II der Glasgow Edition, hrsg. von R.H. Campbell, A.S. Skinner und W.B. Todd, Oxford.

Solow, R.M. (1956), A Contribution to the Theory of Growth, in: Quarterly Journal of Economics, 70, S. 65-94.

Solow, R.M. (1957), Technical Change and the Aggregate Production Function, in: Review of Economics and Statistics, 39, S. 312-320.

Solow, R.M. (1991), New Directions in Growth Theory, in: Gahlen, B. u.a. (Hrsg.), Wachstumstheorie und Wachstumspolitik: ein neuer Anlauf, Tübingen, S. 3-20.

Solow, R.M. (1994), Perspectives on Growth Theory, in: Journal of Economic Perspectives, 8, S. 45-54.

Steger, U. (Hrsg.) (1993), Industriepolitik: eine Antwort auf die japanische Herausforderung?, Frankfurt a.M.

Stern, N.H. (1991), The Determinants of Growth, in: Economic Journal, 101, S. 122-133.

Stokey, N.L. (1988), Learning by Doing and the Introduction of New Goods, in: Journal of Political Economy, 96, S. 701-717.

Stokey, N.L. (1991a), Human Capital, Product Quality, and Growth, in: Quarterly Journal of Economics, 106, S. 587-616.

Stokey, N.L. (1991b), The Volume and Composition of Trade Between Rich and Poor Countries, in: The Review of Economic Studies, 58, S. 63-80.

Stolpe, M. (1992), Ansätze der neuen Wachstumstheorie - ein Literaturüberblick, Kieler Arbeitspapier Nr. 508, Institut für Weltwirtschaft, Kiel.

Stolpe, M. (1993), Industriepolitik aus der Sicht der Neuen Wachstumstheorie, in: Die Weltwirtschaft, Heft 3, S. 361-377.

Summers, R., Heston, A. (1991); The Penn World Table (Mark 5): An Expanded Set of International Comparisons, 1950-1988, in: Quarterly Journal of Economics, 106, S. 327-368.

Swan, T.W. (1956), Economic Growth and Capital Accumulation, in: Economic Record, 32, S. 334-361.

Tanzi, V., Zee, H.H. (1997), Fiscal Policy and Long-Run Growth, in: IMF Staff Papers, 44, June, S. 170-209.

Taylor, J.B. (1995), Changes in American Economic Policy in the 1980s: Watershed or Pendulum Swing?, Journal of Economic Literature, 33, S. 777-784.

Thurow, L. (1992), Head to Head. The Coming Economic Battle among Japan, Europe, and America, New York.

Tichy, G. (1991), Wachstumstheorie und moderne Makroökonomik: (K)ein neuer Anlauf, in: Gahlen, B. u.a. (Hrsg.), Wachstumstheorie und Wachstumspolitik: ein neuer Anlauf, Tübingen, S. 91-109.

Uzawa, H. (1965), Optimum Technical Change in an Aggregative Model of Economic Growth, in: International Economic Review, 6, S. 18-31.

Verdoorn, P.J. (1949), Fattori che regolano sviluppo della produttività del lavoro, in: L'Industria, S. 45-53.

Vernon, R. (1966), International Investment and International Trade in the Product Cycle, in: Quarterly Journal of Economics, 80, S. 190-207.

Wartenberg, L.v. (1993), Europäische Industriepolitik aus der Sicht der deutschen Industrie, in: ifo-schnelldienst, Nr. 17-18, S. 34-38.

Weiser, P. (1996), Techno-globalization and Industrial Policy Responses in the USA and Europe, in: Intereconomics, 32, Nr. 2, S. 74-86.

Welsch, J. (1983), Die "Produktions-Produktivitäts-Schere"-Argumente und Fakten für die Bundesrepublik Deutschland, WSI-Mitteilungen, S. 347-361.

Weltbank (1987), Korea: Managing the Industrial Transition, I + II, A Worldbank Case Study, Washington, D.C.

Weltbank (1993), The East Asian Miracle - Economic Growth and Public Policy, Oxford.

Westphal, L. E. (1990), "Industrial Policy in an Export-Propelled Economy: Lessons from South Korea's Experience", in: Journal of Economic Perspectives, 4, S. 41-59.

Wicksell, K. (1913), Vorlesungen über Nationalökonomie auf Grundlage des Marginalprinzipes, Band 1, Jena.

Young, A. (1991), Learning by Doing and the Dynamic Effects of International Trade, in: Quarterly Journal of Economics, 106, S. 327-368.

Young, A. (1992), A Tale of Two Cities: Factor Accumulation and Technical Change in Hong Kong and Singapore, in: Blanchard, O.J., Fischer, St. (Hrsg.), NBER Macroeconomics Annual, Cambridge/Mass., S. 13-55.

Young, A. (1994), Lessons from the East Asian NICs: A contrarian view, European Economic Review, 38, S. 964-973.

Young, A. (1995), The Tyranny of Numbers: Confronting the Statistical Realities of the East Asian Growth Experience, in: Quarterly Journal of Economics, August, S. 641-680.

Zellner, A. (1962), An Efficient Method of Estimating Seemingly Unrelated Regressions and Tests for Aggregation Bias, in: Journal of the American Statistical Association, 57, S. 348-368.

Ziesemer, T. (1987), Economic Theory of Underdevelopment, Regensburg.

Ziesemer, T. (1991), Human Capital, Market Structure and Taxation in a Growth Model with Endogenous Technical Progress, in: Journal of Macroeconomics, 13, S. 47-68.

Zimmermann, F.A. (1996) (Hrsg.), Ordnungspolitische Aspekte der europäischen Integration, Baden-Baden.

Zinn, K.G. (1995), Auf dem Weg in die tertiäre Krise? Der ungesicherte Übergang zur Dienstleistungsgesellschaft, Internationale Blätter für Politik und Gesellschaft, S. 59-69.

Studies in Contemporary Economics

E. Baltensperger, H. Milde
Theorie des Bankverhaltens
1987. ISBN 3-540-18214-4

H. Siebert (Hrsg.)
Umweltschutz für Luft und Wasser
1988. ISBN 3-540-19171-2

S. Homburg
Theorie der Alterssicherung
1988. ISBN 3-540-18835-5

P. J. J. Welfens
Internationalisierung von Wirtschaft und Wirtschaftspolitik
1990. ISBN 3-540-52511-4

A. J. H. C. Schram
Noter Behavior in Economic Perspective
1991. ISBN 3-540-53650-7

W. Franz (Ed.)
Structural Unemployment
1992. ISBN 3-7908-0605-6

A. Haufler
Commodity Tax Harmonization in the European Community
1993. ISBN 3-7908-0714-1

G. Rübel (Hrsg.)
Perspektiven der Europäischen Integration
1994. ISBN 3-7908-0791-5

G. Steinemann, R. E. Ulrich (Eds.)
The Economic Consequences of Immigration to Germany
1994. ISBN 3-7908-0796-6

F. P. Lang, R. Ohr (Eds.)
Internationale Economic Integration
1995. ISBN 3-7908-0861-X

N. Schulz
Unternehmensgründungen und Markteintritt
1995. ISBN 3-7908-0854-7

G. Maier
Spatial Search
1995. ISBN 3-7908-0874-1

B. Huber
Optimale Finanzpolitik und zeitliche Inkonsistenz
1996. ISBN 3-7908-0906-3

F. P. Lang, R. Ohr (Eds.)
Openness and Development
1996. ISBN 3-7908-0958-6

M. Lechner
Training the East Germann Labour Force
1998. ISBN 3-7908-1091-6

G. Erber, H. Hagemann, S. Seiter
Zukunftsperspektiven Deutschlands im internationalen Wettbewerb
1998. ISBN 3-7908-1108-4

GPSR Compliance

The European Union's (EU) General Product Safety Regulation (GPSR) is a set of rules that requires consumer products to be safe and our obligations to ensure this.

If you have any concerns about our products, you can contact us on ProductSafety@springernature.com

In case Publisher is established outside the EU, the EU authorized representative is:

Springer Nature Customer Service Center GmbH
Europaplatz 3
69115 Heidelberg, Germany

Batch number: 10815974

Printed by Printforce, the Netherlands